A PRODUÇÃO SOCIAL DA ESCRITA

FUNDAÇÃO EDITORA DA UNESP

Presidente do Conselho Curador
Mário Sérgio Vasconcelos

Diretor-Presidente
José Castilho Marques Neto

Editor-Executivo
Jézio Hernani Bomfim Gutierre

Superintendente Administrativo e Financeiro
William de Souza Agostinho

Assessores Editoriais
João Luís Ceccantini
Maria Candida Soares Del Masso

Conselho Editorial Acadêmico
Áureo Busetto
Carlos Magno Castelo Branco Fortaleza
Elisabete Maniglia
Henrique Nunes de Oliveira
João Francisco Galera Monico
José Leonardo do Nascimento
Lourenço Chacon Jurado Filho
Maria de Lourdes Ortiz Gandini Baldan
Paula da Cruz Landim
Rogério Rosenfeld

Editores-Assistentes
Anderson Nobara
Jorge Pereira Filho
Leandro Rodrigues

RAYMOND WILLIAMS

A PRODUÇÃO SOCIAL
DA ESCRITA

Tradução
André Glaser

editora
unesp

© 1983 Verso
© 1983 Raymond Williams
© 2013 Editora Unesp
Título original: *Writing in Society*

Fundação Editora da Unesp (FEU)
Praça da Sé, 108
01001-900 – São Paulo – SP
Tel.: (0xx11) 3242-7171
Fax: (0xx11) 3242-7172
www.editoraunesp.com.br
www.livrariaunesp.com.br
feu@editora.unesp.br

CIP – Brasil. Catalogação na publicação
Sindicato Nacional dos Editores de Livros, RJ

W691e

Williams, Raymond, 1921-1988
A produção social da escrita / Raymond Williams; tradução André Glaser. – 1. ed. – São Paulo: Editora Unesp, 2014.

Tradução de: Writing in Society
ISBN 978-85-393-0512-4

1. Comunicação escrita – Aspectos sociais. 2. Literatura e sociedade. 3. Aspectos sociais. I. Título.

14-09737

CDD: 809
CDU: 82.09

Editora afiliada:

Asociación de Editoriales Universitarias
de América Latina y el Caribe

Associação Brasileira de
Editoras Universitárias

SUMÁRIO

VII Agradecimentos
R.W.

1 A escrita

PARTE 1

13 Drama em uma sociedade dramatizada
27 Forma e significado: *Hipólito* e *Fedra*
39 Sobre o diálogo dramático e o monólogo
(particularmente em Shakespeare)

PARTE 2

91 Notas sobre a prosa inglesa: 1780-1950

PARTE 3

161 David Hume: razão e experiência
189 A ficção da Reforma

199	Formas da ficção inglesa em 1848
219	O leitor em *Tempos difíceis*

Parte 4

233	Inglês de Cambridge, passado e presente
251	Crise nos Estudos Ingleses
277	Além do inglês de Cambridge

Parte 5

299	Região e classe no romance
313	Os filantropos de bunda rota
337	Primeira leitura de *New Lines*
339	Os tempos da imaginação
351	Raymond Williams: obras selecionadas
355	Índice onomástico

AGRADECIMENTOS

As fontes das palestras ou publicações originais são as seguintes: "Drama em uma sociedade dramatizada", palestra inaugural como professor de Drama, Cambridge, 1974, publicada pela Cambridge University Press; "Forma e significado: *Hipólito* e *Fedra*", palestra na Cambridge English Faculty, 1977; "Sobre o diálogo dramático e o monólogo", seminários em Cambridge e palestras na faculdade, 1980-1983; uma versão anterior das seções (ii) e (iii) foi publicada em N. Bryson e S. Kappeler (eds.), *Teaching the Text*, London, Routledge and Kegan Paul, 1983; "Notas sobre a prosa inglesa: 1780-1950", revisão da introdução do Volume II de *Pelican Book of English Prose*, Baltimore, Penguin Books, 1969; "David Hume: razão e experiência" foi publicado em H. S. Davies e G. Watson (eds.), *The English Mind*, Cambridge, Cambridge University Press, 1964; "A ficção da Reforma" foi publicado no suplemento literário do *Times*, em 25 de março de 1977, direitos reservados a Times Newspapers Limited; "Formas da ficção inglesa em 1848", Conferência sobre a Sociologia da Literatura, Essex, 1977, publicada posteriormente pela University of Essex, 1978; "O leitor em *Tempos difíceis*", publicado em G. Storey (ed.), *Contrasts*, British

Council; "Inglês de Cambridge, passado e presente" e "Além do inglês de Cambridge", palestras de despedida em 25 e 26 de abril de 1983, publicadas em versão resumida na *London Review of Books*, em julho de 1983; "Crise nos estudos ingleses", palestra na Cambridge English Faculty, em março de 1981, publicada na *New Left Review*, n.129, 1981; "Região e classe no romance" foi publicado em Douglas Jefferson e Graham Martin (eds.), *The Uses of Fiction: Essays on the Modern Novel in Honour of Arnold Kettle*, e republicado com a permissão da Open University Press; "Os filantropos de bunda rota", palestra no Tressel Memorial, Hastings, 1982; "Primeira leitura de *New Lines*", não publicado, 1956; "Os tempos da imaginação", baseado em palestras realizadas na University College of Wales, Aberystwyth, 1978.

Eu sou muito grato à minha mulher e a Francis Mulhern pela precisa ajuda editorial.

R.W.

A ESCRITA

E sobre o que você vai escrever, querido?
Querida tia, não se escreve sobre, apenas se escreve.

Orwell, lembrando-se dessa piada da *Punch*, achava que ela era uma "crítica perfeitamente justificada à hipocrisia literária da época". Será? Entre o preconceito simples da *Punch* e as premissas mais extremas sobre a "autonomia do processo de escrita", há um conjunto de problemas que muito provavelmente não será resolvido por um senso comum raso. Nas sociedades industriais modernas, a escrita foi naturalizada. É fácil supor, então, que o processo é direto, uma vez que as habilidades básicas tenham sido dominadas na infância. Resta saber apenas *sobre* o que escrever. A atenção é transferida para o conhecimento, os fatos, a experiência, a imaginação: propriedades que podem ser discutidas em si. Contudo, em outra parte qualquer da mente, há outro conjunto de questões aparentemente diretas: escrever bem ou mal; ser elegante ou espirituoso, convincente ou cheio de jargões, desajeitado ou chato. Muitas pessoas tentam resolver esses dois grupos de questões afirmando haver uma relação entre as propriedades e as qualidades. Uma mente clara produz uma escrita clara. Uma mente adequadamente informada expressa os fatos sem dificuldades. Uma imaginação poderosa entusiasma os escritores e emociona os leitores. O senso comum e a "crítica prática" concordam: há relações visíveis e demonstráveis entre as propriedades e as qualidades. Trata-se de uma posição bastante simples, mas não pode ser negada de maneira simples. A primeira dificuldade está em sua tendência a excluir a história. Não precisamos ler muito para descobrir quantas formas de escrever bem ou mal existem. Algumas são diferenças entre indivíduos, mas muitas não. Há diferenças relativamente óbvias e relativamente sutis na prática da escrita em períodos diferentes, e elas se propagam em indivíduos distintos. Na gramática e na ortografia, em vocabulários efetivos, na estrutura e na composição das frases, há mudanças sociais e históricas observáveis. Isso é tomar apenas os elementos práticos mais visíveis. Se examinarmos também os diferentes métodos de contar uma história, escrever uma peça ou apresentar um argumento, torna-se evidente que há uma história da escrita nesses sentidos mais gerais: uma história importante das *formas de composição*. Como isso situa o argumento sobre as relações entre as propriedades e as qualidades?

A história também pode ser bajulada pelo senso comum. Podemos presumir que, embora os métodos tenham mudado nas formas registradas, os propósitos se mantiveram constantes, de modo que ainda há relações inalteradas entre as propriedades das consciências individuais e a qualidade dos textos individuais. Talvez, mas dificilmente veremos essas relações de modo convincente, se a história for tomada como um conjunto de mudanças gerais e relativamente externas, de modo que tanto as consciências individuais quanto as qualidades do texto escrito se mantêm mais ou menos inalteradas. O que excluímos dessa forma de olhar o problema é toda a série de relações mutáveis que são evidentes na prática também mutável da escrita.

A ESCRITA 3

Essas relações, se vistas de modo adequado, são em si mesmas relações sociais e históricas, com evidências diretas nas formas de escrita. Não se trata, em primeiro lugar, de procurarmos a evidência social e histórica que está *ao longo* da escrita, em todos os outros tipos de atividade. É a evidência que vai nos iluminar e sugerir novas questões sobre a escrita e até mesmo fornecer algumas respostas. Mas entre um tipo fechado de estudo de um corpo de escrita definido como "literatura" e um tipo reduzido de estudo de fatos políticos, militares, econômicos e sociais generalizados, definidos como "história", há uma área importante e negligenciada de evidências e questões: a história prática da escrita e das formas de escrita, e o que ela pode nos mostrar a respeito do modo como, nessa prática cada vez mais importante, as pessoas assumiram, desenvolveram, estenderam, realizaram e alteraram suas relações. É a esse tipo de evidência e a esse conjunto de questões que os ensaios reunidos neste livro, resultado de um trabalho de mais de vinte anos, essencialmente se referem.

O que devemos dizer também é que há um corpo de evidências e um conjunto de questões sobre a escrita em si que não deveriam ser ignorados ou vistos superficialmente como um conjunto de aplicações simplesmente empíricas. Um dos efeitos dessa naturalização da escrita, e nos últimos dois séculos da naturalização efetiva da imprensa, é que a história essencial dessas importantes transformações, mesmo em seus termos mais gerais, tem sido negligenciada ou tratada como mera generalidade. Contudo, essa história entrelaça-se, em cada estágio, com mudanças mais locais e demonstráveis. Há, de fato, uma diferença imensa, além da evidência mais acessível do interesse e do conteúdo, entre a escrita de Shakespeare para ser encenada publicamente por um certo número de vozes e de ações e a escrita de George Eliot para ser lida em silêncio por um indivíduo isolado no tempo. O que podemos perceber nesses exemplos óbvios é relevante, em graus diferentes em cada forma de escrita, uma vez que tenha sido compreendido o princípio das condições de composição como um fato em um processo de composição.

Contudo, há ainda algo além das condições de composição: o tipo de "público" e de "leitor" que o escritor tem em mente ou ao qual ele se endereça; as formas disponíveis e as convenções; o estado da própria língua. A escrita como tal tem uma história e propriedades específicas. Discuti essa questão com mais detalhes em outra ocasião, sobretudo em meus ensaios em *Contact* (1981) e no capítulo "Meios de produção", em *Cultura* (1981), mas alguns pontos centrais podem ser repetidos aqui.

Em primeiro lugar, a escrita é distinta de muitas outras formas de comunicação pelo fato de que suas habilidades básicas – organizar palavras em uma forma material convencional e ser capaz de lê-las – não surgem necessariamente como parte de um processo básico de crescimento em uma sociedade. Uma língua falada, nos termos de uma habilidade tanto para falar quanto para entender, surge como parte de um processo normal de crescimento em uma sociedade específica, exceto em caso de alguma incapacidade física individual. A escrita, ao contrário, é desde o início uma habilidade sistemática que tem de ser ensinada e aprendida. Dessa forma, a introdução da escrita e todos os estágios subsequentes de seu desenvolvimento são intrinsecamente novas formas de relação social. Há uma grande variação na forma como essas habilidades são disponibilizadas, e isso tem um efeito significativo nas relações incorporadas na escrita em condições históricas e culturais diversas. Assim, podemos falar da literatura inglesa em um período de seis séculos, mas temos de falar de modo necessariamente muito mais problemático da alfabetização inglesa. Foi apenas a certa altura do século XIX, bastante tardiamente no registro da literatura inglesa, que a maior parte da população inglesa aprendeu a ler ou escrever. É impossível que isso não tenha influenciado o que foi escrito e o que foi lido.

Ao mesmo tempo, isso não significa que não tenha havido composição de palavras, de um tipo acessível em geral, antes dessa alfabetização generalizada. A partir de uma alfabetização generalizada, podemos ler retrospectivamente todos os tipos de escrita como "literatura" ou inventar formas retrospectivas híbridas de "literatura oral". Mas isso atenua alguns fatos e relações importantes. Há o fato de que a restrição inicial da escrita a certas classes de escrivães ou acadêmicos introduziu um problema no que tange ao status do conhecimento e do registro em questões tão centrais quanto a história e a lei em sociedades nas quais o acesso efetivo era socialmente diferenciado. Quando a escrita e a leitura se propagaram mais amplamente, e quando a imprensa assegurou tanto uma reprodução mais precisa quanto uma distribuição mais abrangente, ainda houve variações significativas no acesso e, à medida que crescia a importância da escrita e da impressão, na possibilidade de uma contribuição efetiva. Mesmo hoje, após mais de um século de alfabetização generalizada, seria errado dizer que há acesso igual ao material escrito e impresso ou oportunidades iguais de contribuição. Existem diferenças individuais relevantes, mas existem também diferenças sociais básicas.

Aquilo que é uma questão de grau após a alfabetização generalizada é muitas vezes uma questão de forma nos séculos que o precederam. Nunca é apenas uma questão de leitores – de "público leitor" – profundamente diferenciados como são, de fato. Trata-se também de onde vêm e vieram os textos e os escritores: quais relações, quais interesses e suposições compartilhados, as diferenças sociais reais da composição da escrita e da leitura. É muito difícil para alguém que lidou toda a sua vida profissional com o texto impresso, e por meio dele teve acesso à escrita em sociedades bastante diferentes da sua, levar a sério a ideia de que as condições que o leitor compartilha com os escritores, por meio da propriedade comum dos textos, são condições socialmente específicas, que não podem ser lidas retrospectivamente como verdades centrais de toda a escrita e leitura ativas.

Esse problema está mais presente no caso daquilo que foi original ou primeiramente formas "orais". É óbvio que quase todas as formas orais que conhecemos, exceto as que foram produzidas em nossa própria época e são usualmente situadas a certa distância da "escrita" e da "literatura", têm sido escritas de um modo ou de outro e podem parecer absorvidas por condições mais típicas de escrita e leitura. Mas essa "solução" é muito simples. É impossível ler corretamente a "escrita dramática" se não estivermos cientes de que se trata de uma escrita para a fala em muitas vozes e para a ação. Em sua composição essencial, não é um texto para a leitura silenciosa, embora esse uso especializado e diferenciado se possa produzir com o tempo. Explorei previamente esses problemas, sobretudo no drama moderno, apesar de ter ensaiado um exame mais geral em *O drama em cena* (1954 e 1968). Estendi essa pesquisa a dois ensaios deste livro e procurei tipos novos de análise tanto em relação à escrita dramática de Eurípides e Racine quanto às funções complexas do diálogo e do monólogo em Shakespeare.

Contudo, podemos identificar essas questões apenas em parentesco com uma forma especializada, o "drama", que pode ser situada a uma relativa distância da "literatura", mesmo quando reivindicamos seus exemplos mais importantes. As questões, em sua totalidade, são muito mais amplas. Nos ensaios reunidos na segunda e na terceira parte deste livro, examinei uma gama de evidências e questões que não podem ser transferidas para uma forma separada e especializada, mas são inerentes ao que é considerado formas "literárias" inequívocas. Examinei muitos tipos de escrita com aquilo que surge como duas questões essenciais. Em primeiro lugar, a das relações entre a escrita, por um lado, e a fala e as representações escritas da fala, por outro. Em segundo lugar, a das relações variáveis, em diversos tipos de escrita, entre escritores e leitores supostos ou presumidos, em condições que se desenvolveram desde um alfabetismo desigual e parcial até um alfabetismo mais geral, nas quais persistiram as desigualdades de acesso à escrita e à leitura. Os ensaios não foram escritos como um argumento conexo, porque sempre tive em vista obras mais

A ESCRITA 7

específicas, mas parece evidente certa continuidade efetiva de interesses e temas. Além disso, neste leque de ensaios, alegro--me por ter conseguido enfatizar que o desenvolvimento desse tipo de pesquisa, cujo momento mais especializado ocorre na análise do diálogo e do monólogo em Shakespeare, não deve ser separado de outras questões mais familiares e mais gerais. Esse desenvolvimento deve ser conectado e reconectado – embora de modo bastante preciso – a essas outras questões. As palestras reunidas na quarta parte do livro talvez tenham interesse próprio como uma forma de escrita para a fala. Usualmente, nesses casos, proferi as palestras a partir de um texto completo, com alguma consciência de que o leria, mas com uma diferença evidente em relação às palestras estritas, feitas com poucas ou nenhuma nota, reunidas em *The English Novel from Dickens to Lawrence* (1971) ou representadas aqui pelas comunicações sobre Tressell e 1848. Como acontece em geral, as palestras foram feitas com uma consciência excepcional da ocasião e do público específico; contudo, as formas escritas preparadas serviram obviamente para me conectar a um público mais geral.

Nos ensaios reunidos na quinta parte, o que me interessa são as questões sobre o acesso desigual e privilegiado da escrita e da imprensa em um contexto plenamente moderno de relações entre classes sociais. A discussão de "Os filantropos de fundilhos puídos" trata diretamente dessas questões, e há uma discussão mais ampla na análise do que se entende por "região" e "classe" no romance moderno. A partir de minha própria história social, tenho ciência dessas questões e problemas, não apenas naquilo que se refere à análise e à erudição, mas em minha própria obra como escritor. O ensaio final sobre "os tempos da imaginação" é uma reflexão direta sobre esse tema no que considero uma situação geral, mas com frequência examinada apenas de fora.

Devo dizer, enfim, que os ensaios e palestras reunidos neste livro possuem uma relação específica com o estudo teórico que publiquei nos últimos anos, notadamente em *Marxismo e literatura* (1977) e em *Cultura* (1981). Em algumas áreas fundamentais, esses ensaios e palestras são o material de trabalho por meio do qual os argumentos teóricos foram direcionados. Em certos pontos desses argumentos, fui necessariamente além das formas de escrita em seu sentido herdado. Estava interessado em uma mudança cultural significativa em nossa própria época, na qual as relações entre escrita e fala, entre escrita e ação dramática e, de modo bastante novo, entre escrita e composição de imagens, mudaram ou se desenvolveram no rádio, na televisão e no cinema. Estava claro que essas novas formas e relações eram importantes em si mesmas. Mas, em sua crescente importância, também nos permitiram ver, de modos novos, as relações historicamente específicas entre a escrita, a imprensa e a leitura silenciosa que eram tidas como certas e, ao mesmo tempo, privilegiadas nos quatro séculos em que essas relações foram dominantes e assumidas frequentemente, sobretudo nos estudos "literários", como universais.

Há, hoje, muitas ocasiões para pesquisarmos o antes e o depois desse período de relações dominantes da imprensa. Contudo, dentro desse período significativo, novas perspectivas dão ensejo a certas questões que foram sempre necessárias, mas, dentro das ortodoxias dos estudos literários, foram deslocadas ou tratadas como periféricas. O que se entende até hoje como relações *normais* de escrita e leitura, nas quais se abarca um determinado conjunto de questões, poderia ser visto agora como relações específicas e frequentemente problemáticas, ou mesmo precárias, em uma distribuição desigual da escrita e da leitura e nas relações incertas entre formas de escrita e formas de fala.

Essas novas questões serão decisivas no novo período cultural em que já entramos, e em que a impressão e a leitura silenciosa são, mais uma vez, apenas uma das muitas formas culturais, apenas uma das formas de escrita. Contudo, a escrita para a impressão ainda persiste, desde o passado, e ainda é, em si mesma, de suma importância. É por isso que estes ensaios e palestras, interessados sobretudo nessas formas de escrita, mas colocados ao lado de tipos anteriores de escrita dramática e considerados sempre em suas relações sociais plenas, merecem ser apresentados juntos, e com uma ênfase específica.

PARTE
1

DRAMA EM UMA SOCIEDADE DRAMATIZADA

Os problemas do drama, em qualquer uma de suas muitas perspectivas, são hoje sérios o suficiente para ter um interesse genuíno e suscitar questões bastante novas. Continuidades reais e nominais podem ser apontadas, obviamente, mas minha ênfase é em uma situação alterada: uma situação que tentei indicar no título. O drama não é mais coextensivo ao teatro, por exemplo; muitas encenações dramáticas realizam-se hoje em estúdios de cinema e televisão. No teatro – teatro nacional ou teatro de rua – há uma variedade excepcional de intenções e métodos. Novos tipos de texto, novos tipos de notação, novas mídias e novas convenções procuram ativamente abrir espaço ao lado de textos e convenções que pensamos conhecer, mas que entendo como problemáticos justamente porque esses outros textos e convenções estão presentes. O tempo e a sequência dramática em uma peça de Shakespeare, os ritmos e as relações intricadas do coro e dos três atores em uma tragédia grega, creio que isso se torna ativo de novas formas quando olhamos para uma mesa ou máquina de edição, em um estúdio de cinema ou televisão, ou quando vemos novas relações entre ator e público no teatro improvisado das ruas e dos porões.

Como sociedade, nós nunca atuamos tanto ou assistimos a tantas pessoas atuando. É óbvio que o assistir comporta seus próprios problemas. O ato de assistir tornou-se problemático. O drama era originalmente ocasional, no sentido literal do termo: no Festival de Dioniso em Atenas ou no dia de Corpus Christi na Inglaterra medieval, quando vagões eram puxados pelas ruas. Os inovadores teatros comerciais da Londres elisabetana funcionavam fora dessas ocasiões especiais, mas ainda em pontos fixos: a capital, e portanto em turnês pelas cidades das províncias. Havia tanto expansão quanto retração. Na Londres da Restauração, dois teatros patenteados – os centros monopolizadores do drama legítimo – raramente lotavam. O teatro provincial do século XVIII, o desenvolvimento do teatro de variedades e dos *music-halls*, a expansão dos teatros no West End londrino na segunda metade do século XIX foram acontecimentos importantes, mas, em comparação com o que viria, foram mudanças essencialmente quantitativas. Foi em nosso próprio século, no cinema, no rádio e na televisão, que o público do drama passou por uma mudança qualitativa. Não me refiro apenas ao fato de *O encouraçado Potemkin* e *No tempo das diligências* terem sido vistos por milhões de pessoas, em todo o mundo e por um longo período, nem ao fato de uma peça de Ibsen ou de O'Neill ser vista, hoje, simultaneamente por dez ou vinte milhões de pessoas na televisão. Embora os números sejam expressivos, isso ainda é uma extensão compreensível e significa que, pela primeira vez na história, a maioria da população tem acesso regular e constante ao drama, afora as ocasiões especiais e as temporadas. Mas o que é realmente novo – tão novo que penso ser difícil avaliar sua importância – é que não se trata apenas de públicos para peças específicas. Trata-se do fato de que o drama, de modo bastante novo, é construído hoje no ritmo da vida diária. Apenas no que diz respeito à televisão, é normal que os telespectadores – a maioria substancial da população – assistam em um dia a mais de três horas de drama, obviamente drama de vários tipos. E não

DRAMA EM UMA SOCIEDADE DRAMATIZADA 15

apenas em um dia, mas quase todos os dias. Isso é parte do que quero dizer com sociedade dramatizada. Em períodos anteriores, o drama era importante em um festival, em uma temporada ou como uma ida consciente ao teatro: da homenagem a Dioniso ou a Cristo à ida a um espetáculo. O que temos agora é o drama como uma experiência habitual: em muitos casos, mais em uma semana do que muitas pessoas veriam antigamente em toda uma vida. Isso poderia ser apenas uma extensão, algo como comer mais carne ou usar mais camisas do que nossos ancestrais teriam concebido como um hábito humano comum? Essa certamente não parece ser uma extensão direta. Assistir a uma ação simulada, de vários tipos recorrentes, não apenas de quando em quando, mas regularmente, por mais tempo do que gastamos para nos alimentar e quase metade do tempo que dedicamos ao trabalho e ao sono; isso, em nosso tipo de sociedade, como um comportamento majoritário, é na realidade uma nova forma e uma nova pressão. É claro que seria mais fácil eliminar ou exorcizar esse fato notável se concordássemos, como propõem alguns, que aquilo a que milhões de pessoas assistem com tanta regularidade é tudo, ou, em grande parte, lixo. Isso não seria exorcismo; e, se fosse verdade, tornaria o fato ainda mais extraordinário. De qualquer forma, não é verdade. Apenas culturas mortas possuem classificações confiáveis. Existem graus discerníveis, importantes e variados de obras significativas e triviais, mas podemos encontrar o *kitsch* no teatro nacional e uma peça altamente original em uma série policial. As discriminações críticas são importantes e ao mesmo tempo não presumíveis. De certa perspectiva, porém, elas empalidecem diante da generalidade do hábito em si. O que devemos nos perguntar é o que, em nós e em nossos contemporâneos, atrai-nos repetidamente para essas milhares de ações simuladas, para essas peças, essas representações, essas dramatizações.

Isso depende de onde vem a pergunta. Pergunto da perspectiva de alguém que assiste e contribui para esse processo extraordinário. Mas posso ouvir – quem não pode? – vozes familiares: os comerciantes preocupados, porque seus aprendizes e ajudantes deram uma escapada para ir aos teatros do Bankside; os chefes de família cujas esposas – e os reitores das universidades cujos alunos – passavam as manhãs lendo romances e comédias, em vez de ler literatura. Esses homens sisudos saberiam o que dizer sobre a Califórnia contemporânea, onde podemos assistir a um filme às seis e meia da manhã e, se quisermos, podemos ver mais sete ou oito até o último filme do início da madrugada. Ficção, encenação, fantasia inútil, espetáculo vicário; satisfação simultânea da preguiça e do apetite; distração da distração pela distração. Essa é um catálogo pesado e até mesmo grosseiro de nossos erros, mas milhões de pessoas estão devolvendo o catálogo, sem abri-lo. Até que os olhos se cansem, milhões de nós assistem às sombras das sombras e encontram nelas substância; assistem a cenas, situações, ações, trocas, crises. O pedaço de vida que foi um dia um projeto do drama naturalista tornou-se um ritmo voluntário, habitual e interno: o fluxo da ação e da encenação, da representação e da atuação, elevado a uma nova convenção, a de uma necessidade básica.

É impossível saber o que teria acontecido se o Globe Theatre tivesse recursos de radiodifusão, por exemplo. Ao menos em certa medida, devemos conservar a hipótese da simples extensão do acesso. Contudo, eu argumentaria que o que tem acontecido hoje é muito mais do que isso. Há, na realidade, fatores verificáveis, provavelmente de tipo causal. Temos o costume de dizer – e isso ainda significa alguma coisa – que vivemos em uma sociedade mais flexível e ao mesmo tempo mais complexa, e que por isso, em certos aspectos cruciais, é relativamente mais incognoscível, mais opaca do que a maioria das sociedades do passado, e também mais insistentemente urgente, penetrante e mesmo determinante. O que tentamos resolver do opaco e do incognoscível por meio da estatística – que nos oferece sumários e tabelas, sumários moderadamente precisos e tabelas

DRAMA EM UMA SOCIEDADE DRAMATIZADA

extremamente precisas, de como vivemos e pensamos – é oferecido para resolução por meio de um tipo de dramatização. O mineiro e o eletrotécnico, o ministro e o general, o bandido e o terrorista, o esquizofrênico e o gênio; uma casa geminada e uma casa de campo; apartamentos nos grandes centros e palacetes nos subúrbios; kitchenettes e fazendas: imagens, tipos, representações; o início de um relacionamento, a dissolução de um casamento; uma crise provocada por doença, dinheiro, mudança ou perturbação. Não se trata apenas do fato de tudo isso ser representação. Trata-se do fato de que, hoje, muito drama vê sua função nessa forma experimental e investigativa: a busca de um tema, de um local, de uma situação; e com certa ênfase na novidade, nas formas de trazer um pouco desse tipo de vida para o drama.

É claro que todas as sociedades tiveram seu lado sombrio e incognoscível, algumas por consenso, outras por negligência. Mas a ordem pública clara de muitos dramas tradicionais não esteve acessível a nós por muitas gerações. Foi por essa razão que os grandes dramaturgos naturalistas, desde Ibsen, abandonaram os palácios, os fóruns e as ruas das ações anteriores. Eles criaram, acima de tudo, cômodos; cômodos fechados e palcos fechados; cômodos cujo centro era a vida, mas dentro dos quais as pessoas esperavam pela batida na porta, pela carta ou pela mensagem, pelo grito na rua para saber o que aconteceria com elas, o que viria para interromper e decidir suas vidas ainda intensas e imediatas. Parece-me que há uma continuidade cultural direta entre esses cômodos fechados e ligeiramente emoldurados e os cômodos nos quais vemos as imagens enquadradas da televisão: em nossa casa, em nossas vidas, mas precisando ver o que acontece "lá fora", como se diz; não lá fora em uma rua específica ou em uma comunidade específica, mas em uma vida nacional e internacional complexa e desfocada, e que não pode ser focada, em que nossa área de interesse real e aparente é de uma amplitude sem precedentes, e em que o que acontece em outro continente pode atingir nossas próprias vidas em questão de dias ou semanas – ou, no pior dos casos, em horas ou minutos. Contudo, nossas vidas ainda acontecem aqui, substancialmente aqui, com as pessoas que conhecemos, em nossos próprios cômodos, em cômodos parecidos com os de nossos amigos e vizinhos, e eles também estão assistindo, não apenas por conta dos eventos públicos ou por distração, mas por uma necessidade de imagens, de representações, de como é viver hoje para essa ou aquela pessoa, em determinada situação e local. Esse é talvez o desenvolvimento pleno do que Wordsworth viu em seu estágio inicial, quando a multidão nas ruas (o novo tipo de multidão urbana, que está fisicamente próxima, mas é formada de estranhos absolutos) perdeu qualquer ideia comum ou tradicional de ser humano e precisou de representações – as imagens das massas, um novo tipo de signo – para estimular, se não afirmar, uma identidade humana: o que é a vida e como ela se parece além desse mundo privado intenso e ansioso, mas também empurrado e atropelado, da mente. Essa é uma forma de colocar a questão. A nova necessidade, a nova exposição – a necessidade e a exposição em um mesmo movimento – para um fluxo de imagens, de representações constantes, distinto de culturas menos complexas e menos flexíveis, nas quais uma representação de significados, ou um espetáculo de ordem, é representada de modo claro, sólido e rígido em certos pontos fixos, e mais ativamente afirmada em uma ocasião especial, em um dia importante ou em um festival, no dia da encenação ou da procissão. Mas não se trata apenas de necessidade e exposição: ambas são produzidas e usadas. No sentido mais simples, nossa sociedade tem sido dramatizada pela inclusão da representação dramática constante como um hábito diário e uma necessidade. Mas o processo real é mais ativo do que isso.

O drama é um tipo especial de uso de processos bastante gerais de apresentação, representação e significação. O local elevado do poder – a proeminência do estrado real – foi construído

DRAMA EM UMA SOCIEDADE DRAMATIZADA   19

historicamente antes do local elevado do palco. A apresentação do poder, em grupos hierárquicos, na ênfase móvel da procissão, precedeu as modalidades agora comparáveis de um estado dramático representado. Deuses foram tornados presentes ou acessíveis por intermédio de movimentos e palavras precisas, em uma forma convencional conhecida. O drama é hoje tão frequentemente associado ao que foi chamado de mito e ritual que a questão geral é facilmente colocada. Mas a relação não pode ser reduzida àquela associação frouxa habitual. O drama é uma separação precisa de certos modos comuns para fins novos e específicos. Não é nem o ritual que revela o Deus nem o mito que exige e alimenta a repetição. Trata-se de uma composição específica, ativa e interativa: uma ação, não um ato; uma prática aberta que tem sido deliberadamente abstraída dos fins práticos e mágicos temporários; uma abertura complexa do ritual para a ação pública e variável; um movimento além do mito para *versões* dramáticas do mito e da história. Foi esse drama experimental ativo e variável – não o mundo fechado dos signos e significados conhecidos – que surgiu com sua própria legitimidade e poder; significativamente aberto em períodos de crise e mudança, quando certa ordem era conhecida e ainda formalmente presente, mas quando a experiência a pressionava, testava, concebendo rupturas e alternativas; a possibilidade dramática do que poderia ser feito dentro do que sabidamente teria de ser feito, e cada ação poderia estar presente, mutuamente e contraditoriamente potente, em formas de encenação específicas. Devemos ver isso sobretudo hoje, quando o mito e o ritual, em seu sentido usual, foram rompidos pelo desenvolvimento histórico e não são mais do que uma nostalgia ou uma retórica de certo tipo de acadêmico e pensador, mas os processos sociais básicos de apresentação, representação e significação nunca foram tão importantes. O drama rompeu com os signos fixos, estabeleceu uma distância permanente do mito e do ritual, das figuras e das procissões hierárquicas do Estado; por razões históricas e culturais precisas, entrou em um mundo mais ativo, complexo e questionador. Há relatividades dentro da história subsequente, e a ruptura se realizou muito mais vezes. Qualquer sistema de signos, apresentando ou representando, pode ser incorporado a uma ordem passiva, e novas imagens estranhas – da experiência reprimida, das pessoas reprimidas – devem se lançar para além dessa ordem. O drama de qualquer período, inclusive do nosso próprio, é um conjunto intricado de práticas das quais algumas são incorporadas – os ritmos e os movimentos conhecidos de um sistema residual, mas ainda ativo – e algumas são exploratórias – os ritmos e os movimentos difíceis de uma representação emergente, reorganização ou nova identificação. Sob pressões reais, esses tipos distintos se fundem frequentemente de maneira intensa e intricada; é raro que se trate de um caso simples de drama antigo e novo.

Mas o drama, que se separou, não se separou completamente. Existem práticas congruentes e comparáveis em outras partes da sociedade, assim como no drama, e frequentemente são interativas: tanto mais interativas quanto menos formal é o mundo dos signos fixos. De fato, o que temos hoje em geral é uma nova convenção da sobreposição deliberada. Darei o exemplo mais simples. Hoje, os atores migram de um papel em uma peça teatral, que podemos especificar como uma arte dramática, para empregar as mesmas habilidades ou habilidades similares na revelação contratada, mas eufórica, de um charuto ou creme facial. Eles podem se sentir constrangidos com isso, mas, segundo eles, é melhor do que ficar parado. Afinal, trata--se de atuação; eles não se sentem mais comprometidos com o charuto do que com a personagem do inspetor fanfarrão, para a qual também foram contratados. Alguém escreveu o texto, alguém vai dirigi-lo: eles ainda estão na profissão. Comerciais de televisão na Grã-Bretanha são anunciados por sinais convencionais para indicar que serão exibidos, mas a sobreposição do método, da habilidade e dos indivíduos reais é um sinal menor

DRAMA EM UMA SOCIEDADE DRAMATIZADA 21

e menos fácil de ler dentro de um processo mais geral, no qual é muito mais difícil discernir as rupturas.

Nossa sociedade atual, de uma forma que simplesmente nos custa reiterar, é suficientemente dramática no sentido óbvio do termo. Ações de tipo e grau que atraem comparações dramáticas são encenadas de um modo que nos deixam sempre na dúvida se somos espectadores ou participantes. O vocabulário específico da modalidade dramática – o próprio drama, e portanto a tragédia, o roteiro, a situação, os atores, a encenação, os papéis, as imagens – é contínuo e convencionalmente apropriado para essas ações de grande porte. Não é raro sentirmos que seria mais fácil se apenas atores atuassem e apenas dramaturgos escrevessem roteiros. Mas estamos muito além disso. No chamado palco público, ou olhar público, figuras improváveis, mas plausíveis, aparecem incessantemente para nos representar. Homens específicos são ampliados para uma universalidade temporária, e esse processo é tão ativo e complexo que somos convidados com frequência a vê-los ensaiando seus papéis ou discutindo seus roteiros. Walter Bagehot fez uma distinção, em certa ocasião, entre a classe real dominante e seu espetáculo teatral: a viúva de Windsor, diz ele em um estilo inovador de cinismo elegante e aprovação, deve ser mostrada, exibida a uma população que jamais conseguiu compreender as realidades mais complexas do poder. Assisti esta manhã à sessão televisionada da abertura do Parlamento. Uma coisa é dizer que se trata de puro teatro, outra coisa é perceber, e dizer, que além da pompa residual existe um processo mais naturalizado, que em parte também é primo do teatro. É claro que os monarcas sempre fizeram coisas desse tipo, ou coisas desse tipo foram feitas para eles. Os que restaram têm consciência de sua imagem mesmo quando são chamados de Vossa Majestade. Além disso, como muitos atores, as pessoas descobrem papéis crescendo dentro delas: elas acabam se adaptando ao papel, como aquela pessoa que representa o rei. A novidade não está nelas, mas em nós.

Em geral, é genuinamente difícil acreditar em qualquer papel dessa dramatização disseminada. Se o vemos em outro período ou de outro lugar, ele visivelmente se empavona e agita, o maquinário começa a ranger. Em momentos de crise, abandonamos algumas vezes esse teatro social ou, com a mesma facilidade, adormecemos nele. Mas não se trata apenas de papéis e cenários, são convenções. Quando podemos ver uma convenção, quando tomamos realmente consciência dela, é provável que ela esteja ruindo. Além daquilo que muitas pessoas veem como a teatralidade de nosso mundo público, consciente de sua imagem, há um drama mais sério, mais efetivo e mais profundo: a dramatização da própria consciência. "Eu falo pela Grã-Bretanha", diz o texto escrito para aquela pessoa pública que está ali representando, mas temos nossas reservas, depois que nos foi permitido assistir às audições e pudemos ver outros atores disputando o mesmo papel; podemos até mesmo dizer: "Eu estou aqui e você não fala por mim". "Exatamente", a figura responde, com uma confiança imperturbável em seu papel, pois agora uma consciência diferente, uma dramatização mais profunda, começa a ter efeito: "Você fala por si mesmo, mas eu falo pela Grã-Bretanha". "Onde ela está?", pode nos ocorrer perguntar, olhando pensativamente ao nosso redor. Em um dia claro e de um lugar alto, podemos ver a uma distância de oitenta quilômetros. Mas conhecemos alguns lugares, lembramo-nos de outros; temos memórias, definições e uma história.

Contudo, em algum ponto dessa continuidade, em geral logo no início, temos o quê? Representações, tipificações, imagens ativas, papéis ativos que pessoas encenam ou por vezes se recusam a encenar. As convenções específicas dessa dramatização em particular – um país, uma sociedade, um período na história, uma crise da civilização –, essas convenções não são abstratas. Elas são profundamente trabalhadas e retrabalhadas em nossas relações vividas e reais. São nossas formas de ver e conhecer que colocamos em prática todos os dias, e na medida em que as convenções se sustentam, na medida em que as relações se mantêm, boa

DRAMA EM UMA SOCIEDADE DRAMATIZADA

parte da prática as confirma. Um tipo de autonomia específica – o isso, o aqui – está livre delas, em parte; mas essa autonomia é usualmente uma autonomia da privacidade, e a figura privada – o caráter da pessoa – já é amplamente oferecido para ser apropriado por uma dessas formas dramatizadas: o produtor ou o consumidor, o casado ou o solteiro, o participante, o exilado ou o errante. Além disso, há o que chamamos de irredutível: o homem ainda não acomodado. Mas o processo tem se disseminado de tal forma que há hoje, na prática, convenções do próprio isolamento. O indivíduo solitário é hoje um tipo comum; esse é um exemplo do que entendo por uma convenção dramática que se estende da atuação para a consciência. Apenas uma geração após o drama naturalista que criou o cômodo fechado – o cômodo no qual as pessoas viviam, mas tinham de esperar por notícias de fora –, outro movimento criou outro centro: a figura isolada, o estranho, que em *Rumo a Damasco*, de Strindberg, ainda procurava ativamente por si mesma e por seu mundo, testando e descartando papéis e imagens, memórias afirmativas e situações confirmadoras, e cada um deles se rompendo até o personagem voltar, a cada vez, ao mesmo lugar. Meio século depois, duas figuras altamente isoladas, em um mundo que não se perdeu, mas também nunca se criou, sentaram-se à beira da estrada esperando o quê? – vamos chamá-lo de Godot – chegar. Vamos, disseram, mas não se mexeram. Uma década mais tarde, outras figuras ainda mais isoladas apareceram enterradas até o pescoço, e tudo o que se ouviu dentro dessa convenção parcial e persuasiva foi um grito, um sopro. Privacidade, privação. Um mundo público perdido; um mundo público incriável.

Essas imagens nos desafiam e entusiasmam, porque foram ao menos imagens de dissensão, de divergência consciente das formas fixas. Mas aquela outra mímica, a dramatização pública, é tão contínua, tão insistente, que a dissensão sozinha mostrou-se impotente contra ela. A dissensão, como qualquer herói trágico moderno, não pode mais morrer. E a dissensão crítica, uma forma pública que pode ser levada para palestras ou até para exames, também retorna ao local de onde partiu, e se pode ou não ver isso pela primeira vez. Conheci um francês, um homem que havia aprendido como ninguém os modos de percepção que é a dissensão crítica, disse-me certa vez com certa satisfação: "A França é um romance burguês ruim". Pude ver quão certo ele estava: os modos de dramatização, de ficcionalização, que estão ativos como convenções sociais e culturais, como formas não apenas de ver, mas também de organizar a realidade, são exatamente o que ele disse: um romance burguês, tipos humanos ainda fixos, mas perdendo um pouco da convicção; ações humanas, lutas por status e propriedade, por carreiras e relacionamentos rápidos, ainda tão limitados como sempre foram, ainda conservando amargamente o principal, em uma realidade pública interativa e em uma consciência pública interativa. "Bem", eu disse educadamente, "a Inglaterra também é um romance burguês ruim. E Nova York é um romance urbano ruim. Mas há uma dificuldade, ou ao menos eu vejo isso como uma dificuldade: não podemos devolvê-los à biblioteca. Estamos presos a eles. Temos de lê-los e relê-los". "Mas criticamente", ele disse com uma vivacidade encantadora. "Mas ainda lendo", disse eu.

Creio que esse é o ponto em que estamos hoje. As pessoas me perguntam com frequência por que, sendo especializado em literatura e especificamente em drama, construindo uma carreira comum escrevendo e ensinando história e análise do drama, eu me voltei – *me voltei* – para o que elas chamariam de sociologia se tivessem certeza de que eu não me ofenderia (algumas tinham certeza de que eu me ofenderia, e sou indiretamente grato a elas). Eu poderia dizer, ao debater essa questão, que Ruskin não abandonou a arquitetura para se voltar para a sociedade: ele viu a sociedade na arquitetura – em seus estilos, em suas intenções, em suas estruturas de poder e sentimento, em suas fachadas, em seus interiores e nas relações entre eles. Desse modo, ele pôde aprender a ler tanto a arquitetura quanto a sociedade de uma

DRAMA EM UMA SOCIEDADE DRAMATIZADA 25

nova maneira. Mas prefiro falar por mim mesmo. Aprendi com a análise do drama algo que me pareceu eficaz não apenas como uma maneira de ver certos aspectos da sociedade, mas também como uma forma de chegar a algumas das convenções fundamentais que reunimos como a própria sociedade. Estas, por sua vez, tornam novamente bastante ativos alguns dos problemas do drama. Foi olhando para ambos os lados, para o palco e para o texto, e para uma sociedade ativa e encenada neles, que pensei ter vislumbrado o significado do cômodo fechado – o cômodo no palco, e a nova metáfora da quarta parede – como um fato dramático e ao mesmo tempo social.

O cômodo está lá, não como uma convenção cênica entre outras possíveis, mas porque é um ambiente ativamente moldável – a estrutura particular dentro da qual vivemos – também na continuidade, na herança, na crise – a forma sólida, a declaração convencional, de como vivemos e do que valorizamos. Esse cômodo no palco, essa sala fechada onde acontecem coisas importantes e onde uma outra ordem de importância chega com notícias de um mundo isolado do lado de fora; esse cômodo é uma convenção, e agora um hábito, do teatro; mas é também, de maneira sutil e persistente, um personagem, um ator: um cenário que nos define e pode nos paralisar, o objeto alienado que agora nos representa no mundo. Presenciei, fascinado, o colapso desse cômodo: os móveis desapareceram, o espaço se tornou mais limpo, as pessoas se olhavam através do vazio, apenas com o corpo, o corpo como objeto ou o corpo como ritmo, para descobrir, para atuar, para se exaurir. Mais importante, no entanto, é o processo dinâmico que acontece quando o cômodo se desfaz, pois a cena não é mais externa, mas ainda é ativa, e o que vemos é uma projeção de imagens observadas, lembradas e desejadas. Na virada do século, enquanto Strindberg escrevia um novo drama de imagens em movimento – uma parede coberta de rostos, aspectos do caráter e da aparência dissolvendo-se, fragmentando-se, fundindo-se, obcecando, objetos que mudavam literalmente quando olhávamos para eles –, enquanto Strindberg escrevia isso, muito além da capacidade do teatro da época, outros homens, de maneiras muito diversas, descobriam meios de fazer as imagens se moverem, inventavam as bases técnicas dos filmes: a nova mobilidade e, com ela, a dissolução, o corte, o *flashback*, a voz em *off*, a montagem, que são técnicas, mas também novos modos de percepção, relação, composição e busca de nosso caminho.

Ouvi mais uma vez, como se fosse a primeira, o que, por hábito, ainda era chamado de fala dramática ou diálogo; ouvi-o em Tchekhov e notei uma singularidade agora usual: as vozes não falavam mais umas com as outras; talvez falassem entre elas, na presença umas das outras. Mas havia uma composição nova, na qual um grupo falava, mas esse grupo era estranho e negativo; ninguém terminava o que havia começado a dizer, as palavras cruzavam e eram cruzadas pelas palavras dos outros, casuais e distraídas, palavras que, por sua vez, não se concluíam: uma trama de vozes em que, embora ainda negativamente, o grupo falava e ninguém estava definitivamente articulado. Hoje, esse processo é tão normal na escrita da fala dramática que pode ser ouvido em qualquer noite, em uma série de televisão, e não é apenas uma imitação. Trata-se de uma forma de falar e ouvir, um ritmo específico de uma consciência particular; ao fim, uma forma do inacabado, do transitório, da relação ansiosa que está no palco ou no texto, mas é também, penetrantemente, uma estrutura do sentimento em um mundo contemporâneo específico, em um período da história que possui essa transitoriedade familiar e complexa. Não acredito que pudesse ter entendido esses procedimentos dramáticos como *métodos* – ou seja, como modalidades gerais significativas – se não tivesse olhado para ambos os lados. Eu poderia tê-los visto, talvez, como técnicas: uma perspectiva profissional, mas, por experiência própria, não suficientemente profissional, pois é onde a técnica e o método encontram uma identidade ou, mais comumente, uma fratura significativa que surgem todas as difíceis questões dessa árdua disciplina.

FORMA E SIGNIFICADO:
HIPÓLITO E FEDRA

No prefácio de *Fedra*, Racine escreveu: "[...] *je me suis très scrupuleusement attaché à suivre la fable*" ["ative-me muito escrupulosamente à fábula"]. Mas o que é essa fábula? Como em muitos casos do entendimento mais recente a respeito das "fábulas" ou dos "mitos" clássicos, há mais de uma fonte escrita, mas aqui, como em outros casos, há uma fonte predominante: *Hipólito*, de Eurípides. Racine lembra que tomou alguns elementos de Virgílio e Plutarco, e leu Sêneca e outros *anciens* [antigos]. Contudo, ele diz logo no início que *Fedra* é "uma tragédia em que o tema é emprestado de Eurípides". E acrescenta que seguiu "um caminho ligeiramente diferente para a condução da ação".

É nesses termos, após observarmos as imprecisões de "fábula" e "tema", que será útil realizarmos uma comparação direta entre *Hipólito* e *Fedra* como um exemplo excepcionalmente interessante das relações estruturais entre forma e significado. Por uma questão de conveniência geral, citarei as peças em inglês, embora referindo-me ao texto original quando necessário. As traduções que utilizei são *Hippolytus*, de E. T. Coleridge, como apresentada em Whitney J. Oates e Eugene O'Neill Jr. (eds.), *The Complete Greek Drama*, Random House, Nova York, 1938; e *Fedra*, de

Robert Lowell, em Eric Bentley (ed.), *The Classic Theatre*, Nova York, volume IV, 1961. Os importantes problemas linguísticos encontrados nessas ou em outras traduções não são decisivos, em um primeiro momento, para a análise formal proposta aqui. A principal diferença de forma entre *Hipólito* e *Fedra*, assim como de modo mais geral entre o drama "clássico" e o "neoclássico", está no uso do coro e dos confidentes. Afirmei, em *Tragédia moderna*, que o coro é o elemento definidor do drama grego clássico:

As relações específicas e variáveis entre o coro e os atores são as verdadeiras relações dramáticas. [...] A história conhecida é encenada por três atores mascarados que se separaram do coro, mas não completamente, como deixam claro a divisão dos papéis e as relações formais dos atores com o coro. O que a forma encarna não é uma atitude metafísica isolada, enraizada na experiência individual, mas uma experiência compartilhada e coletiva, simultânea e indistintamente metafísica e social, capaz de uma grande tensão e sutileza, como no isolamento dinâmico do *kommos*, ou no canto dramaticamente instável do coro, embora formalmente controlador. Não é à toa que, quando essa cultura singular mudou, o coro foi o elemento crucial da forma dramática que perdeu força e, ao final, desapareceu.

Isso é especialmente claro na comparação com a forma neoclássica. A base comum da forma grega, que se tornou drama em sentido pleno por volta do século V a.C., com a distinção de dois e depois três atores, é radicalmente diferente da base aristocrática das peças neoclássicas. Em certos planos práticos limitados, o coro e o confidente cumprem funções comparáveis. A informação é dada pelas trocas entre o coro ou o confidente e os atores (principais). Em modos mais complexos, as respostas às palavras e aos atos são dadas diretamente dentro dessas relações, como uma apresentação dramática ao público. Além disso, embora as diferenças se tornem mais evidentes, tanto o

FORMA E SIGNIFICADO: *HIPÓLITO E FEDRA* 29

coro quanto o confidente podem ser o objeto da alocução de um ator: o foco local da fala que, em seu âmbito, pode ser dirigida a pessoas específicas, em uma forma relativamente restrita de diálogo dramático, ou pode ser dirigida ao público por meio de uma alocução nominal. Essas similaridades instrumentais devem ser observadas, mas podem esconder uma mudança formal mais essencial. Em *Hipólito*, o coro são as mulheres de Trezena. A relação delas com a família real é próxima e direta, mas se trata de uma relação de cidadãs. O que elas cantam no fim da peça – "sobre nossos cidadãos recaiu essa dor universal"* – é a unidade da experiência social e metafísica, encarnando e contendo toda a ação, que é o elemento essencial do coro como forma. Em *Fedra*, ao contrário, as relações entre os atores principais e seus confidentes são simples relações locais entre senhores ou senhoras e seus criados: Fedra e sua antiga ama Enone; Hipólito e seu preceptor Teramene; "madame" Arícia e Ismene. A diferença formal é uma diferença entre ordens sociais. Não há cidadãos em Racine. O drama se passa entre personagens da classe dominante, amparados por seus criados, e não em uma casa real, com uma visão abrangente das pessoas da cidade.

É surpreendente quão longe nos leva essa distinção, em uma comparação entre os significados das peças. O que nos lembramos das peças ou, em termos mais gerais, da "fábula" ou do "mito" é o amor culpado de Fedra, esposa de Teseu, por Hipólito, filho de um casamento anterior de Teseu. Podemos dizer que essa paixão desesperada destrói tanto Fedra quanto Hipólito, mas essa formação familiar esconde muitas questões relevantes. Consideraremos primeiro a ação que mais claramente ameaça Hipólito: a acusação falsa de Fedra, em uma tentativa de se proteger, de que ele tentou violentá-la. Em Eurípides, essa mentira é um ato final: "Contudo, minha morte será a maldição do outro,

---

* *"On all our citizens hath come this universal sorrow."* (N. E.)

para que ele aprenda a não exultar com minhas desgraças; mas quando partilhar o mesmo flagelo, terá uma lição na sabedoria".*

A ênfase temática na sabedoria – *sophrosyne* – é relevante em toda a peça, embora na melhor das hipóteses modifique apenas o próprio ato da mentira: um ato que é parte da perda mais geral de controle e julgamento por Fedra (noções que a ideia de *sophrosyne* tenta unificar). Racine, dentro de uma ordem social e um sistema de crenças diferente, curiosamente ficou chocado com a mentira. Como registrou no prefácio, tomou o cuidado de tornar a ação "um pouco menos odiosa", e havia um expediente à mão:

> Achei que a calúnia era algo muito baixo e sombrio para ser colocado na boca de uma princesa que, em outros momentos, tem sentimentos tão nobres e virtuosos. Essa baixeza me pareceu mais adequada a uma criada, que poderia ter inclinações mais servis, mas que de todo modo somente faz a acusação falsa para salvar a vida e a honra de sua senhora. Fedra concorda apenas porque está em um estado de agitação mental que a tira de si, e no momento seguinte ela mostra a intenção de justificar a inocência [de Hipólito] e declarar a verdade.

É bastante significativo que se possa dividir a ação entre a princesa e a criada, preservando a virtude da posição social. Ações desse tipo entre senhor e criado são muito comuns no drama pós-renascentista. Elas não apenas permitem que ações e sentimentos mais baixos permaneçam nas camadas baixas, mas são também, em termos dramáticos, uma divisão instrumental do personagem principal, na qual o senhor é cheio de virtude e dedicação, e o criado é cheio de cálculo e desonra. Em seu desenvolvimento pleno, isso permite preservar a honra privilegiada pelo deslocamento a meros agentes, como se faz

---

* "*Yet shall my dying be another's curse, that he may learn not to exult at my misfortunes; but when he comes to share the self-same plague with me, he will take a lesson in wisdom.*" (N. E.)

FORMA E SIGNIFICADO: *HIPÓLITO E FEDRA*   31

usualmente entre o senhor e o criado, o governador e o deputado, o proprietário de terras e o bailio. Mas, em um estágio inicial, permite também uma unidade paradoxal na divisão, na qual o criado age com consentimento ou sob ordens reais, embora ainda seja o agente nominal (e, com frequência, o "real" dramático). A flexibilidade social e ética daquilo que é aparentemente o recurso do confidente é, assim, significativa. Contudo, o contraste formal vai mais fundo. Racine, em seu mundo, alterou toda a dimensão da motivação. Não se trata apenas de quem diz a mentira conveniente, mas se trata mais em geral do modo como as fontes de qualquer ação são vistas. Na ética da posição social, Racine pode parecer muito mais distante de nós do que Eurípides, mas na questão da motivação está tão próximo que talvez nem notemos a distinção, caso transpusermos um sentido moderno a Eurípides. Pois a segunda diferença fundamental de forma entre os dois tipos de drama é a posição dramática da dimensão metafísica, que em Eurípides é explícita.

Hipólito se inicia com um prólogo de Afrodite, no qual ela dá suas razões para se vingar de Hipólito: ele a insultou ao preferir a caça ao amor. É por desígnio da deusa que Fedra concebe sua paixão por Hipólito, Teseu toma conhecimento dessa paixão e pune seu filho. Uma segunda deusa, Ártemis, defende Hipólito, mas chega tarde demais para salvá-lo e concede honras à cidade. Esse sentido totalmente distinto dos poderes divinos, que satura a cultura grega, é explicado por Ártemis: "Foi Afrodite quem fez isso, saciando a fúria de sua alma. Pois esta é a lei entre nós, deuses: nenhum de nós frustrará a vontade de seu próximo, mas nunca estamos ausentes".*

Desse modo, todo o curso da ação e da paixão humana é visto como essencialmente determinado por impulsos deliberados, mas

---

* "It was Aphrodite that would have it so, sating the fury of her soul. For this is law amongst us gods: none of us will thwart his neighbour's will, but ever we stand aloof." (N. E.)

com frequência rivais ou conflituosos, de uma variedade de deuses. O que surgir como arbitrário é parte dos fatos do mundo; e, dentro deles, os seres humanos, às vezes mais claramente pelo sofrimento, têm de reconhecer como "sabedoria" sua relativa falta de poder.

Em *Fedra*, os deuses não estão dramaticamente presentes. Eles foram afastados ou excluídos da ação visível, como em quase todos os dramas pós-medievais. Racine mantém uma continuidade nominal com a "fábula", ou com Eurípides. Fedra fala daqueles "deuses que acenderam a chama fatal em todo o meu sangue, aqueles deuses que encontraram uma glória cruel em seduzir o coração de um fraco mortal".*

Entretanto, a dimensão metafísica decisiva não está nessas alusões e referências formais; ela aparece, na realidade, como uma dimensão problemática na forma como Goldmann, escrevendo sobre Racine, definiu como a consciência de um "deus oculto". Não é no plano de uma motivação específica, mas é no plano mais profundo e indefinido da consciência da observação, do julgamento e da punição que aquilo que resta dramaticamente do metafísico está latente. Isso, por sua vez, abre caminho para outros tipos de motivação e contingência. O que podemos deduzir de ambas as peças é a ideia de uma paixão sensual desgovernada na figura única e memorável de Fedra: a figura trágica, uma vez que Hipólito é inalcançável e a paixão apenas destrói. No entanto, essa paixão, que pode ser tomada como uma leitura dominante em cada peça e que fornece uma continuidade humana simples, acima das condições culturais e dramáticas, implica um deslocamento típico. Na melhor das hipóteses, é secundário discutir se Eurípides "acreditava" nos deuses como fonte direta das ações e dos desejos humanos. O que a peça mostra é a paixão como algo destruidor, além da

---

* *"Those gods who have lit the fatal flame in all my blood, those gods who have found a cruel glory in seducing the heart of a weak mortal."* (N. E.)

FORMA E SIGNIFICADO: *HIPÓLITO E FEDRA* 33

moderação e do controle. Isso não pode ser deduzido da "fábula" como paixão em si: a história de amor trágica. A dimensão social e metafísica unificada, que controla e limita explicitamente quaisquer possibilidades humanas desse tipo, encerra aquilo que agora poderíamos deduzir. Em Racine, ao menos explicitamente, não há tais limites absolutos e unificados. Em uma ordem social radicalmente diversa e dentro de um status alterado do metafísico, ele procura outras condições e contingências. Ele acrescenta quatro à "fábula" principal. Primeiro, Teseu é declarado morto no primeiro ato: um evento que em parte libera Fedra de sua obrigação convencional. Segundo, mesmo antes desse anúncio falso, o caráter de Teseu foi vigorosamente descrito por Hipólito, em seu diálogo com Teramene, como o de um tirano e adúltero irresponsável: "Tantas outras, de cujos nomes ele nem mesmo se recorda, almas tão fiéis que sua paixão traiu".* (Devemos evitar aqui a tradução de Lowell. Ele introduz uma consciência bastante diferente ou mesmo oposta: "[...] aquela longa lista/ De mulheres recusando-se todas a resistir [...]/ [...] todas enganadas/ Se seus protestos são confiáveis".)** Assim, antes que a paixão de Fedra seja conhecida ou declarada, seu marido é ímpio e (aparentemente) está morto.

É evidente que isso já cria uma situação diferente, na qual Fedra pode ser vista de maneira mais simpática ou apologética. A ação se deslocou para um sentido moderno de caráter e motivação individual, distinto do sentido de uma condição humana geral, dentro das leis unificadas de um mundo a um só tempo metafísico e social, que é a base da ação e de sua caracterização dependente na tragédia grega. O sentido moderno é ainda mais enfatizado pelo terceiro acréscimo de Racine, isto é, o ciúme que

---

* "*So many others, whose names even have escaped him, too trusting souls whom his passion has cheated.*" (N. E.)

** "*[...] that long list/ Of women all refusing to resist [...]/ [...] all deceived/ If their protestations can be believed.*" (N. E.)

Fedra sente de Arícia: "Hipólito não é insensível,/ É insensível apenas comigo".* E ainda: "Arícia é dona de seu coração".** Desse modo, a consequência da paixão inclui um sentimento novo e específico: a autopiedade é acrescentada ao sofrimento mais elementar ("Talvez eu seja/ A única mulher que ele recusa").*** Além disso, esse sentimento é construído para sustentar um aspecto fundamental da ação. Fedra diz que estava prestes a dizer a verdade e retirar a acusação contra Hipólito quando se deu conta de que ele amava Arícia. Não é a criada "baixa", mas a princesa enciumada que mantém a mentira.

Esses três acréscimos deslocam a peça em direção a uma estrutura de sentimento que está muito mais próxima de nós do que qualquer outra coisa em Eurípides. Contudo, não é apenas isso, combinado com o que foi tirado da "fábula", que constitui a peça de Racine. O quarto acréscimo é ao menos tão significativo quanto os outros quando reconstituímos as relações da forma dramática com a ordem social efetiva. Ao contrário dos outros acréscimos, este último não pode ser assimilado à estrutura de sentimentos humanos do século XX, centrada nos personagens individuais. O que ele envolve é um conjunto preciso de relações sociais inerentes a um Estado aristocrático-monárquico específico. A conclusão da ação em Eurípides é o dom da honra divina à cidade, durante seu luto. A conclusão de Racine é o estabelecimento do título por herança: Teseu, sofrendo pelo filho morto, adota Arícia como filha. Contudo, a inclusão mais enérgica do tema da herança e da sucessão acontece antes, em vários pontos centrais da ação. Logo que Teseu é declarado morto, as manobras e as intrigas pela sucessão ao poder começam. Enone aconselha Fedra a se aproximar de Hipólito, não apenas porque com a morte do marido "*votre flamme devient une flamme ordinaire*"

---

* "*Hippolytus is not insensible,/ Only insensible to me.*" (N. E.)
** "*Aricie has his heart.*" (N. T.)
*** "*Perhaps I am/ The only woman that he could refuse.*" (N. E.)

FORMA E SIGNIFICADO: *HIPÓLITO E FEDRA* 35

["sua chama se torna uma chama comum"] – a paixão culpada é agora uma questão corriqueira –, mas também porque se ele achar que ela é hostil, ele pode se tornar o cabeça de uma "sedição". Quando ela se aproxima para declarar seu amor por Hipólito, ela começa com uma explicação sobre sua própria exposição e de seu filho – herdeiro necessário –, que já possui "mil inimigos". Hipólito, é claro, tem direito assegurado à sucessão como o filho mais velho de Teseu, mas já se aproximou de Arícia, não com uma proposta de amor, mas para um arranjo político no qual ele renunciaria aos próprios direitos e aos de seu irmão em troca da aliança com Arícia, que possui um direito e um título mais antigo do que o do próprio Teseu. Arícia se surpreende, e ele confessa que a ama. Arícia aceita ambas as propostas, embora "esse império" de poder, diz ela, é menos precioso para ele do que o amor dele.

Essa autêntica integração de amor pessoal com manobra e aliança política é um fato central da ordem social que está na base da forma dramática de Racine. A inclusão de motivos políticos não é uma trama secundária da intriga, mas um elemento de uma nova forma de unidade da ação. O que, no drama grego, é uma cidade social e um mundo metafísico integrados é, no drama neoclássico (e também no drama convencional da Renascença inglesa), um mundo integrado dos títulos reais e aristocráticos e da sucessão, combinados com os impulsos do amor e da honra. Em Eurípides, a paixão ilícita de Fedra rompe com as leis de certa integração controladora; em Racine, por pura força, ela perturba e destrói outro tipo de integração ideal. De fato, é justamente nessa contingência específica do distúrbio tanto da ordem ideal quanto da ordem convencional pelo sentimento pessoal desgovernado que a tragédia pós-feudal encontra um de seus temas centrais. A paixão está ali para perturbar, no que pode ser tomado como uma forma essencialmente pessoal ou (como diríamos hoje) geralmente sexual, mas dentro dessa ordem social específica e dessa ação dramática há outras questões, de um tipo social novo e diverso, que serão perturbadas. Assim, essas duas peças comparáveis no que se refere à "fábula", e que podem ser frouxamente assimiladas em uma versão generalizada de cada uma, mostram-se incrustadas, em suas formas dramáticas mais básicas, nas ordens sociais diversas dentro das quais foram escritas.

Mais um aspecto deve ser mencionado. A forma neoclássica funde-se à clássica em sua centralidade verbal: uma condição que pode ser vista com mais clareza no contraste com as formas dramáticas alternativas que surgiram com tanta força na Renascença inglesa. A ação, mesmo do tipo mais "dramático", é relatada e narrada tanto em Racine quanto em Eurípides. A morte de Hipólito, quando seus cavalos se assustam no momento em que um monstro surge do mar, é narrada em ambas as peças: em Eurípides por um mensageiro, em Racine por Teramene. A distância entre essas duas formas e as ações teatrais e cinemáticas modernas é óbvia, mas já no drama renascentista inglês, embora ainda existissem narrativas desse tipo, há um movimento em direção à encenação direta de muitos tipos de ação, inclusive dos mais violentos e espetaculares.

Contudo, essa similaridade da forma clássica e neoclássica não esconde uma mudança real, de tipo conexo, mas ainda estritamente verbal. Em Eurípides, Fedra e Hipólito raramente se encontram; a paixão, fora do palco, é relatada pela criada, e o que se encena é a reação de Fedra e Hipólito separadamente. Isso é muito diferente – em um elemento significativo da forma – da cena principal (II, V), em que Fedra procura Hipólito e, enfim, confessa e declara sua paixão. "[...] *connais donc Phèdre et toute sa fureur*" ["então conheço Fedra e toda a sua fúria"].

Esse conhecimento do sentimento, por sua apresentação face a face, é um desenvolvimento dramático decisivo. É na escrita constante desse sentimento diretamente endereçado que encontramos muito da força do drama de Racine.

FORMA E SIGNIFICADO: *HIPÓLITO E FEDRA*

Ainda é fala, mas não a fala e a ação quebradas que lhe sucederam em quase todas as formas dramáticas modernas. Mas houve outro passo crucial no desenvolvimento do que hoje consideramos drama: os diálogos diretos e decisivos entre pessoas. Isso se distingue da forma grega, que, quando inclui diálogos importantes, ainda os insere na forma mais antiga da narrativa (respostas e canto do coral) ou, quando não os apresenta inteiros – e para nós, que estamos acostumados às formas posteriores, os diálogos limitados (face a face) aparecem com grande intensidade –, necessariamente os situa e encerra dentro de uma única concepção formal. Uma forma diversa ainda situa e define esses diálogos em Racine, em vários planos: desde as ações principais relatadas até a convenção do confidente, com sua obliquidade formal única. Mas os próprios diálogos, face a face, são por onde o novo poder dramático flui, permitindo que vejamos os traços futuros (ou, em retrospectiva, o impulso essencial de Racine) de um drama que é inteiramente formado por relações entre pessoas, para além do mundo metafísico e do mundo público.

SOBRE O DIÁLOGO DRAMÁTICO E O MONÓLOGO (PARTICULARMENTE EM SHAKESPEARE)

Diálogo

Diálogo é um termo aparentemente simples, mas os usos de "diálogo" no drama são muito complexos. A raiz da palavra é o grego *diálogos*, que significa conversa ou discurso, passou para o latim e o francês e chegou ao inglês, com as variações usuais de ortografia que se estabeleceram na forma francesa no século XIII. O sentido geral é o de uma conversa entre duas ou mais pessoas, embora haja certa tendência a usá-lo no sentido específico de conversa entre duas pessoas, por associação do prefixo grego *di*, de *dis*, que significa duas vezes ou o dobro, com o prefixo *dia*, oriundo de uma preposição que significa "através", "por meio de" e, frequentemente, com esse sufixo variável, uma composição em várias partes.

O uso geral de *diálogo* se manteve relativamente inalterado, embora na conversa do dia a dia pareça bastante formal e literário. Traços dessa formalidade são empregados em um uso contemporâneo comum em certos tipos de política, em que o termo é uma alternativa branda, mas também às vezes preliminar, à *negociação* efetiva. Nesse uso, ele tem um sentido forte de tentativa de chegar a um entendimento. Os usos na composição escrita também se mantiveram relativamente estáveis. Há um tipo conhecido de argumento escrito em que o método é a representação de posições diversas, e trocas entre elas, por meio da fala alternativa ordenada por nomes de pessoas ou elementos. Isso é comum na filosofia e em argumentos afins desde Platão. Não chamamos esses diálogos de *dramáticos*, embora haja certa sobreposição entre os argumentos escritos e o drama escrito no método de representação da fala de duas ou mais pessoas. Podemos dizer que, no drama, o método é diferente porque tem propósitos mais amplos do que o argumento. Uma peça é toda ação, e não apenas uma troca intelectual. Mas, apesar de concordarmos com isso, uma aplicação descuidada pode nos empurrar em outra direção e, nesse caso, apoiados no sentido geral persistente de *conversa* entre duas ou mais pessoas, deparamos com uma ideia injustificadamente restrita de diálogo dramático e de suas variações reais. Essa consideração é especialmente importante quando examinamos qualquer drama pré-realista ou pré-naturalista.

A prepotência das convenções do que conhecemos como drama "realista" e "naturalista" é especialmente acentuada na questão da fala multivocal. É quase universalmente aceito, por influência dessas convenções, que o diálogo dramático é uma representação de pessoas falando *umas com as outras*, no sentido mais simples do termo. Em quase todo drama moderno, a convenção predominante é a de um público que apenas assiste e escuta, e de atores que falam e se comportam como se ninguém os estivesse vendo e escutando (às escondidas). Essa é uma convenção muito específica, à qual já estamos habituados, mas tem como resultado, quando refletimos a respeito do diálogo, que os atores devem falar uns com os outros, uma vez que não há, dentro da convenção, ninguém mais *com quem* eles possam falar. Isso leva à conhecida dificuldade do monólogo ou solilóquio nas produções modernas de peças que ainda usam essas formas ou na escrita das peças modernas. De fato, como discutiremos melhor a seguir, o sentido de *solilóquio* após o século XVIII, como uma pessoa falando "consigo mesma", originou-se desse entendimento convencional do *diálogo*. Se não há outro ator no palco com quem esse ator converse, então ele deve estar conversando *consigo mesmo*. A ideia de que um ator sozinho no palco pode ter um *público* com que possa falar direta ou indiretamente está fora da convenção de que o público é tecnicamente não notado, de fato não presente.

Contudo, esse problema revelador pode ser desconsiderado como um caso especial, e a ideia de diálogo como uma conversa entre duas ou mais pessoas do drama pode ser retida. É fácil retê-la porque grande parte do diálogo dramático é desse tipo – e, no caso do drama moderno, quase todo o diálogo. Temos apenas de olhar com atenção o diálogo nas formas mais antigas do drama para perceber que ele serve a muitos outros propósitos, e em particular a propósitos que não podem ser reduzidos à troca e, sobretudo, à troca fechada. O problema agora é encontrar formas de identificar esses propósitos e estabelecer marcadores técnicos para eles. Estou certo de que isso é necessário se quisermos, por exemplo, ler e encenar Shakespeare da maneira adequada. Começarei, sumariamente, com algumas definições preliminares do tipo mais obviamente característico do diálogo e prosseguirei com alguns exemplos extraídos de *Tróilo e Créssida*. Nas seções seguintes, após uma análise geral e particular do monólogo e do solilóquio, retornarei à questão do diálogo com alguns exemplos mais complexos de *Hamlet* e *Rei Lear*.

Três tipos gerais de diálogo podem ser distinguidos, como se seguem:

D (i): TROCA FORMAL

Esse diálogo é típico de certas situações socialmente definidas, nas quais há uma congruência entre a situação dramática imediata e uma instituição social mais geral que pratica certos tipos de discurso formal regidos por regras: uma corte real, uma assembleia ou um discurso público, um julgamento. O "conjunto" de falas e formas conexas é regido pelas regras da troca, embora sempre haja alguma variação dramática a partir das formalidades mais simples. Esse tipo de troca formal pode ser estendido a situações menos nitidamente definidas, nas quais as formas de discurso são, apesar de tudo, amplamente obedecidas, como é evidente em argumentos, relatórios ou apelos longos e bem desenvolvidos. Em todos esses casos, o auditório deve ser visto em uma relação *pública* para a troca formal; ele está, no sentido convencional pleno do termo, entre auditores reais, e o próprio modo da alocução, embora possa ter como alvo, a qualquer momento, uma ou mais pessoas presentes no palco, é essencialmente público: a fala *em* público, em uma ocasião pública. Encontramos um exemplo simples em *Henrique V*, I, II. Em *Rei Lear*, I, I, 36-265; e em *Hamlet*, I, II, 1-128 – típicas situações formais em uma corte real –, há exemplos interessantes da flexibilidade dramática dentro de um modo dominante de troca formal nos "apartes" de Cordélia, 61, 75-7; e Hamlet, 65. Contudo, a importância geral dessa forma de diálogo dramático, que certamente é mais do que uma troca em uma conversa entre indivíduos, é evidente.

D (ii): FACE A FACE FECHADO

Esse discurso se tornou de tal forma o tipo do diálogo no drama moderno que é absolutamente necessário definirmos suas características formais. O elemento central é o caráter privado,

SOBRE O DIÁLOGO DRAMÁTICO E O MONÓLOGO   43

embora haja obviamente variações de intensidade, desde o mais
íntimo ou secreto – seu uso mais poderoso – até a conversa
do dia a dia, que não mudaria se fosse sabido que é ouvida (às
escondidas), mas ainda é governada por modos de alocução pessoal direta. Como um elemento dentro de formas que abrangem
outros tipos de diálogo, essas características são raramente tão
bem desenvolvidas como nas formas posteriores, inteiramente
baseadas na representação da fala e da conversa privada. Alguns
exemplos iniciais, embora baseados em tal relação, são escritos
ainda de modo bastante formal – como em *Romeu e Julieta*, II,
II. Há outros e variados exemplos em Shakespeare, como em
Antônio e Cleópatra, III, IV; *Henrique VIII*, V, I; *O mercador de
Veneza*, II, III etc. Essas passagens estão frequentemente inseridas em outros modos mais complexos.

D (iii): TROCA INFORMAL

Entre os tipos nitidamente distinguíveis de troca formal e
diálogo fechado, há uma área mais difícil de definir que uma
análise mais profunda pode subdividir, mas que em todo caso
precisa ser definida de modo genérico. Ela é diferente de D (ii)
porque duas ou mais pessoas são representadas falando *com*,
e não *a* cada uma, e de D (i) porque é menos marcada por
situações e relações de fala formais; nesse caso também falando
com, e não *com* e *a*. O modo é bastante variável e flexível, e há
mudanças frequentes dentro das cenas para o mais formal D (i)
ou para o monólogo intercalado e a fala mais fechada de D (ii).
Há exemplos abundantes que incluem *Ricardo III*, I, III; *Júlio
César*, I, III; e *Antônio e Cleópatra*, II, II.
Analisarei agora exemplos de cada um desses três tipos em
passagens de *Tróilo e Créssida*.

D (i): TROCA FORMAL

Há um exemplo típico no Ato I, Cena III, quando os gregos se encontram para sondar sua situação diante de Troia. Os marcadores linguísticos do discurso formalmente regulado são nítidos. A cena começa com uma alocução geral de Agamenon: "Príncipes...".
Depois de Agamenon, entra Nestor: "Com a observância devida ao vosso assento divino,/ Grande Agamenon, Nestor utilizará/ Vossas últimas palavras...".* E Ulisses:

Agamenon,
Grande comandante, nervo e osso da Grécia,
Coração de nossos homens, alma e espírito único,
No qual a índole e a mente de todos nós
Devem calar-se, ouve o que diz Ulisses.
Além do aplauso e da aprovação devidos
A ti, mais poderoso por tua posição e governo,
E a ti, mais reverenciado por tua longa vida,
Ofereço a ambos vossos discursos [...]
[...] contudo consenti ambos,
Grandeza e sabedoria, ouvir Ulisses falar.**

Trata-se de uma troca formal, com ordem e elogio regulares, com ambos os interlocutores designados e com a característica solicitação formal de permissão para falar, regulada pela posição

---

* *"With due observance of thy god-like seat,/ Great Agamemnon, Nestor shall apply/ Thy latest words..."* (N. E.)

** *"Agamemnon,/ Thou great commander, nerve and bone of Greece,/ Heart of our numbers, soul and only spirit,/ In whom the tempers and the minds of all/ Should be shut up, hear what Ulysses speaks./ Besides the applause and approbation/ The which, most mighty for thy place and sway,/ And thou most reverend for thy stretched-out life,/ I give to both your speeches [...]/ [...] yet let it please both,/ Thou great, and wise, to hear Ulysses speak."* (N. E.)

SOBRE O DIÁLOGO DRAMÁTICO E O MONÓLOGO

social. Ao mesmo tempo, no uso regular desses modos retóricos formais, a troca é a base dramática para um argumento desenvolvido. Trata-se de uma estrutura linguística significativa para um dos argumentos mais formais em toda a escrita dramática, quando Ulisses generaliza a desordem no campo grego – "A especificidade da norma tem sido negligenciada"* – para o argumento completamente desenvolvido do "grau":

> Os próprios céus, os planetas e este centro
> Observam grau, prioridade e posição,
> Regularidade, curso, proporção, período, forma,
> Ofício e costume, em toda a ordem [...]**

Não é fácil compreender toda essa fala, de 58 versos, como um diálogo no sentido conciso moderno; contudo, como um discurso formal, é essencialmente dialógica. Após duas interpolações, Ulisses continua, em mais 43 versos, a analisar a desordem reinante e, significativamente, inclui uma figura dramática para descrever Aquiles:

> [...] como um ator afetado, cuja prepotência
> Repousa em seu jarrete, e que pensa ser grandioso
> Ouvir o diálogo e o som da madeira
> Entre seu pé estendido e a plataforma –
> Com tal aparência lamentável e forçada,
> Ele encena a sua grandeza: e quando fala
> Soa como um carrilhão reformado; com termos estranhos [...]***

---

* "The specialty of rule hath been neglected." (N. E.)

** "The heavens themselves, thé planets, and this centre/ Observe degree, priority, and place,/ Insisture, course, proportion, season, form,/ Office, and custom, in all line of order [...]." (N. E.)

*** "[...] like a strutting player, whose conceit/ Lies in his hamstring, and doth think it rich/ To hear the wooden dialogue and sound/ 'Twixt his stretch'd footing and the

RAYMOND WILLIAMS

A base formal linguística está tão bem estabelecida que podemos até mesmo usá-la internamente, como aqui, para definir uma divergência: não apenas "afetado" – o abuso da formalidade –, mas também falta de controle nos "termos estranhos".

D (ii): FACE A FACE FECHADO

A formalidade do Ato I, Cena III, deveria nos lembrar que, nas formas mais desenvolvidas do drama, pode não haver uma distinção categórica, "essencialmente dramática", entre a fala pessoal direta e o discurso formal. *Tróilo e Créssida* possui a gama toda de ambas. Há um exemplo formal de D (ii), que mostra a influência das formalidades linguísticas dos juramentos, na conversa entre Tróilo e Créssida no Ato III, Cena II: "'Tão verdadeiro quanto Tróilo' [...] 'Tão falsa quanto Créssida [...]'".*

Essa troca é dividida em falas de doze e treze versos. Contém o que viria a ser a forma mais característica desse tipo na despedida prolongada de Tróilo e Créssida no Ato IV, Cena IV, em que os marcadores linguísticos são próximos dos da conversa privada:

T: Ouve, meu amor. Sê fiel ao coração.
C: Fiel! Agora! Que julgamento ímpio é este?
T: Devemos usar a censura suavemente,
Pois estamos nos separando.**

Trata-se não apenas do fato de esse modo permitir ou encorajar a interpolação (no extremo oposto da gama que se estende

---

scaffoldage –/ Such to-be-pitied and o'er wrested seeming/ He acts thy greatness in: and when he speaks/ 'Tis like a chime a-mending; with terms unsquared [...]." (N. E.)

* "'As true as Troilus' [...] 'As false as Cressid' [...]." (N. E.)

** "T: Hear me, my love. Be thou but true of heart./ C: I true! How now! What wicked deem is this?/ T: Nay, we must use expostulation kindly,/ For it is parting from us." (N. E.)

SOBRE O DIÁLOGO DRAMÁTICO E O MONÓLOGO 47

das exigências formais à fala), mas também de o nível mudar
para um discurso mais coloquial.

T: Põe esta fita.
C: E tu, esta luva. Quando te verei?
T: Subornarei os vigias dos gregos
Para visitar-te todas as noites.
Ainda assim, sê fiel.
C: Ó céus! "Ser fiel" novamente!
T: Escuta enquanto falo, meu amor...*

Nessa passagem, cuidadosamente escrita para essa situação
específica, o modo daquilo que será tomado posteriormente como
a forma necessária de todo diálogo está plenamente estabelecido.

D (iii): TROCA INFORMAL

No Ato IV, Cena V, há uma passagem de tipo bastante
comum que é claramente intermediária entre os modos plenos
de D (i) e D (ii): Eneias chega ao campo grego para definir os
detalhes da batalha entre Heitor e Aquiles. Ela começa e termina
com as formalidades da alocução regular, mas seu foco é diferente:

E: [...] Heitor roga que eu pergunte a ti.
Ag: De que modo Heitor quer que seja?
E: Não importa, ele obedecerá às condições.
Aq: É do feitio de Heitor; mas feito com segurança,
Com um pouco de orgulho e muito desprezo
Pelo cavaleiro adversário.

---

* "T: *Wear this sleeve.*/ C: *And you this glove. When shall I see you?*/ T: *I will cor-
rupt the Grecian sentinels/ To give thee nightly visitation./ But yet, be true./* C: *O
heavens! 'Be true' again!/* T: *Hear why I speak it, love [...].*" (N. E.)

E: Se não sois Aquiles, senhor,
Qual é vosso nome?
Aq: Se não sou Aquiles, não sou nada.
E: Então Aquiles; mas, quem quer que fordes, sabei que [...]*

Aqui, os três interlocutores estão envolvidos em uma conversa pública em que as regras devem ser obedecidas, tanto que, quando Aquiles interrompe a conversa entre Eneias e Agamenon, ele tem de ser indiretamente identificado. A diferença com relação à Cena III do Ato I é nítida, mas esse diálogo não é, como aquele, um diálogo privado. Os homens falam uns com os outros e, como ocorre em geral nesse modo de diálogo usado em questões públicas, dirigem-se informalmente uns aos outros. Outro uso desse modo encontra-se na provocação semipública, como anteriormente, na mesma cena, quando Créssida chega ao campo grego e os generais querem beijá-la.

Um exemplo diferente de um tipo intermediário de diálogo usado comumente aparece no Ato IV, Cena I, quando Eneias, Páris, Diomedes, Deífobo e outros passam juntos por uma via pública, onde as relações são evidentemente diferentes das da assembleia regular ou do recinto fechado:

P: Vê, oh! Quem é aquele?
De: Lorde Eneias.
E: Está aqui o príncipe em pessoa?
Tivesse eu tão boa ocasião para repousar mais
Como tu, príncipe Páris [...]**

---

* "Ae: [...] Hector bade ask./ Ag: Which way would Hector have it?/ Ae: He cares not; he'll obey conditions./ Ac: 'Tis done like Hector; but securely done,/ A little proudly, and great deal disprizing/ The knight opposed./ Ae: If not Achilles, sir,/ What is your name?/ Ac: If not Achilles, nothing./ Ae: Therefore Achilles; but, whate'er, know this [...]". (N. E.)

** "P: See, ho! Who is that there?/ De: It is the Lord Aeneas./ Ae: Is the prince there in person?/ Had I so good occasion to lie long/ As you, Prince Paris [...]." (N. E.)

SOBRE O DIÁLOGO DRAMÁTICO E O MONÓLOGO

Esse é um tipo de diálogo inerentemente móvel, que implica, em quatro versos, o movimento de perceber e reconhecer até o endereçar-se diretamente. Mesmo quando o diálogo se estabelece, seu nível é o dos encontros diários, nos quais se discute uma variedade de assuntos, inclusive assuntos sérios, mas não com o empenho de D (i) ou D (ii):

E: Conhecemo-nos bem.
Di: Sim; e desejamos nos conhecer pior.
P: Essa é a saudação mais desprezível,
O amor mais nobremente odiado, que jamais ouvi.
O que vos traz tão cedo, senhor?
E: O rei me chamou, mas o motivo não sei.
P: O propósito vos é adequado: trazer esse grego
Para a casa de Calcas [...]*

Quando essas formas básicas de diálogo são identificadas, é necessário retornar às formas complexas em que, junto com outros tipos distinguíveis de monólogo, elas se integram. Isso deve ser feito no conjunto das peças, mas há uma integração interessante em determinadas cenas e sequências importantes. Um exemplo particularmente esclarecedor está em *Tróilo e Créssida*. No Ato V, Cena II, há um complexo entrelaçamento de dois diálogos separados e, em seguida, de um monólogo também separado. Diomedes encontra Créssida à noite e eles têm uma conversa privada, em um face a face fechado:

---

* *"Ae: We know each other well./ Di: We do; and long to know each oiher worse./ P: This is the most despiteful gentle greeting,/ The noblest hateful love, that e'er I heard of./ What business, lord, so early?/ Ae: I was sent for to the king, but why, I know not./ P: His purpose meets you: 'twas to bring this Greek/ To Calchas' house [...]."* (N. E.)

C: Não deves ficar com isso, Diomedes; juro que não deves;
   Darei a ti outra coisa.
D. Ficarei com isso. A quem pertenceu?
C: Não importa.
D: Vai, diz a quem pertenceu isso.
C: A alguém que me amou mais do que tu me amarás,
   Mas agora tu o tens; pega.
D: A quem pertenceu?*

Contudo, eles são ouvidos por Tróilo e Ulisses, que estão devidamente escondidos e também têm uma conversa reservada:

T: Olhemos, imploro-te!
U: Não, meu bom senhor, partamos:
   Vós vos conduzis a uma grande inquietação; vamos, meu senhor.
T: Rogo-te que fiquemos.
U: Não tendes paciência; vamos.
T: Rogo-te que fiquemos. Pelo inferno e todos os tormentos infernais,
   Não proferirei uma única palavra.**

Os dois diálogos privados se entrelaçam várias vezes:

C: Eu te imploro, não me faças manter meu juramento;
   Pede qualquer outra coisa, meu querido grego.
D: Boa noite.
T: Espera, paciência!
U: Agora, troiano!

---

* "C: *You shall not have it, Diomed; faith, you shall not;/ I'll give you something else./ D: I will have this. Whose was it?/ C: 'Tis no matter./ D: Come, tell me whose it was./ C: 'Twas one's that loved me better than you will,/ But, now you have it, take it./ D: Whose was it?.*" (N. E.)

** "*T: Behold, I pray you!/ U: Nay, good my lord, go off:/ You flow to great distraction;/ come, my lord./ T: I pray thee, stay./ U: You have not patience; come./ T: I pray you, stay. By hell and all hell's torments,/ I will not speak a word.*" (N. E.)

SOBRE O DIÁLOGO DRAMÁTICO E O MONÓLOGO 51

C: Diomedes.
D: Não, não; boa noite; não serei mais o teu tolo.
T: É melhor que sejas.
C: Ouve! Uma palavra em teu ouvido.
T: Ó praga e loucura!*

Desse modo, dois diálogos privados são encenados ao mesmo tempo, em uma apresentação completa, e com mais um tipo de fala, a do observador comum, Tersites, monologando. Assim:

D: Dá-me uma prova para certificar o juramento.
C: Vou buscar.
U: Juraste paciência.
T: Não temas, querido senhor.
   Não serei eu mesmo, não terei conhecimento
   Do que sinto: sou todo paciência.
Te: Agora a promessa! Agora, agora, agora!
C: Aqui, Diomedes, guarda esta fita.
T: Ó, minha bela, onde está tua fé?**

Aqui, em nove versos, há duas duplas separadas e um interlocutor solitário. A flexibilidade, assim como as complexas integrações possíveis, devem enfatizar a impossibilidade de reduzir a ideia do diálogo a uma simples troca conversacional.

Há variações observáveis na proporção dos diversos tipos de diálogo e monólogo em diferentes peças, e é provável que

---

* "C: I prithee, do not hold me to mine oath;/ Bid me do anything but that, sweet Greek./ D: Good night./ T: Hold, patience!/ U: How now, Trojan!/ C: Diomed./ D: No, no; good night; I'll be your fool no more./ T: Thy better must./ C: Hark! One word in your ear./ T: O plague and madness!." (N. E.)

** "D: Give me some token for the surety of it./ C: I'll fetch you one./ U: You have sworn patience./ T: Fear me not, sweet lord./ I will not be myself, nor have cognition/ Of what I feel: I am all patience./ T: Now the pledge! Now, now, now!/ C: Here, Diomed, keep this sleeve./ T: O beauty! Where is thy faith?" (N. E.)

algumas dessas variações indiquem diferenças significativas de forma em relação a diferenças de tema. Isso exigiria uma análise muito mais profunda, porém uma análise preliminar de cinco peças levou ao seguinte resultado:

Peça	D(i)	D(ii)	D(iii)	Monólogo
Tróilo e Créssida	20	53	22	5
Hamlet	9	41	42	8
Macbeth	16	38	31	15
Júlio César	22	30	42	6
Coriolano	16	30	53	1

O caráter relativamente público das peças romanas é visível nessa distribuição, assim como a combinação distintiva da formalidade pública com a privacidade fechada em *Tróilo e Créssida*. *Macbeth* e *Hamlet*, com uma proporção relativamente elevada de monólogos e diálogos fechados, serão discutidos adiante. Mas primeiro é necessário seguirmos a distinção dos tipos de diálogo para observarmos mais de perto as formas de monólogo e o que hoje chamamos de solilóquio.

Monólogo

O primeiro problema em uma análise do monólogo e do solilóquio é que há uma divergência entre as definições de dicionário e o uso literário corrente. Assim, em *The Oxford Dictionary of English Etymology* (1966), temos:

Monólogo: cena ou composição dramática em que apenas um ator fala. XVII (Dryden). – F. *monólogo* (XV), de *diálogo*; cf. gr. tardio *monologos*, falar só.

SOBRE O DIÁLOGO DRAMÁTICO E O MONÓLOGO 53

Solilóquio: falar em voz alta consigo mesmo. XVII. – do lat. tardio *soliloquium* (Augustine).

Ou no *Modern English Usage*, de Fowler (1926), em "termos técnicos":

Monólogo: (Lit); "fala solitária". O *monólogo* e o *solilóquio* são termos paralelos de origem grega e latina; mas o uso tende a restringir *solilóquio* à fala consigo mesmo e ao pensamento em voz alta, sem a consciência de um público, de ser ouvido por alguém ou não; já *monólogo*, embora inversamente não seja restrito ao discurso de uma única pessoa que esteja sendo ouvida, é mais frequentemente entendido nesse sentido, e é especialmente usado com relação a um falante que monopoliza a conversa ou a uma recitação ou encenação dramática em que há apenas um ator.

O que é uso, então? Posso apenas dizer que em quarenta anos, em um ambiente relevante, nunca ouvi *solilóquio* ou *soliloquiar* usados como "falar consigo mesmo", em qualquer uso comum. Inversamente, embora tenha ouvido *monólogo* nos dois sentidos dados por Fowler, tanto de conversa monopolizadora quanto de encenação ou recitação dramática por um único ator, e em um terceiro sentido de poema escrito como se falado por uma única personagem, ouço com frequência *solilóquio* no sentido de uma "cena ou composição dramática em que apenas um ator fala" e, sobretudo, no sentido de fala em uma peça em que uma *personagem* está sozinha, ao menos temporariamente, e, nesse sentido (mas aqui, como veremos, começam as dificuldades), "falando consigo mesma".

O problema é muito mais amplo do que uma simples questão de termos técnicos. Contudo, a história desses termos tem certa importância. A mudança de *solilóquio* é a mais relevante. O termo *soliloquium*, do latim tardio, é tirado comumente do *Liber soliloquiorum*, de Agostinho, cujos subtítulos são: "*Soliloquia animae ad Deum*" e "*Meditationes, soliloquia et manuali*".

Ele foi traduzido livremente para o inglês antigo sob o reinado de Alfredo, o Grande, no fim do século IX. A maior parte das referências medievais deriva do solilóquio agostiniano. Mas *solilóquio*, nesse caso, não é uma questão de representação de uma fala por uma única pessoa. Em Agostinho, ele aparece frequentemente em uma forma dialogada, por exemplo, entre a alma e Deus ou entre as diversas faculdades mentais. O sentido de meditação ou oração privada persistiu como o sentido primeiro até ao menos o século XVIII, embora haja um registro de uso, no início do século XVII, como "conversa privada". Há um título característico de 1738: *Devout Exercises of the Heart in Meditation and Soliloquy* [Exercícios devotos do coração na meditação e no solilóquio].

É difícil sabermos com exatidão quando o sentido de meditação religiosa foi abandonado ou quando o sentido de um modo de composição do drama começou a prevalecer. Johnson, em seu *Dictionary*, definiu *solilóquio* como "um discurso feito por alguém para si mesmo": a versão formal de "falar consigo mesmo" do século XX. Ele definiu *monólogo* como "uma cena em que uma pessoa do drama fala por si própria, um solilóquio", em que "fala *por*" (e não fala *a*) pode ser importante. O acréscimo de *solilóquio*, em um contexto dramático, é semelhante à mudança que estamos reconstituindo, mas ainda se faz presente, uma vez que é uma citação do "monólogo, a que a forma não natural de narração em Terence está sujeita em todas as suas peças", na qual a confusão entre narrativa e dramático é historicamente significativa, e na qual "não natural" é um indicador central dos problemas das convenções dramáticas em mutação.

Por outro lado, há um sentido plenamente moderno no uso dado por Vanbrugh, em *A Short Vindication of "The Relapse" and "The Provok'd Wife"* [Uma breve defesa de "A recaída" e "A esposa ultrajada"] (1698): "[...] no palco, a pessoa que fala em um solilóquio está sempre pronta a oferecer seus pensamentos reais ao público".

SOBRE O DIÁLOGO DRAMÁTICO E O MONÓLOGO 55

É provável que esse uso tenha se tornado mais comum no teatro da Restauração. Contudo, o momento mais interessante na história do termo está no ensaio *Soliloquy, or Advice to an Author* [Solilóquio, ou conselho a um autor], de Shaftesbury (1710), reimpresso em *Characteristics*, volume 1 (1727). Shaftesbury discute as relações entre a experiência e a prática. Insistido que temos a nós mesmos para praticar, ele supõe a objeção: "Quem pode se multiplicar em *duas pessoas* e ser *seu próprio sujeito?*". Ele mesmo responde:

Procure os *poetas*, e eles lhe mostrarão muitos exemplos. Nada é mais comum entre eles do que esse tipo de *solilóquio*. Um sujeito de caráter profundo, ou talvez de capacidade comum, pode, em certas ocasiões, cometer um erro. Ele se preocupa com isso. Então, sobe sozinho ao palco; olha a sua volta para ver se há alguém por perto; e assume a tarefa, sem se poupar de nada. Você se surpreenderia ao ouvir quão próximas ele torna as questões, e quão completamente conduz a tarefa de *autodissecação*. Por meio desse solilóquio, ele se torna duas *pessoas* distintas. É aluno e preceptor. Ensina e aprende. E, com toda a confiança, se não tivesse nada mais a argumentar em benefício da moral de nossos poetas dramáticos modernos, ainda assim eu os defenderia contra seus acusadores em razão dessa mesma prática, que eles cuidam para que conserve sua força plena. Pois, seja a prática *natural* ou não, no que tange ao costume e ao uso, assumo como tarefa afirmar que se trata de uma prática honesta e louvável; e se ela já não é mais natural para nós, devemos, contudo, torná-la natural pelo estudo e pela aplicação.

Essa passagem talvez seja decisiva para os usos subsequentes (embora não pareça ter entrado nos dicionários). Mas Shaftesbury está interessado no método dramático apenas como exemplo. Seu argumento principal é que essa prática privada é necessária: "[...] é certa observação em nossa ciência que os que são grandes falantes *em companhia* nunca foram falantes *por si mesmos* [...]. Essa é a razão por que a frivolidade dessas pessoas é abundante". Ao mesmo tempo, porém, é "uma indecência qualquer um publicar suas *Meditações, Reflexões fortuitas, Pensamentos solitários* ou outros tais exercícios como surgiram na noção de *prática autodiscursiva*".

Um senso característico de decoro, com regras claramente distintas para o comportamento público e privado, admite uma, e apenas uma, forma escrita da "prática autodiscursiva" e, mesmo assim, no caso especial da fala dramática "pelo personagem", apenas como exemplo privado. A mudança plena dependeu de uma alteração mais ampla de atitudes. Foi sobretudo no movimento romântico, com seu profundo interesse pelas novas formas de subjetividade no verso, pela prática e pela popularização da forma relativamente nova da autobiografia e pelo vínculo desta com as novas formas de ficção autorreflexiva e as formas de análise íntima do pensamento e do sentimento privado dentro de uma ficção mais geral, que uma nova ênfase e uma vigorosa interpretação dessa forma aparentemente subjetiva e já disponível no drama desenvolveram-se e, com o tempo, tornaram-se dominantes. O centro de interesse era Shakespeare e, acima de tudo, o que veio a se generalizar como "os solilóquios": na prática, o conjunto principal de falas no qual tantos atores importantes se especializaram. A mudança foi congruente com uma análise "psicológica" cada vez mais íntima dos personagens. A prática crítica e acadêmica seguiu essa linha. Preferiu *solilóquio* a *monólogo*, uma vez que todas as associações prévias de *solilóquio* com meditação e devaneios privados – em termos mais modernos, "a fala interna" – apoiavam a ênfase escolhida. Sem tais associações, o termo *monólogo*, mais técnico, foi deixado de lado.

Apesar disso, ainda há dificuldades reais. É possível tomarmos *solilóquio*, com essas associações, como um termo apropriado para um tipo de fala dramática ao qual tais características são usualmente atribuídas: os "grandes solilóquios" de Hamlet ou Macbeth. Contudo, não se trata apenas do fato de que haja outros tipos de monólogo aos quais tais características não

SOBRE O DIÁLOGO DRAMÁTICO E O MONÓLOGO 57

precisem ou não possam ser atribuídas. Ou apenas que tais características possam ser encontradas também no *diálogo*; alguns solilóquios "conhecidos" são dialógicos no texto. Trata-se também do fato de que certos problemas cruciais de convenção e definição, centrados na questão do sujeito e do objeto da escrita, e ativamente presentes nos textos da escrita dramática para a fala de vários tipos de público, antes real ou presumido, são inerentes não apenas a essas formas mais amplas, mas aos próprios "solilóquios".

Tentarei abordar, sumariamente, a variedade real do monólogo, por conveniência na análise, mas também como uma ruptura deliberada com o conceito mistificador de *solilóquio* no uso acadêmico e crítico corrente.

Devemos voltar muito atrás no tempo, embora a um momento tão óbvio que apenas uma confusão conceitual poderia obscurecê-lo. A preposição na definição de Johnson pode nos ajudar. Em um drama, uma pessoa pode, de fato, falar *por* si mesma. Ela não pode falar *a* ela, no sentido em que essa descrição é usada para "falar a alguém privadamente". Obviamente, há sempre um público, ao qual, de algum modo, as palavras se tornam disponíveis por deliberação.

É nessa descrição geral, "tornam-se disponíveis por deliberação", que os tipos verdadeiros de fala dramática devem ser distinguidos. As relações de qualquer fala com um público podem ser inscritas em formas específicas de composição e são, em todo o caso, governadas por convenções dramáticas mais amplas. Assim, algumas relações são evidentes, ou podem se tornar evidentes pela análise, dentro dos textos. Outras se tornam evidentes apenas na análise do texto dentro das convenções dramáticas segundo as quais ele foi escrito. Pois um texto dramático, diferentemente de textos escritos para a leitura em silêncio (em que se basearam muitos estudos sobre a direção da alocução), presume tanto uma forma multivocal inerente – a composição é distribuída entre diferentes vozes – quanto certas relações físicas diretivas na presença relacional de atores em um espaço cênico e na presença relacional mais ampla (e em geral mais complexa) dos atores com o público. Essas relações não podem ser reduzidas às relações de uma convenção dramática específica. No caso do *solilóquio*, há uma confusão desnecessária em razão de uma assimilação não notada, no período moderno, das convenções do drama "naturalista". Aqui, as relações entre os atores e o público são definidas de maneira negativa. O público está presente, obviamente, e os atores têm consciência disso, mas as regras da convenção exigem que os atores não percebam *dramaticamente* o público; ao contrário, eles representam a ação diante do público, em um espaço definido pela subida ou pela descida das cortinas ou da luz. Segue-se disso que os atores são entendidos, invariavelmente, como se *falassem um ao outro*. Quando apenas um ator está no palco, ele não tem, segundo essa convenção, *ninguém a quem falar a não ser a ele mesmo*. Então, uma vez que "falar consigo mesmo" tem certas implicações sociais e psicológicas, o que um dia foi *solilóquio* é percebido como "antinatural". Isso é geralmente sabido, mas o que se nota com menos frequência é a conclusão (retroativa) de que, quando um ator está sozinho no palco e fala, ele está "falando consigo mesmo" no sentido predominante de *solilóquio*. Com quem mais, de acordo com a convenção "naturalista", ele poderia conversar? O fato de que ele possa estar falando *ao* público, e não em sua presença não percebida, é convencionalmente desconsiderado.

No entanto, o monólogo dentro de uma forma dramática multivocal pode incluir, como veremos, uma alocução direta ao público. Mas, nesse caso, há relações mais complexas: algumas bastante indiretas, embora não necessariamente idênticas às relações da fala completamente fechada e interna da convenção "naturalista". Entre o explicitamente direto e o indireto, há casos intermediários que podemos chamar propriamente de "semidiretos", nos quais a fala ocorre com consciência plena de um

SOBRE O DIÁLOGO DRAMÁTICO E O MONÓLOGO 59

público, mas sem as marcas da alocução direta. Esses três tipos mais gerais, e as variações mais conhecidas entre eles, podem ser colocados, como se segue, com exemplos breves do drama inglês renascentista.

A. DIRETO

(i) Apresentacional

Essa é a forma de alocução direta mais fácil de reconhecer, usualmente presente em certo tipo de prólogo e epílogo. Ela precede ou sucede à ação dramática total e depende de uma relação direta entre o *ator* e o público. Exemplos:

> O bom acolhimento geral que Tamburlaine recebeu,
> Quando por fim chegou ao nosso palco,
> Fez nosso poeta compor a segunda parte [...]*
>
> (*Tamburlaine, o Grande*, II, Prólogo)

Outros exemplos: *Henrique IV*, 2, Epílogo ("Se não estiveres saciado demais com a carne gordurosa, nosso humilde autor continuará a história [...] e te fará feliz [...]");** *Sonho de uma noite de verão*, o epílogo de Puck ("Se ofendemos às sombras [...]");*** *Bem está o que bem acaba*, Epílogo ("O rei é um pedinte, a peça está agora encerrada [...]").****

---

* *"The general welcomes Tamburlaine receiv'd,/ When he arrived last upon our stage,/ Have made our poet pen his Second Part [...]."* (N. E.)

** *"If you be not too much cloyed with fat meat, our humble author will continue the story [...] and make you merry [...]."*(N. E.)

*** *"If we shadows have offended [...]."* (N. E.)

**** *"The king's a beggar now the play is done [...]."* (N. E.)

(ii) Expositório

Esse é um uso diferente do prólogo em especial, embora possa aparecer em outras partes; algumas vezes é combinado com (i), como nas últimas linhas de *Tamburlaine* II, Epílogo. Exemplo:

> Duas famílias, ambas iguais em dignidade,
> Na bela Verona, onde situamos nossa cena,
> Por inveja antiga rompem nova hostilidade [...].*
>
> *(Romeu e Julieta*, Prólogo)

Outros exemplos: *Henrique V*, Prólogo (inclui elementos de (i)); *Tróilo e Créssida*, Prólogo ("Em Troia tem lugar nossa cena. Das ilhas da Grécia [...]");** *Conto de inverno*, IV, I, falado pelo Tempo; *Henrique IV*, 2, Apresentação, falada pelo Rumor. Embora haja em geral uma combinação de expositório e apresentacional, a função do primeiro é tipicamente mais integrada à ação dramática, e o falante passa então de intérprete para certo tipo de personagem generalizada, especificada com frequência como o Tempo, o Rumor, o Coro Armado etc. Esse modo é similar a certos tipos de introdução expositiva de uma personagem determinada, por exemplo: o Prólogo de Maquiavel em *O judeu de Malta*; Gloucester em *Ricardo III*, I, I (cf. B (ii) abaixo); Autolycus em *Conto de inverno*, IV, III; e cf. B (iii) abaixo.

(iii) Indicativo e homilético

É comum como homilia direta no drama medieval, apresentando o significado religioso e moral da ação. Em geral, é mais

---

* "*Two households, both alike in dignity,/ In fair Verona, where we lay our scene,/ From ancient grudge break to new mutiny [...].*" (N. E.)

** "*In Troy there lies the scene. From isles of Greece [...].*" (N. E.)

SOBRE O DIÁLOGO DRAMÁTICO E O MONÓLOGO

indicativo no drama renascentista, embora seu escopo possa ser ilustrado mesmo lá. Exemplos:

Cortado está o galho que cresceu reto
E queimado está o ramo de louro de Apolo,
Que um dia cresceu neste homem culto.
Fausto se foi. Veja sua queda infernal [...].*

(Doutor Fausto, Epílogo)

(Homilético:)

E meu fim é desespero,
Salvo se aliviado pela prece,
Que perfura para então abordar
A própria graça, e livrar-nos das faltas.
Como vós dos crimes me perdoaríeis,
Deixo que vossa indulgência me liberte.**

(A tempestade, Epílogo)

(Nesse Epílogo de Próspero, o indicativo é combinado e qualificado pelo apresentacional.)

Até então suarei, e buscarei o conforto;
E então aliviareis minha dor.***

(Tróilo e Créssida, V, X)

---

* *"Cut is the branch that might have grown full straight,/ And burned is Apollo's laurel bough,/ That sometime grew within this learned man./ Faustus is gone. Regard his hellish fall [...]."* (N. E.)

** *"And my ending is despair,/ Unless I be relieved by prayer,/ Which pierces so that it assaults/ Mercy itself, and frees all faults./ As you from crimes would pardon'd be,/ Let your indulgence set me free."* (N. E.)

*** *"Till then I'll sweat, and seek about for eases;/ And at that time bequeath you my diseases."* (N. E.)

(Não é um epílogo formal, e a segunda pessoa do plural especifica "tantos quantos estejam aqui no saguão do procurador"; esse é o indicativo dramático em pleno desenvolvimento a partir do homilético.)

B. SEMIDIRETO

(i) Aparte

Essa é a forma mais facilmente reconhecível da alocução semidireta, claramente dirigida "para" o público, mas especificada por sua posição como uma breve ruptura dentro do diálogo. Exemplo:

Conheço todos, embora suponham que eu seja louco,
E vou superá-los em todos os seus artifícios;
Um par de demônios malditos e sua mãe.*

(*Tito Andrônico*, V, II)

(ii) Secreto/explanatório

De certa forma, trata-se de um desenvolvimento relativamente complexo do aparte, mas que pende com frequência para uma forma indiferenciada de "solilóquio", da qual, contudo, nesse sentido usual, pode ser funcionalmente distinguido. Exemplo:

Um pai crédulo! E um irmão nobre
Cuja natureza está tão longe do mal
Que de nada suspeita; e cuja decência tola

---

* "*I know them all, though they suppose me mad,/ And will o'erreach them in their own devices;/ A pair of cursed hell-hounds and their dam.*" (N. E.)

SOBRE O DIÁLOGO DRAMÁTICO E O MONÓLOGO

Minha ação controla facilmente! Vejo a tarefa.
Se não por berço, terei terras pelo talento
O que eu julgue adequado ao meu espírito sedento.*

(*Rei Lear*, I, II, 182-7)

Isso pode ser funcionalmente distinguido, nesse caso, pela "sentença" rimada final, típica do monólogo de Edmundo no Ato I, Cena II, 1-22, que é mais indireta; cf. C (ii) e (iii) abaixo. Esse ponto se torna mais claro em uma comparação entre Iago e Otelo, I, III ("Assim, sempre faço de meu tolo a minha bolsa")** e em II, III ("E quem é ele, que diz que enceno o vilão?"),*** em que, em ambos os casos, o assunto é secreto, e assim faz, dramaticamente, a convenção do monólogo; mas o primeiro caso inclui explicitamente a explanação necessária da "tarefa" que será realizada, de modo que o público possa entender as manobras. Esse é o elemento distinguível da relação consciente, se não semidireta, com o público.

(iii) Característico

Trata-se de um tipo bastante diferente de monólogo semidireto, com alguma relação funcional com o indicativo (A (iii) anterior). Certo tipo de personagem que introduz a si mesma funciona, explícita ou implicitamente, como uma forma de comentário da ação que, dentro desse modo formal, é temporariamente afastada. Exemplo:

---

* "A credulous father! and a brother noble/ Whose nature is so far form doing harms/ That he suspects none; on whose foolish honesty/ My practices ride easy! I see the business./ Let me, if not by birth, have lands by wit/ All's with me meet that I can fashion fit." (N. E.)

** "Thus do I ever make my fool my purse." (N. E.)

*** "And what's he then that says I play the villain." (N. E.)

Tersites: Estão agora criticando um ao outro; vou observá-los. Aquele patife dissimulado e abominável, Diomedes, tem a mesma fita que aquele tolo e desprezível jovem servente de Troia guarda dentro de seu elmo: eu adoraria vê-los se encontrar [...].*

(*Tróilo e Créssida*, V, IV)

Outros exemplos de monólogos: *Cimbelino*, V, IV, fim (Primeiro carcereiro: "A não ser que um homem se casasse com o cadafalso [...]");** *Macbeth*, II, III, 1-20. Esse tipo de marcador linguístico é particularmente evidente: a composição não apenas é em "prosa", como é deliberadamente (e, com frequência, em claro contraste) popular em termos de sintaxe e dicção.

C. INDIRETO

(i) Retórico

Esse tipo corresponde, em geral, à descrição do monólogo/ solilóquio como uma "prática autodiscursiva", mas estabelece uma relação linguística específica entre o sujeito e o objeto presumidos. O exemplo típico é:

Inicie seus estudos, Fausto, e comece
A soar a profundidade do que vais professar [...].***

(*A trágica história do Doutor Fausto*, I, i)

---

* "*Now they are clapper-clawing one another; I'll go look on. That dissembling abominable varlet, Diomed, has got that same scurvy doting foolish young knave's sleeve of Troy there in his helm: I would fain see them meet [...].*" (N. E.)

** "*Unless a mari would marrv a gallows [...].*" (N. E.)

*** "*Settle thy studies, Faustus, and begin/ To sound the depth of that thou will profess [...].*" (N. E.)

SOBRE O DIÁLOGO DRAMÁTICO E O MONÓLOGO 65

O longo monólogo de abertura em *Fausto* é uma forma de "autodiscurso" escrito predominantemente com uma gramática de alocução do eu para si mesmo, como se fosse uma segunda pessoa. Há usos subordinados do pronome de primeira pessoa nos versos 6, 36, 56 e 62, mas a alocução para a segunda pessoa domina todo o estilo. O efeito pode ser visto pelo contraste com o monólogo em primeira pessoa nos versos 77-96, que é predominantemente B (ii). O contraste pode ser visto também no extraordinário monólogo final de Fausto, V, II, 143-200, que começa em segunda pessoa (143-154) e muda dramaticamente para a primeira pessoa: "Oh, eu me lançarei ao meu Deus: quem me puxa para baixo?".* Esse modo se mantém até o verso 168, e o monólogo prossegue como uma combinação de formas e pronomes de primeira e segunda pessoas.

Outras figuras retóricas desse tipo foram usadas, sobretudo a apóstrofe (veja a seguir III e V).

(ii) Reflexivo

Esse tipo é o que tem sido mais amplamente generalizado como *solilóquio*, no qual uma prática autodiscursiva é falada na primeira pessoa com o ator sozinho no palco. Claramente, é um tipo de extrema importância. Exemplo: "Oh, que camponês patife e escravo sou eu [...]"** (*Hamlet*, II, II, 553-609). Nesse exemplo típico, há uma notação deliberada: "Ah, então vai com Deus! Agora estou só".*** Entre tantos exemplos, temos *Hamlet* I, II, 129-159, ou IV, IV, 32-66.

Devemos notar que a condição de um ator sozinho no palco, embora normal para esse tipo de monólogo, nem sempre é

---

* "*Oh, I'll leap up to my God: who pulls me down?*" (N. E.)

** "*O, what a rogue and peasant slave am I [...].*" (N. E.)

*** "*Ay, so, God bye to you! Now I am alone.*" (N. E.)

66 RAYMOND WILLIAMS

satisfeita; pode haver outras formas de isolamento temporário (cf. abaixo).

(iii) Genérico

Por influência das explicações gerais psicologizantes ou categorizantes de todo monólogo/solilóquio nos termos do privado ou inteiramente subjetivo, esse tipo é frequentemente reduzido em sua função plena. Aparentemente é similar ao reflexivo, mas com frequência pode ser distinguido linguisticamente pelo uso do pronome "nós" em vez do "eu". Exemplo:

> Ser ou não ser [...]
> [...] e dizer que pelo sono cessamos [...]
> [...] Quando tivermos removido esse vórtice mortal
> Devem-nos dar algum descanso [...]
> [...] E fazer-nos suportar o mal-estar que temos
> E não voarmos a outros que não conhecemos?
> Assim, a consciência nos torna a todos covardes.*
>
> (Hamlet, III, I, 56-88)

A necessidade de distinguir a forma genérica da reflexiva é mais do que formal. É uma indicação do verdadeiro escopo e da flexibilidade dessa fala dramática altamente desenvolvida que possa haver tais transições do reflexivo/subjetivo para o genérico/objetivo. Diga-se o que for sobre o reflexivo, o genérico não é, evidentemente, uma "fala interna". É antes, pela escolha do "nós", a realização de um modo comum que não é (como em outras formas comuns) oposta à subjetividade, mas

---

* *"To be, or not to be [...]/ [...] and by a sleep to say we end [...]/ [...] When we have shuffled off this mortal coil/ Must give us pause [...]/ [...] And makes us rather bear those ills we have/ Than fly to others that we know not of?/ Thus conscience does make cowards of us all."* (N. E.)

SOBRE O DIÁLOGO DRAMÁTICO E O MONÓLOGO 67

seu aprofundamento e, por conseguinte, sua transformação: uma condição "individual" comum no sentido antigo de "individual", como o que é específico e não pode ser "dividido", ou seja, separado. É essencial que esse tipo de monólogo indireto seja distinguido da versão pós-romântica do "solilóquio" como um eu "privado" e "interior" (portanto "mais profundo") como distinto da identidade "pública" e "exterior".

A complexidade linguística desses tipos de monólogo, como também dos tipos de diálogo, é a complexidade da própria composição escrita e, como tal, distinguível no texto; no entanto, ela é sustentada por uma complexidade de condições de encenação, dentro do conhecimento no qual o texto foi composto. Um fator importante é a variedade das posições disponíveis em cena, a partir das quais se podem definir relações variáveis entre falante(s) e público. Para uma discussão mais detalhada, remeto a Robert Weimann, *Shakespeare and the Popular Tradition in the Theatre* [Shakespeare e a tradição popular no teatro] (1978), páginas 73-85 e 215-45, e Warren D. Smith, *Shakespeare's Playhouse Practice* [A prática teatral de Shakespeare] (1975).

No monólogo, há uma posição central, em primeiro plano, para todos os tipos de A e um típico movimento para essa posição em B (ii) e C (i), bem como em C (ii) e C (iii). Outros movimentos são virar-se para o público na maioria das formas de B (i) e avançar e recuar em C (ii) e C (iii). B (iii) é mais complexo, já que às vezes é encenado a partir da posição simples de alocução direta, mas também pode ser feito em primeiro plano, enquanto o segundo plano é ocupado por outro modo. Essa sobreposição dupla ou mesmo tripla é nítida em *Tróilo e Créssida*, V, II, em que Tersites está perto do público e tanto observa a ação que se desenrola em segundo plano como se dirige ao público para comentá-la. Embora seja mais simples, há uma sobreposição de diálogos semelhante em D (i), quando a formalidade da ocasião é marcada pela *situação* em segundo plano, para a qual tanto os outros atores quanto o público são formalmente dirigidos.

Os marcadores linguísticos e posicionais, embora tenham uma correspondência típica, não podem ser lidos no texto "nu". De modo mais geral, o texto sempre deve ser lido através dos marcadores e, em um sentido mais amplo, através tanto das convenções linguísticas quanto das convenções de encenação.

Monólogo em *Macbeth*

Macbeth contém vários "solilóquios" conhecidos, mas agora podemos fazer descrições e distinções mais precisas. O monólogo em geral, e o monólogo reflexivo em particular, são amplamente utilizados na peça e representam 15% dela, uma proporção extremamente elevada. Não há nenhum monólogo do tipo direto (A), e o aparte (B (i)) é pouco utilizado; um exemplo é encontrado em III, 116-7. Devemos notar, no entanto, que há casos de "aparte" – uma quebra pronunciada e inserida no diálogo geral da peça, como em II, III, 119-24, em que Malcolm e Donalbain vão para o fundo do palco; nos versos subsequentes (135-46), eles são deixados a sós.

B (iii) é bem ilustrado pelo monólogo do porteiro, II, III, 1-20. Considerado com frequência um "refrigério cômico" e por isso descartado, ele é, na realidade, um exemplo típico do que vem sendo chamado na linguística de "antilinguagem", mas pode ser mais adequadamente chamado de "contralinguagem", na qual a mudança linguística patente para um modo tradicional coloquial não é de "refrigério" vazio, mas uma mudança deliberada de perspectiva dramática: um modo comum de conexão, encenado muito perto do público, no qual a ação é vista de uma base diferente.

É difícil em geral distinguir B (ii) dos tipos mais indiretos em C. Em dois exemplos de *Macbeth*, há marcadores linguísticos

SOBRE O DIÁLOGO DRAMÁTICO E O MONÓLOGO

úteis: a função reservada/explanatória é marcada por frases rimadas. Em I, IV, 48-53, Macbeth não fica sozinho, mas vai para a frente do palco para recitar três dísticos rimados:

> [...] Estrelas, cubram sua luz
> Para que não vejam meus desejos escuros e profundos:
> O olho se fecha e não vê a mão; contudo deixem
> que o olho veja, quando concluído, o que o amedronta.*

Duncan, ainda formalmente no fundo do palco, fala com Banquo *após* essa saída rápida. O caso mais comum está em III, I, 140-1, quando Macbeth fica sozinho depois de falar com os assassinos: "Está concluído: Banquo, o voo de vossa alma,/ Se o céu encontrar, deve encontrá-lo esta noite".** Por outro lado, há casos claramente explanatórios, em vez de discursivos, sem marcadores tão evidentes; o melhor exemplo está em II, II, 1-13 (notadamente em: "Envenenei a sua bebida"),*** embora os versos 12-3 ("Se ele não se assemelhasse a meu pai [...]")**** vão em direção ao modo reflexivo. O monólogo de Banquo, em III, I, 1-10, parece-me essencialmente explanatório e, portanto, B (ii).

Há exemplos interessantes do tipo retórico de monólogo (C (i)). O mais evidente está em I, V, 1-29, em que um modo de troca, como em um diálogo, é apresentado no monólogo de Lady Macbeth por meio da leitura da carta de Macbeth e dirigido a ele na forma de *apóstrofe*, como se ele estivesse presente: "O que almejas dignamente,/ Também desejarás sacramente".*****

---

* "*Stars, hide your fires/ Let not light see my black and deep desires:/ The eye wink at the hand; yet let that be/ Which the eye fears, when it is done, to see.*" (N. E.)

** "*It is concluded: Banquo, thy soul's flight,/ If it find heaven, must find it out tonight.*" (N. E.)

*** "*I have drugged their possets.*" (N. E.)

**** "*Had he not resembled my father [...].*" (N. E.)

***** "*What thou wouldst highly/ That wouldst thou holily.*" (N. E.)

Um caso mais duvidoso encontra-se em III, IV, em que Macbeth fala ao fantasma de Banquo no que é, na realidade, um monólogo intercalado (50-1, 70-3, 93-6, 99-107). Não é o fantasma como tal que torna o diálogo monológico em certa medida; outros fantasmas, como em *Hamlet*, podem se comunicar e ser vistos. Aqui, apenas Macbeth *e o público* veem o fantasma, e este não fala. O efeito é bastante complexo, mas talvez possa ser definido como uma fala sem um objeto interno na trama da fala dramática; por isso (sem que haja necessidade de explicações psicológicas, embora possam ser acrescentadas) como uma projeção monológica de um objeto: usualmente pelo uso da *apóstrofe* – dirigida a pessoas ou forças não visíveis –, mas também por outras formas. Entretanto, já que o público vê o fantasma, esse modo deve ser distinguido do modo conexo, e plenamente reflexivo, em que Macbeth – e, nesse caso, apenas ele – "vê" (imagina) o punhal (II, I, 33 et seq.). As formas linguísticas se sobrepõem na projeção de um objeto ("Já te vejo, em forma palpável"),* mas há uma transferência simples para o plenamente reflexivo ("É a causa sanguínea que notifica").** Contudo, e curiosamente, todo esse monólogo é projetado pela apóstrofe ("Vós, terra certa e segura")*** e pelo invocativo ("Não ouças meus passos").**** Ele termina com um breve dístico rimado, em 63-4.

O modo plenamente reflexivo, como dissemos, é raro em *Macbeth*. Há exemplos em: I, III, 127-41, 143-5, 146-7; I, V, 37-53; I, VII, 1-28; II, I, 33-61; II, II, 57-63; III, I, 47-71; IV, I, 144-55; IV, III, 72-8; V, I, 31, 33-9, 41-4, 49-51, 61-3, 65-7; V, III, 22-8; V, VIII, 1-3. Em todo caso, esse modo é suficientemente complexo para abranger outras funções; B (ii) é evidente,

---

* "I see thee yet, in form as palpable." (N. E.)
** "It is the bloody business which informs." (N. E.)
*** "Thou sure and firm-set earth." (N. E.)
**** "Hear not my steps." (N. E.)

SOBRE O DIÁLOGO DRAMÁTICO E O MONÓLOGO 71

por exemplo, em IV, I, 150-4, e também termina com um breve dístico rimado. O tipo mais puro do reflexivo, com as características tão frequentemente atribuídas ao "solilóquio", pode ser encontrado nos monólogos mais longos, por exemplo, em I, VII, 1-28. O que Shaftesbury tinha em mente como "prática autodiscursiva" é patente nos versos 12-28:

> Aqui está ele, sob guarda dupla:
> Primeiro [...]
> > [...] então [...]
> > [...] Além disso [...].*

Esse é um argumento em uma única mente, pensado em voz alta. Outro exemplo famoso está em I, III, 130-42:

> Se má [...]
> Se boa [...]
> Meu pensamento [...]
> Tanto abala minha condição de homem que a função
> É sufocada pela especulação [...].**

Esses últimos versos expressam com precisão a situação de um "autodiscurso" agitado e ainda inconclusivo. Contudo, a noção de argumento interno, que é claramente uma das funções principais do reflexivo, não deve ser tomada como exclusiva. O modo do argumento, tão nítido em I, VII, 12-18, é superado nos versos 19-25 por um tipo de fala que seria extremamente redutor chamar de "argumento". É nesse outro modo que surgem algumas das maiores dificuldades.

---

* *"He's here in double trust:/ First [...]/ [...] then [...]/ [...] Besides [...]."* (N. E.)

** *"If ill [...]/ If good [...]/ My thought [...]/ Shakes so my single state of man that function/ Is smothered in surmise [...]."* (N. E.)

Uma definição relativamente simples seria possível dentro das premissas do "solilóquio", e mesmo das categorias de um tipo mais antigo de linguística literária: "E a compaixão, como um recém-nascido nu,/ Movendo-se pela rajada [...]".*

Em vez de "referencial", essa linguagem não é "emotiva"? Macbeth não foi "derrotado" pelo sentimento poderoso que transforma e intensifica seu "argumento"? Mas essa não é uma meditação "privada" ou "interna". É um monólogo dramático, falado, decerto indiretamente, diante de um público. Enquanto o modo for construído apenas nos termos de um personagem como sujeito, cujos "pensamentos" e "sentimentos" possuem apenas essa referência isolada e fechada, as partes dessa escrita não podem ser compreendidas, ou seja, não podem ser plenamente "lidas" por suas convenções e notações reais. Pois mesmo nesse monólogo, de um tipo reflexivo clássico, há relações linguísticas e dramáticas mais complexas (mesmo dentro do monólogo). Dessa forma, a transição total para o pronome em primeira pessoa como sujeito ("Primeiro, por eu ser seu parente")** não ocorre até o verso 13. Nos versos precedentes, embora a fala seja diretamente relevante para a situação específica de Macbeth, há o uso característico do pronome plural, que em casos mais integrais pode ser visto como marca do importante modo C (iii), o "genérico":

Mas nesses casos
Ainda há julgamento – se ensinamos
Lições sanguinárias, elas retornam como castigo
Ao inventor: a justiça em igual medida
Deita a substância do cálice que envenenamos
Em nossos próprios lábios.***

---

* "And pity, like a naked new-born babe,/ Stridinf the blast [...]." (N. E.)

** "First, as I am his kinsman." (N. E.)

*** "But in these cases/ We still have judgement here – that we but teach/ Bloody instructions, which being taught return/ To plague th' inventor: this even-handed justice/ Commends th' ingredient of our poisoned chalice/ To our own lips." (N. E.)

SOBRE O DIÁLOGO DRAMÁTICO E O MONÓLOGO 73

Seria absurdo reduzir esse argumento deliberadamente engajado, de condição e consequência comum, a uma mera generalização feita por um homem isolado e perturbado. As relações implícitas nesse discurso diante do público pertencem a um modo comum indireto, e não a um modo de casos expressivos, falados por um sujeito isolado.

Nessa fronteira entre o reflexivo e o genérico, podemos notar um exemplo bastante interessante que, se eu o estiver lendo corretamente, lembra que devemos reter o reflexivo em casos mais evidentemente subjetivos. O caso também é interessante como construção dramática. É significativo, nesse momento do desenvolvimento do monólogo, mesmo em uma peça que usa o monólogo convencional de forma tão livre, que os elementos de explanação entrem em alguns pontos. Temos, por exemplo: "Veja como nosso colega está atordoado"* (142), indicando o monólogo reflexivo de Macbeth em I, III, e a própria fala explanatória e apologética de Macbeth: "[...] minha mente distraída ocupava-se/De coisas esquecidas"** (149-50). Mas há outro caso mais notável em V, I, quando o monólogo reflexivo de Lady Macbeth (como deve ser entendido) é definido dramaticamente pela condição do sonâmbulo: o monólogo real, ouvido por acaso na peça, como em outros momentos. Curiosamente, sua fala é construída sobretudo para ser projetiva e, nas partes seguintes, é uma forma de diálogo projetado (mas não respondido) a Macbeth: "Digo-lhe ainda mais uma vez...".***

Mas esse é, poderíamos dizer, o modo mais interno. É uma culpa privada e uma confissão apenas por ter sido entreouvida. Esse uso do monólogo para a representação do *processo* mental (seja desordenado, como aqui, seja simplesmente não organizado) como distinto da articulação do *produto* mental (atitudes

---

* "*Look how mu our partner's rapt.*" (N. E.)
** "*[...] my dull brain was wrought/ With things forgotten.*" (N. E.)
*** "*I tell you yei again [...].*" (N. E.)

e crenças estabelecidas, estágios ordenados de um argumento ou evento, sentimentos assentados) é de grande importância no drama renascentista inglês. É esse elemento que tem amparado o sentido estrito de "solilóquio". Linguisticamente, ele é marcado pelo uso acentuado do tempo presente dramático (distinto do presente histórico), com frases apenas relativamente compostas – com frequência orais, e não "escritas":

> De onde vem essa batida?
> O que acontece comigo? Todo barulho me apavora!
> Que mãos são essas? Ah! Elas arrancam meus olhos!*
> (II, II, 57-9)

Contudo, essas mesmas qualidades da presença e do processo ativos também podem ser encontradas no diálogo:

> M: Que soldados, branquelo?
> S: O exército inglês, senhor.
> M: Deixe-me só. Seyton! Pesa-me o coração
> Quando vejo – Seyton, escute! Essa batalha [...].**
> (IV, III, 17-20)

Ao mesmo tempo, o monólogo, inclusive o monólogo reflexivo, pode ser composto de modo bastante diferente em um tempo presente mais fraco ou em um pretérito perfeito ou mais-que-perfeito:

---

* *"Whence is that knocking?/ How is't with me,/ when every noise appals me?/ What hands are here? Ha! they pluck out mine eyes!"* (N. E.)

** *"M: What soldiers, whey-face?/ S: The English force, so please you./ M: Take thy face hence. Seyton! I am sick at heart,/ When I behold – Seyton, I say! This push [...]"* (N. E.)

SOBRE O DIÁLOGO DRAMÁTICO E O MONÓLOGO

Quase me esqueço do gosto do medo:
Houve um tempo em que me apavorava
Ao ouvir um grito noturno [...].*

(V, V, 9-11)

Assim, não há uma equivalência formal entre o conteúdo psicológico presumido, de tipo subjetivo, e um modo de escrita centrado em um falante único e isolado. O "solilóquio", em outras palavras, não é uma "fala interna" em sentido definido ou exclusivo. Os graus da alocução, desde a "prática autodiscursiva" até um monólogo indireto e direto de tipos mais expansivos, controlam relações muito mais variáveis e complexas, que a dicotomia público/privado não pode apreender; na verdade, com frequência não pode, literalmente, ler.

É sobre essa base que podemos retornar às relações entre o reflexivo e o genérico. Pois o verdadeiro genérico é a culminação daquele elemento comum do reflexivo que não é, em nenhum sentido restritivo, "fala interna", mas é o comprometimento, com frequência em meio a crises pessoais, com uma condição comum. O exemplo mais notável em *Macbeth*, mais uma vez marcado linguisticamente pelo pronome plural, é o famoso:

O amanhã, e o amanhã, e o amanhã,
Rasteja com vagar de um dia para o outro,
Até a última sílaba do tempo;
E todo nosso ontem conduz os tolos
Ao caminho da morte, do pó.**

(V, V, 19-23)

---

* "*I have almost forgot the taste of fears:/ The time has been, my senses would have cooled/ To hear a night-shriek [...].*" (N. E.)

** "*Tomorrow, and tomorrow, and tomorrow,/ Creeps in this petty pace from day to day,/ To the last syllable of recorded time;/ And all our yesterdays have lighted fools/ The way to dusty death.*" (N. E.)

Essa passagem não pode ser reduzida à fala de uma condição psicológica subjetiva, como pode ser visto na diferença formal com um discurso intimamente relacionado a ela no mesmo ato:

Já vivi o bastante: meu outono
Pende para a folha seca e amarelada [...].*
(V, III, 22-3)

Essa última passagem é reflexiva, dentro de uma condição individual; a anterior é genérica, comprometida com uma possível resposta comum, dentro de uma condição comum. É relevante notar que as formas linguísticas do genérico são frequentemente muito próximas daquelas da oração comunitária, ou da oração feita para ser compartilhada, durante a liturgia, embora nos dois casos mais famosos – esse de *Macbeth* e o "ser ou não ser" de *Hamlet* – o conteúdo tenha sido mudado. O reflexivo desenvolvido, em suas formas mais ou menos subjetivas, mas também esse genérico dramático e não litúrgico são extensões notáveis da amplitude do discurso público nas condições sociais e históricas em transformação do drama secular.

O interesse da distinção e exemplificação desses tipos de monólogo não é, primeiramente, a classificação, mas a extensão do vocabulário a serviço de uma leitura analítica não caracterizadora. Há espaço para discussões sobre cada um dos tipos e suas definições, bem como, obviamente, para julgamentos diversos sobre a leitura e a qualificação de cada exemplo específico. Em minha análise de *Macbeth*, a distribuição pode ser resumida da seguinte forma:

	Ai	Aii	Aiii	Bi	Bii	Biii	Ci	Cii	Ciii	Di	Dii	Diii
% do texto	–	–	–	0,2	1,5	1	2,2	9	1,1	16,6	31	37,4

---

* "*I have lived long enough: my way of life/ Is fall'n into the sear, the yellow leaf [...]*."
(N. E.)

SOBRE O DIÁLOGO DRAMÁTICO E O MONÓLOGO

A análise das variações do monólogo conduz necessaria-mente a variações do diálogo e das relações entre o monólogo e o diálogo. Essas variações e relações, como argumentamos até aqui, são especialmente complexas nessa forma dramática inco-mumente flexível. Dessa forma, o genérico citado anteriormente ocorre dentro de uma encenação complexa. A Cena V do Ato V começa com Macbeth comandando suas defesas e, portanto, dirigindo-se aos seus soldados. Há uma quebra no "choro das mulheres" e na pergunta de Macbeth a Seyton, que talvez estivesse presente desde o início. Assim, o reflexivo "quase me esqueço do gosto do medo", de Macbeth, não é necessariamente um "solilóquio", no sentido de que ele deve estar sozinho no palco; trata-se, mais especificamente, de uma alocução indireta intercalada. A quebra seguinte ocorre com a pergunta: "Por que esse choro?",* à qual Seyton responde. Ele saiu e voltou? Mais importante é a mudança rápida e flexível entre a troca – como na pergunta e na resposta – e ambas as alocuções – diretamente encenada ("Hasteiem nossas bandeiras")** e reflexiva ("Tive minha refeição repleta de horrores").*** Esse tipo de mudança é particularmente visível no movimento da resposta à notícia de que a rainha está morta – o diálogo reduzido – para o monólogo plenamente genérico – em primeiro plano, mas não necessaria-mente "sozinho" – de "o amanhã, e o amanhã, e o amanhã", apontando para a próxima mudança, que virá com a entrada do mensageiro: "Vieste para usar tua língua".****

Tais relações entre o monólogo e o diálogo e, mais funda-mentalmente, entre os planos e tipos de alocução também são evidentes, como mostramos, dentro de tipos diversos de diálogo, em que o "objeto da alocução" pode ser variável e mutável.

---

* "*Wherefore was that cry?*" (N. E.)

** "*Hang out our banners.*" (N. E.)

*** "*I have supped full with horrors.*" (N. E.)

**** "*Thou com'st to use thy tongue.*" (N. E.)

Podemos agora analisar alguns exemplos importantes dessas mudanças e variações.

Monólogo e diálogo em *Hamlet*

Hamlet é visto com frequência como o exemplo típico de uma peça movida por solilóquios: a apresentação dramática de um personagem isolado e introspectivo dentro de uma ação da qual ele está alienado. Contudo, a peça não é excepcional em relação à porcentagem de monólogos, em torno de 8%. Há quase o dobro em *Macbeth*. Os monólogos do próprio Hamlet são bem conhecidos, mas representam apenas cerca de 6% da peça. Destes, mais da metade são reflexivos (C(ii)):

> Oh, se este meu corpo tão sólido derretesse [...].* (I, II)
> Oh, que camponês patife e escravo sou eu [...].** (II, II)
> Como todas as situações revelam meus enganos [...].*** (IV, IV)

Há elementos do secreto-explanatório no primeiro deles, assim como há elementos do reflexivo nos exemplos essencialmente secreto-explanatórios (B (ii)) que se seguem: I, II, 255-8; I, V, 92-112; III, II, 391-402; III, III, 72-96. O monólogo mais famoso: "Ser ou não ser [...]" (III, I) é totalmente genérico (C (iii)), e há um elemento claramente genérico no predominantemente reflexivo: "Como todas as situações [...]". Tomados juntos, e considerado o fato de que a força das falas pode ser muito maior do que sua proporção numérica, não há uma base

---

* "*O, that this too too solid flesh would melt [...].*" (N. E.)
** "*O, what a rogue and peasant slave am I [...].*" (N. E.)
*** "*How all occasions do inform against me [...].*" (N. E.)

SOBRE O DIÁLOGO DRAMÁTICO E O MONÓLOGO 79

real para descrever *Hamlet* como uma peça movida fundamentalmente por solilóquios. Ao contrário, alguns de seus notáveis efeitos dependem não do monólogo, mas de outras formas. O que é de fato incomum em *Hamlet* é o número de vezes em que Hamlet está presente e falando, e o número de vezes em que falam dele. Os números são:

Hamlet sozinho:	6%
Hamlet com outro:	20%
Hamlet com outros:	31%
Um falando sobre Hamlet:	1%
Dois falando sobre Hamlet:	11%
Mais de dois falando sobre Hamlet:	5%

Podemos ver que Hamlet está presente e fala em nada menos do que 57% dos versos da peça, e falam dele em outros 17%. Assim, em quase três quartos da peça, a figura de Hamlet é central.

É interessante olharmos os tipos de fala que ocorrem quando Hamlet está presente. Muito mais comuns do que seus monólogos isolados são seus diálogos privados com outros. Mas há uma distinção. Ele fala confidencialmente com Horácio em cenas tão longas quanto seus monólogos, e esse tipo de fala é essencialmente aquele que ficou conhecido no drama francês como fala com um "confidente". Horácio é a companhia atenciosa e leal a quem Hamlet pode abrir seu coração. De fato, o que é lembrado erroneamente como um "solilóquio" – "Mostre-me o homem que não é escravo da paixão"* – é uma expressão dessa relação precisa:

Ha: Horácio, és o homem mais justo
Com quem jamais conversei.

---

* "*Give me that man that is not passion's slave.*" (N. E.)

Ho: Oh, meu querido senhor.

Ha: Não pense que te bajulo
Por vantagens que espero ter de ti [...]
     [...] mostre-me o homem
Que não é escravo da paixão, e eu o colocarei
Em meu coração, no coração de meu coração
Como faço contigo.*

(III, II)

O que podemos ver é que, nessa conversa delicada e confessional, há, por assim dizer, uma norma para Hamlet: significativamente diversa não apenas de sua conversa com outros, mas também de seus próprios monólogos dramaticamente diferenciados. O diálogo normativo com Horácio é, por definição, de um tipo fechado (D (ii)), mas possui funções diferentes dos dois outros tipos principais de diálogo fechado, com sua mãe e com Ofélia. A conversa privada com a mãe (III, IV), embora entreouvida por Polônio, é de um tipo bastante diverso do diálogo fechado: intensamente pessoal, mas, como diálogo, sobretudo demonstrativa e declamatória, em um desenvolvimento do que, em outras ocasiões, são formas públicas. Em uma cena de 217 versos, a rainha se manifesta em apenas 38, e as falas de Hamlet – que devem ser chamadas assim, embora apresentem modos variados, desde o retoricamente formal ("Vê aqui, nessa pintura, e nessa outra [...]")** até o pessoal direto ("Deixa o rei gordo te levar novamente para a cama")*** – são uma espécie de acusação pública à qual não se oferece nenhuma defesa real.

---

* "Ha: Horatio, thou art e'en as just a man/ As e'er my conversation coped withal./ Ho: O, my dear lord./ Ha: Nay, do not think I flatter,/ For what advancement may I hope from thee [...]/ [...] give me that man/ That is not passion's slave, and I will wear him/ In my heart's core, ay in my heart of heart, As I do thee." (N. E.)

** "Look here, upon this picture, and on this [...]." (N. E.)

*** "Let the bloat king tempt you again to bed." (N. E.)

SOBRE O DIÁLOGO DRAMÁTICO E O MONÓLOGO 81

A conversa com Ofélia também é diferente, pois, embora seja confidencial no tom e no modo, é efetiva ou provavelmente ouvida e observada (III, I e III, II). Ainda da variação daquilo que é tecnicamente um diálogo fechado entre duas pessoas, resultam efeitos dramáticos de um tipo especial. Há uma inconstância fundamental no modo como Hamlet fala, desde a norma sólida com Horácio até a exibição perversa com Ofélia. Essa inconstância, atribuída em geral ao caráter reservado de Hamlet e tecnicamente exemplificada no solilóquio, é função sobretudo da variação incomum dos modos e das relações dentro do diálogo. Além disso, é significativo que se dê tanta ênfase à conversa das outras pessoas sobre Hamlet. A "mudança" no "caráter" de Hamlet, após o fantasma de seu pai lhe contar do assassinato, é apresentada pela visão dos outros a seu respeito, a qual, em sua especulação e inconstância, é negativamente confirmada, por assim dizer, pela apresentação variável que ele faz de si mesmo na conversa subsequente com os outros. A relação normativa de confidente com Horácio se mantém, mas não é suficiente para controlar a série de autorrepresentações ofuscante e desnorteadora, tanto em diálogos quanto em monólogos, que apresenta aberta e dramaticamente, ao invés de introspectivamente, uma inconstância radical e uma identidade mutável. O que, em parte, é um estratagema dentro de uma convenção dramática de dissimulação ou autoproteção por meio da loucura fingida é, em sua maior parte, uma apresentação dramática inovadora de *relações* problemáticas expressas em tipos diversos de diálogo que chegam ao ponto de pôr claramente em questão o temperamento estável do personagem central (que não pode ser abstraído desses modos).

É interessante que essa inconstância radical em relação a Hamlet não seja introduzida pelo monólogo ou pelo solilóquio, ou não primeiro pelo diálogo instável e problemático com os outros, mas pela conversa dos outros a respeito dele: Ofélia e Polônio em II, I; o rei e a rainha com Rosencrantz e Guildenstern em II, II; e, mais adiante, na mesma cena, o rei e a rainha com Polônio. Só depois disso, agora sob o olhar do público, aparece o estranho Hamlet: "Vê como chega triste o pobre infeliz, lendo".* Isso é fundamentalmente diferente, por exemplo, do disfarce de louco de Edgar em *Rei Lear*, em que a apresentação convencional na Cena IV do Ato III é precedida dramaticamente de sua própria explanação a propósito da presunção do disfarce em II, III. Também para o público, a partir desse momento, o Hamlet falante é problemático.

O que é incomum e talvez único em *Hamlet* não é, portanto, a ênfase no "solilóquio" ou no monólogo de tipo reflexivo ou outro, mas um conjunto de variações do diálogo em relação ao monólogo em que tanto o sujeito falante central quanto o objeto central da fala se distanciam de um temperamento e de um relacionamento estável e persistente. O efeito habitual da peça, erroneamente identificada com um personagem distraído e seus solilóquios, é mais geral e consciente de um escopo mais amplo de formas de fala mutáveis.

Além do diálogo

A ideia do diálogo, mesmo em suas formas variáveis, presume uma forma de troca. Isso é representado na teoria moderna da informação por modelos e diagramas A-B ou A-B-C, com flechas para indicar a interação. O monólogo, em todos os seus usos, pode ser congruente com tais modelos, tomando o público como B. Contudo, não se trata apenas de uma alteração da função de troca, a ponto em geral de ser apenas tacitamente presumida. Qualquer tentativa de assimilação do monólogo, mas

---

* "*But look where sadly the poor wretch comes reading.*" (N. E.)

SOBRE O DIÁLOGO DRAMÁTICO E O MONÓLOGO 83

também de certos tipos de diálogo dramático, a uma função teórica de troca acaba por incluir outras relações possíveis, que são de grande importância em certos momentos e tipos de drama. Isso pode ser visto mais claramente em três cenas de *Rei Lear*: Ato III, cenas II e IV (usualmente conhecidas como as cenas da tempestade) e Ato IV, Cena VI. O ponto central dessas cenas é a desordem nas relações e funções normais, mas não se pode dizer (como se diz facilmente em relação a certos tipos de drama moderno) que esse drama seja o drama da "não comunicação". A troca racional, ordenada e conectada se rompe juntamente com as relações sociais que necessariamente alicerçam suas formas. Mas isso está muito distante da "não comunicação" no sentido contemporâneo, em que o "fato" de que "os seres humanos não podem se comunicar plenamente" é dado como óbvio. O que há, na verdade, é um tipo bastante potente de escrita dramática que está, linguisticamente, além das premissas teóricas limitadas da troca, assim como Lear, sua família e seu reino estão além das premissas políticas limitadas do Estado feudal e de suas relações formais. Em certos momentos, há uma exposição absoluta e uma ruptura, mas elas são ainda *formalmente* escritas e mostradas.

Assim, a Cena II do Ato III inicia-se com uma variação do monólogo, essencialmente de tipo genérico (C (iii)). Ele é predominantemente de terceira pessoa, como no monólogo reflexivo, mas o espírito é completamente diferente. Em sua forma, trata-se de uma *apóstrofe*, uma alocução exclamatória: não no sentido negativo original de não se dirigir a ninguém em particular, mas no sentido dramático desenvolvido de uma alocução exclamatória dirigida a pessoas que não estão presentes no palco ou, como aqui, a poderes que estão acima da ação humana. Lear se dirige aos ventos, ao trovão e aos raios da tempestade, como em um desafio e uma queixa pessoal. O Bobo está com ele e se dirige diretamente a ele, pedindo que se abrigue, mas a apóstrofe não é quebrada. Quando o Bobo fala, ele também está em uma dimensão singular: a astúcia e a musicalidade do bobo da corte tradicional, como no monólogo B (iii). É a coexistência dessas dimensões singulares e diferentes que produz uma forma geral específica além do diálogo. Quando Kent entra, há um movimento de volta ao diálogo. Tanto Kent quanto o Bobo buscam a troca, e Lear retorna a ela no verso 68 ("Venha, meu garoto"),* depois que a apóstrofe dos versos 49-58 chega ao fim e retorna ao modo reflexivo em 58-9. O tom geral da cena é confirmado, contudo, quando Lear e Kent saem e o Bobo fica para fazer um monólogo característico, profetizando, em linguagem popular, que o mundo vai virar de cabeça para baixo. A Cena IV do Ato III é mais complexa e vai além da fala como troca. Ela começa com um diálogo relativamente normal, na linha 26, quando eles vão para o abrigo; no entanto, não há uma troca real, porque Lear mantém (versos 8-19) sua preocupação essencialmente monológica. Quando ele fica sozinho, há um monólogo puro (versos 28-36) que se move da apóstrofe para o reflexivo:

> Pobres miseráveis nus, onde quer que estejam,
> Que suportam as águas desta tempestade impiedosa [...]
> [...] Oh, cuidei
> Muito pouco dessa questão!**

Então o modo se altera novamente, com a entrada de Edgar disfarçado de louco. Isso foi convencionalmente preparado no monólogo explanatório de Edgar (B (ii)) no Ato II, Cena III, mas agora, em toda a cena, o disfarce é absoluto: o caráter individual foi alterado para o tipo característico. Na parte central da cena (45-124), e em um plano paralelo acima dela, a fala é levada a

---

* "*Come on, my boy.*" (N. E.)

** "*Poor naked wretches, whereso'er you are,/ That bide the pelting of this pitiless storm* [...]/ [...] *O, I have ta'en/ Too little care of this!*" (N. E.)

SOBRE O DIÁLOGO DRAMÁTICO E O MONÓLOGO

outra dimensão. Ela não é em si desorganizada. As formas sintáticas são cuidadosamente mantidas:

E: [...] Eu gostava muito de vinho, adorava o jogo; e, com mulheres, superava o turco. Falso de coração, ouvidos afiados, sangue nas mãos; preguiçoso como um porco, dissimulado como uma raposa, ávido como um lobo, louco como um cachorro, cruel como um leão. [...]

L: [...] Olha bem para ele. Não deves a seda ao bicho-da-seda, o couro à fera, a lã à ovelha, o perfume ao gato. Ah! Aqui há três pessoas sofisticadas: tu és o que realmente és. Um homem não acomodado não é mais do que um animal pobre, nu e bípede como és tu.*

Edgar, como um louco, responde às perguntas, mas em sua própria forma. Lear se dirige a ele, mas em uma exclamação, não em uma troca. Os comentários do Bobo se fazem em seu próprio caráter fixo. A intervenção de Kent, que deveria ser normativa, é ignorada.

Em sentido técnico mais amplo, esse diálogo é dramático, e é importante enfatizar que a escrita dramática consciente pode compor até mesmo esse caso extremo de exposição e de ruptura. Contudo, a cena vai além do diálogo em todas as suas conotações comuns de troca. O que é escrito e vigorosamente comunicado é uma forma discursiva complexa dentro da qual coexistem modos específicos de não troca, mas em seu próprio tipo de relação: além da razão, por uma razão; além das formalidades da acomodação à intensidade e radicalidade da exposição. O texto não deve ser todo dividido em A-B-C, pois é uma forma de vozes orquestradas que carregam um sentido específico pleno.

---

* *"E: [...] Wine loved I deeply, dice dearly; and in woman out-paramoured the Turk. False of heart, light of ear, bloody of hand; hog in sloth, fox in stealth, wolf in greediness, dog in madness, lion in prey. [...]/ L: [...] Consider him well, Thou ow'st thé worm no silk, the beast no hide, the sheep no wool, the cat no perfume. Ha! Here's three on's are sophisticated: thou art.the thing itself. Unac-commodated man is no more but such a poor, bare, forked animal as thou art."* (N. E.)

Assim, ele muda novamente com a chegada de Gloucester, e, em um diálogo restabelecido de identidades conhecidas, Lear tenta estabelecer uma relação fantástica com o louco como filósofo. Os limites da troca são atingidos, embora sejam mais uma vez e significativamente marcados pelo: "Não falem, não falem; aquietem-se!"* de Gloucester e pela rima final de Edgar. Há uma forma diferente, embora comparável, no Ato IV, Cena VI, quando Lear está presente (81-201). Aqui, a forma é um tipo de discurso monológico complexo, presenciado por Edgar, Gloucester e o gentil-homem, embora eles façam apartes ou, em uma tentativa de estabelecer o diálogo, deem deixas. Trata-se de uma forma em que, como é frequente em outros modos, o que separamos como monólogo e diálogo não são formas distintamente organizadas, mas elementos em uma forma total na qual um ou outro pode se tornar temporariamente dominante, como aqui. O que Lear diz não é um solilóquio no sentido de uma reflexão reservada. Trata-se, em parte, de um discurso característico, segundo a convenção da loucura ("Eis minha luva; enfrento com ela um gigante. Trazei a alabarda. Ó, lance certeiro, pássaro [...]")** e, em parte, uma forma consciente, baseada em uma alocução formal, como se proferida do trono do poder ("Perdoo aquele homem"),*** mas o poder e suas relações de legitimação não estão mais presentes e, então, a própria autoridade é subvertida:

> L: [...] Vê como o juiz ataca o simples bandido. Mas ouve em teu ouvido: troca-os de lugar e qual é o juiz, qual é o bandido? Já viste um cão de fazendeiro latir para um mendigo?

---

* *"No words, no words; hush!"* (N. E.)
** *"There's my gauntlet; I'll prove it on a giant. Bring up the brown bills. O, well flown, bird [...]."* (N. E.)
*** *"I pardon that man's life."* (N. E.)

SOBRE O DIÁLOGO DRAMÁTICO E O MONÓLOGO

G: Já, sim, senhor.

L: E como a criatura foge do vira-lata? Lá, talvez, verás a grande imagem da autoridade – um cachorro obedecido em serviço.*

O modo subjacente é o do argumento real, que deve ser respeitosamente obedecido. Contudo, ele não precisa ser sussurrado ("em teu ouvido") nem transformado em exclamação, denúncia e raiva. O que emana das formalidades perdidas, porém lembradas, do Estado é uma homilia desordenada, porque está descentrada:

Pregarei para ti: ouve!
[...] Quando nascemos, choramos porque chegamos
A este grande palco de tolos.**

A perspectiva é a da perda do Estado e da crítica religiosa do poder e da vaidade, escrita na forma potente e protegida de uma desordem pessoal, que é tanto aparente como real. O plano comunicativo desse tipo de drama é uma composição criativa que vai além do diálogo de relações fixas e confiáveis. Quando nem a homilia destinada ao pregador nem a presença acessível de Deus estão à disposição, os modos da fala necessária, além das formas da troca social, não pertencem nem ao "eu" (como no solilóquio privado) nem à troca entre "eus" (como no diálogo comum), mas a uma forma genérica que parte de ambos e vai além deles: "Necessito de médicos;/ Meu cérebro está doente [...]".***

---

* "L: [...] See how yond justice rails upon yond simple thief. Hark in thine ear: change places and, handy-dandy, which is the justice, which is the thief? Thou hast seen a farmer's dog bark at a beggar?/ G: Ay, sir./ L: And the creature run from the cur? There thou mightst behold the great image of authority – a dog's obeyed in office." (N. E.)

** "I will preach to thee: mark!/ [...] When we are born, we cry that we are come/ To this great stage of fools." (N. E.)

*** "Let me have surgeons;/ I am cut to th'brains [...]." (N. E.)

Esse é um apelo ou uma oração, mas, embora Gloucester responda convencionalmente: "Terás tudo",* nem o apelo nem a oração são atendidos, ainda que ambos, em uma voz comum, sejam ouvidos.

---

* *"You shall have anything."* (N. E.)

PARTE
2

NOTAS SOBRE A PROSA INGLESA: 1780-1950

Parte da prosa que foi escrita no fim do século XVIII não é muito diferente de parte da prosa que é escrita hoje. Notamos palavras, frases, sentenças e construções que não seriam empregadas usualmente hoje, mas temos consciência de que muitas palavras, frases e sentenças têm certa continuidade em um inglês moderno relativamente estável. Muitas das formas de prosa a que estamos habituados – romance, ensaio, tratado, diário – já eram usadas com regularidade, e há também algumas continuidades importantes em relação a ideias e sentimentos. Podemos ver, em um exame mais cuidadoso, como a prosa inglesa mudou, mas, para começar, vale a pena enfatizar a continuidade. Os dois séculos seguintes aos anos 1780 são os da construção da Grã-Bretanha moderna. Tanto os vínculos quanto os intervalos entre os estágios iniciais e os tardios são significativos. Em certos momentos, tivemos Coleridge, Cobbett, Paine ou Jane Austen como ancestrais: ligados a nós pelo território e pela língua, mas através de um lapso evidente no tempo histórico. Há momentos também em que não sentimos distância, mas proximidade, em algo visto, dito ou escrito de forma particular: um homem ou uma mulher; um escritor, uma experiência ou ideia conhecida, um país conhecido. Podemos ver como a paisagem física e social da Grã-Bretanha mudou nesses séculos. Gostaria de examinar aqui como a paisagem do escritor mudou: sem dúvida, em conexão com mudanças mais gerais, mas também, especificamente, na posição dele ou dela como escritor ou escritora, e em suas relações subsequentes com os leitores. Noto que tenho sempre de me lembrar, quando leio a prosa desses séculos, quão substanciais foram essas mudanças. Em algumas formas simples, os sinais estão por toda parte, mas alguns tipos importantes de prosa, em que a mudança é menos aparente, são lidos e escritos, tanto hoje como antigamente, por uma minoria. Em que medida sinto, por exemplo, ao passar de Coleridge para Eliot, que nos anos que os separam o alfabetismo se tornou um tipo diferente de fato social?

Resta apenas outro aspecto de distinção possível, e ele deve ser, e de fato é, a causa real da impressão produzida em nós. Trata-se do *arranjo* não premeditado e evidentemente habitual de suas palavras, alicerçadas no hábito de antever, em cada parte integral, ou (mais basicamente) em cada sentença, o todo que ele tem a intenção de comunicar. (Coleridge, *The Friend*, 1818)

Os monumentos formam entre eles mesmos uma ordem ideal que é alterada pela introdução de uma nova (de fato nova) obra de arte entre eles. A ordem existente está completa antes de a nova obra chegar; para a ordem persistir após a adição da novidade, *toda* a ordem existente deve ser alterada, mesmo que minimamente; da mesma forma, as relações, proporções e valores de cada obra de arte em relação ao todo são reajustados: isso é conformidade entre o antigo e o novo. (T. S. Eliot, *Tradition and the Individual Talent*, 1917)

Nesses exemplos, cada um desses homens está escrevendo para os leitores com seus próprios interesses (interesses, ao

NOTAS SOBRE A PROSA INGLESA: 1780-1950

que parece, pela *ordem*); o leitor, de uma forma crítica, parece incluir, em cada caso, o escritor. Isso pode ser diferente com os contemporâneos deles: Cobbett escrevendo no *Political Register*; Lawrence escrevendo em uma revista popular.

Observem que nunca antes vi pessoas *do campo*, nem ceifeiros, tão miseráveis em aparência como aquelas. Algumas moças eram bastante bonitas, mas maltrapilhas como potros e tão pálidas quanto cinzas. O dia também estava frio, ainda com muito gelo no chão; e seus braços e lábios azuis teriam partido o coração de qualquer um, salvo de um vendedor de cargos ou agiota. Pouco depois de passar por essas pobres pessoas, que deixei amaldiçoando os que as puseram naquele estado, cheguei a um grupo de casas miseráveis no topo de uma colina. (Cobbet, *Rural Rides*, 1821)

Estou cansado de ouvir as pessoas dizendo que quero que a humanidade retorne à selvageria. Como se as cidades modernas não fossem como os macacos mais cruéis, mais brutos e mais grosseiramente selvagens que jamais existiram quando se trata da relação entre o homem e a mulher. Tudo o que vejo em nossa gloriosa civilização são homens e mulheres destroçando-se física e emocionalmente, e só o que peço é que parem e reflitam. (D. H. Lawrence, *We Need One Another*, 1930)

Aqui o fluxo é para fora, e o escritor não está – ou não parece estar – falando consigo mesmo; ele está escrevendo (embora "falando" fosse uma boa maneira de colocarmos a questão, quando ouvimos as sentenças) *para* ele, *diante* de um público. Há aspectos fortes e fracos em cada modo; cito exemplos, nesse estágio, apenas para indicar a complexidade da história atual.

No território propriamente britânico, no fim do século XVIII, havia menos de 11 milhões de pessoas. Em meados do século XIX, havia o dobro; no início do século XX, novamente o quádruplo. Em nosso próprio período, há mais de 51 milhões. No fim do século XVIII, a maioria das pessoas vivia em áreas rurais. Em 1851, a população urbana excedeu a rural pela primeira vez na história mundial. No fim do século XIX, para cada pessoa que vivia no campo havia três nas cidades. Em nosso próprio período, a proporção é de quatro para cada um. Essas mudanças extraordinárias, em números e tipos de comunidade, estavam destinadas a afetar, ainda que de maneira complexa, um meio de comunicação tão importante quanto a prosa. Quando vemos essa história não como números, mas como pessoas e lugares, sabemos que ela não poderia ser de outro modo. Nessa mesma história, muitas pessoas estavam aprendendo a ler. Não podemos dizer com exatidão quantos leitores havia no fim do século XVIII. A estimativa mais próxima que podemos fazer é de 4 a 5 milhões. Mas, a partir desse período, os níveis de alfabetismo começaram a aumentar e, quando os comparamos com o crescimento populacional, verificamos que o número de leitores estava em franco crescimento. Em 1840, já se aproximava dos 12 milhões; em 1870, era mais de 20 milhões; em 1900, mais de 30 milhões. No século passado, quando a alfabetização se tornou quase universal, o número de leitores no território britânico estava entre 40 milhões e 50 milhões, cerca de 10 vezes maior do que era na época em que Cobbett e Coleridge escreveram.

No entanto, há muitas coisas que dependem não do simples crescimento do número de leitores, embora ele seja de várias formas um fato social transformador, mas dos tipos de escrita que estão disponíveis aos leitores e das relações reais entre tantos leitores diferentes e tantos tipos de escritores. Se olharmos inicialmente para os livros, veremos, no que se refere aos números, os tipos de mudança que esperaríamos encontrar. No fim do século XVIII, o número de títulos publicados por ano crescia rapidamente. Ele estacionou nos 100 títulos anuais em meados do século, mas na década de 1790 a média era 372 e estava aumentando. Entre 1802 e 1827, o número anual de títulos publicados (livros novos e reimpressões) chegou a uma média de 580; parte importante do crescimento ocorreu nos romances, e

NOTAS SOBRE A PROSA INGLESA: 1780-1950   95

tem sido assim desde 1780. Em meados do século XIX, a média anual superava os 2,6 mil; em 1901, mais de 6 mil; em 1913, mais de 12 mil; em 1937, mais de 17 mil; e, na década de 1960, foi superior a 20 mil. A maioria desses livros era em prosa, o que nos lembra da vastidão do período que estamos tentando entender. Contudo, embora o aumento do número de títulos tenha quase alcançado o aumento do alfabetismo, o público leitor de livros cresceu de maneira lenta e desigual. *Os direitos do homem*, de Tom Paine, vendeu 50 mil cópias em poucas semanas na década de 1790, e muito mais em uma edição mais barata. Mas a média de venda era de 1.250 livros para um romance e 750 para obras mais gerais. Walter Scott, o romancista mais popular do início do século XIX, vendeu 10 mil cópias de *Rob Roy* em quinze dias, mas esse número não foi muito superior ao dos sucessos anteriores, em meados do século XVIII. Vinte anos depois, a tiragem do primeiro capítulo de *As aventuras do sr. Pickwick*, de Dickens, foi de 400 exemplares; passou, no capítulo 15, para 40 mil. A publicação foi feita em folhetim, é claro. *A cabana do pai Tomás*, em forma de livro, vendeu 15 mil exemplares nos primeiros seis meses, mas o sucesso popular de George Eliot, *Adam Bede*, vendeu na mesma década (1850) entre 14 mil e 15 mil exemplares. O principal obstáculo era o preço. Os livros se tornaram muito mais baratos nas décadas de 1830 e 1840, graças aos novos métodos de impressão e à encadernação de pano, em vez de couro. Houve muitas tentativas de publicação de coleções, a partir da década de 1780, com reimpressões baratas. Contudo, como o padrão de vida era em geral miserável, para muitas pessoas os livros eram um luxo ocasional; e, para as bibliotecas e outros compradores institucionais, o público leitor de livros era amplamente definido por classe social e econômica, e continuou assim mesmo quando a alfabetização começou a se generalizar. Apenas no século XX, e ainda não totalmente, é que os livros começaram a se tornar acessíveis à maioria das pessoas. Se levarmos em conta todos os tipos de distribuição (inclusive o aumento espetacular de empréstimos nas bibliotecas públicas), cada adulto lê em torno de quinze a vinte livros por ano; mas essa média esconde hábitos individuais extremamente desiguais. Estimo que apenas na década de 1950, quando a alfabetização da maioria da população já tinha mais de um século, é que a maioria começou a ler livros com alguma regularidade; como essa maioria ainda é pequena, o desenvolvimento do público leitor de livros tem um longo caminho para percorrer. O aumento da população e do alfabetismo se igualou muito antes a outros tipos de escrita, em jornais e revistas. Já na década de 1820, *Last Dying Speech and Confession* [Último discurso e confissão de um moribundo], do assassino de Maria Marten, vendeu mais de 1 milhão de cópias, mas essa era uma leitura ocasional; a leitura regular de jornais e revistas teve de esperar que os preços caíssem e a distribuição melhorasse. Estimo que, em 1820, uma em cada cem pessoas lia jornais diários ou edições de domingo; cerca de dez em cem liam edições especiais em formato maior. Em 1860, cerca de três em cem liam jornais diários e doze em cem, edições de domingo. É evidente que esses números são nitidamente menores do que a população alfabetizada. Finalmente, por volta de 1910, a maioria lia jornais de domingo e, por volta de 1920, jornais diários. Os jornais de domingo alcançaram uma distribuição quase universal entre as duas guerras, e jornais diários, durante a Segunda Guerra Mundial. Era pelos jornais que a prosa era distribuída de forma mais abrangente. A prosa dos livros, em relação à dos jornais, era, e ainda é, para uma minoria.

Essa história tem implicações importantes nos tons e estilos da prosa, embora, como veremos, nem todas estejam à vista. Mas essa é apenas uma parte da história real da relação entre escritores e leitores. Quando consideramos os escritores que ainda são lidos, percebemos que, também nesse caso, há uma história social. A partir de meados do século XVIII, a formação social e educacional dos escritores mais importantes começou a mudar:

NOTAS SOBRE A PROSA INGLESA: 1780-1950 97

havia mais escritores oriundos da classe média e de famílias de profissionais e proporcionalmente menos que haviam passado pelas universidades de Oxford e Cambridge. Também havia mais escritores profissionais, no sentido de que não possuíam uma renda independente ou outro emprego, se bem que o período marcado por essa mudança começou depois da década de 1830. No fim do século XVIII e começo do século XIX, a importância relativa dos escritores de classe média se manteve, mas novos grupos sociais começaram a ser mais bem representados, com escritores nascidos em famílias de negociantes, fazendeiros e artesãos. Essa tendência, juntamente com a importância cada vez maior das escritoras, manteve-se durante todo o século XIX, mas mudou com a ampla reformulação da educação nesse período, especialmente nas universidades e nas novas escolas privadas. De certa forma, os escritores ingleses do fim do século XIX e começo do século XX são mais homogêneos como classe do que seus predecessores vitorianos; e o fato de os padrões educacionais serem mais uniformes, mesmo que as origens sociais fossem mais variadas, continuou a ser um elemento decisivo na relação entre escritores e leitores. Isso é particularmente importante em certos âmbitos da escrita, como a história, a filosofia, a crítica social e a ciência. No século XX, como resultado de certa melhora no acesso à educação fundamental e superior, os escritores eram de origem social mais variada do que seus predecessores imediatos, mas muito do que pensavam a respeito da escrita era mediado por uma área minoritária da educação superior, tanto direta quanto indiretamente. Ainda hoje, na Inglaterra, é bastante evidente que há não apenas uma desigualdade acentuada na representação de escritores oriundos de grupos sociais diferentes – a maior parte do que é escrito vem de uma classe média altamente organizada –, mas também, vinculado a isso, uma definição de interesse que tem a ver com uma formação intelectual bastante padronizada, que apenas uns poucos compartilham com a maioria dos leitores potenciais.

As consequências dessa situação para a prosa efetiva não são fáceis de analisar; consideraremos alguns exemplos importantes retirados de períodos diversos e escritos por pessoas diferentes. Mas devemos estar cientes das dificuldades desde já. Em sentido mais geral, a escrita da prosa é uma transação entre números identificáveis de escritores e leitores, organizados em certas relações sociais variáveis, como educação, hábitos de classe, distribuição e custos de publicação. Ao mesmo tempo, em seu sentido mais importante, a prosa é um compartilhamento de experiências que, em suas qualidades humanas, pode transcender e influenciar as relações sociais. É sempre assim na relação entre literatura e sociedade: a sociedade determina a escrita da literatura muito mais do que percebemos e em níveis muito mais profundos do que admitimos em geral; mas a sociedade não está completa, plena e imediatamente presente, enquanto a literatura não é escrita, e essa literatura, em prosa ou outra forma qualquer, pode emergir e se posicionar como independente, com uma importância intrínseca e permanente, de modo que podemos ver o resto de nossa vida através dela, assim como podemos vê-la através do resto de nossa vida.

O desenvolvimento mais importante na prosa inglesa desde 1780 foi o surgimento do romance como a principal forma literária. Talvez entre 1730 e 1750 ele tenha sido temporariamente predominante, mas é a partir da década de 1830 que o romance se torna a forma usual com que a maioria dos grandes escritores do período trabalha. Antes da década de 1830, romancistas importantes como Jane Austen e Walter Scott parecem figuras relativamente isoladas ao lado de duas gerações de poetas românticos. Após 1830, são os romancistas que estão em evidência e é sobretudo no romance que são feitas as grandes descobertas criativas. Não só porque, como às vezes se diz, o romance começou a incluir experiências que haviam sido previamente escritas em verso, mas também, e sobretudo, porque novas experiências, em uma civilização essencialmente

NOTAS SOBRE A PROSA INGLESA: 1780-1950

diferente, convergiram para o romance e se tornaram a base de um crescimento e de uma realização nova e extraordinária. Os efeitos sobre a prosa são nítidos. É natural procurar na prosa a escrita mais refinada do período. Mas, além disso, esse desenvolvimento do romance muda muitas das ideias herdadas a respeito da literatura e, entre elas, o pressuposto tradicional sobre o caráter da boa prosa. É notável ainda, em uma tradição crítica persistentemente estreita, que o contraste entre o verso e a prosa seja feito como um contraste evidente entre o "imaginativo" e o "prosaico". Isso está relacionado ao hábito ainda comum de utilizar a "poesia" como um sinônimo natural e adequado para "literatura", e também a sintomas, encontrados até nos melhores textos críticos, como descrever a organização do romance como um "poema dramático". O que se deve enfatizar é a originalidade da forma, da linguagem e do tema que se pode encontrar no romance inglês de Dickens a Lawrence. Essa originalidade exige identificações críticas específicas, mas também ilumina tipos de escrita externos a ela. Antes do romance se tornar uma forma literária importante, a melhor prosa era buscada normalmente em ensaios e outros tipos de discurso geral. É evidente que tal prosa continua a ser importante, mas as noções de estilo que derivaram dela têm sido nocivas não apenas para o romance, mas também para outros tipos de escrita. É nesse momento, e sobretudo quando essas noções se referem a uma tradição erudita e refinada, que as novas relações entre escritores e leitores, que já discutimos genericamente, tornam-se evidentes em modos novos e específicos.

Uma das marcas da sociedade conservadora é ver o estilo como um absoluto. Ela julga um estilo de escrita ou fala como uma questão de feitio, e a apreciação desse estilo como uma questão de educação e bom gosto. Em certa crítica literária importante, desde Coleridge, esse pressuposto convencional tem sido ignorado. O estilo é entendido não como uma qualidade abstrata, mas como inseparável da substância das ideias e dos sentimentos expressos. A teoria da comunicação moderna acrescentou uma nova dimensão: o estilo é também inseparável da relação precisa da qual ele é a forma, ou seja, a relação, explícita ou implícita, entre o escritor ou falante e o leitor ou público esperado. Essa relação nunca é mecânica. A fórmula usual na teoria da comunicação – "quem diz o que, como, para quem, com que efeito?" – negligencia, caracteristicamente, as fontes reais da comunicação. Na prática, ao estudarmos a comunicação, temos de acrescentar a pergunta: "Por quê?". A relação precisa, que só raramente é estática, é inseparável das ideias e dos sentimentos substanciais que poderiam, de outra forma, ser abstraídos como um "conteúdo" sem forma. Em quase todos os textos escritos, a linguagem, que é simultaneamente forma e conteúdo, inclui, embora muitas vezes de modo inconsciente, as relações reais – e a tensão entre essas relações e as relações conscientes – do escritor e de outros.

É notável a frequência com que – na crítica literária, mas sobretudo em comentários efêmeros – a versão mecânica do estilo como uma qualidade abstrata, alicerçada obviamente em convenções e tradições de grupos específicos, é ainda assumida na prática. Quando a escrita ou a fala em questão não é literária, a pressuposição é quase universal. O estilo é considerado uma decoração, uma adição de bom gosto ou refinamento à substância, mesmo na política, em que o tipo de experiência e a versão de outros homens indicada por um modo particular de alocução não são apenas substanciais, mas cruciais para a natureza precisa do ato político. É especialmente significativo em nosso mundo político, de relações públicas e imagem política administrada, que essa conexão entre um modo de vida e um modo de alocução seja suprimida com tanta frequência. Tal conexão, em uma democracia, deveria ser aberta e central, e é evidente que sua supressão teórica está relacionada às muitas artimanhas práticas para limitar, circunscrever ou administrar a democracia que se revelam continuamente em modos particulares de fala e escrita.

NOTAS SOBRE A PROSA INGLESA: 1780-1950

Não é surpresa que a crise mais evidente na linguagem política tenha ocorrido entre 1770 e 1830, quando a luta a favor ou contra a democracia se travou em uma Inglaterra agitada por mudanças sociais e econômicas decisivas. Crises semelhantes ocorreram em períodos igualmente importantes de nossa história – incluindo, talvez, o fim do século XX. Houve aquela extraordinária crise inicial, que teve efeitos ainda mais decisivos nos usos do inglês, na época da Guerra Civil e da Commonwealth. Mas o período de Junius, Burke e Tom Paine, de Cobbett, Hazlitt e Carlyle, destaca-se por seus padrões. Consideremos essas duas passagens, escritas em um intervalo de meses:

> Vossa Graça pode nos informar melhor por quais boas qualidades do sr. Wilkes o honrou com vossa amizade, ou quanto tempo se passou antes de descobrir as más qualidades que, aparentemente, ofenderam vossa delicadeza. Lembre-se, meu senhor, que manteve vossa ligação com o sr. Wilkes muito depois de ele ter sido condenado pelos crimes que desde então Vossa Graça assumiu como dever representar nas cores mais sombrias da blasfêmia e da traição. Quão infeliz é o fato de o primeiro exemplo que Vossa Graça nos ofereceu de um comportamento escrupuloso para com o decoro unir-se à quebra de uma obrigação moral! De minha parte, meu senhor, tenho orgulho suficiente para afirmar que, se eu tivesse sido fraco o bastante para nutrir tal amizade, jamais teria sido baixo o suficiente para traí-la. Mas, seja qual for o caráter do sr. Wilkes, ao menos é certo que, situado como está em relação ao público, mesmo seus vícios intercedem por ele. O povo da Inglaterra possui discernimento o bastante para se opor a vossa intenção de tirar proveito das falhas de um personagem privado, de estabelecer um precedente que afeta a liberdade pública e que Vossa Graça, com igual desembaraço e satisfação, poderá empregar para arruinar os melhores homens do Reino. (*Junius Letters*, 1770)

> Não acreditarei, e nenhum outro homem vivo acredita, que o sr. Wilkes foi punido pela indecência de suas publicações, ou pela impiedade de seu armário saqueado. Se ele tivesse caído no crime comum das publicações

caluniosas e blasfemas, eu poderia crer então que nada mais havia ali além da mentira. Mas quando vejo que, tantos anos, textos tão ímpios quanto os dele, ou mesmo mais perigosos para a religião, a virtude e a ordem, não foram punidos nem seus autores desprestigiados [...] devo considerar essa punição um pretexto chocante e vergonhoso. [...] Não vê o público, com indignação, não só pessoas geralmente escandalosas em suas vidas, mas pessoas que, por sua sociedade, instrução, exemplo e estímulo, levaram esse homem aos erros que forneceram a Cabal o pretexto para persegui-lo, coberto com todos os favores, honras e distinções que a Corte pode outorgar? [...] Quando reflito sobre o método utilizado do Cabal, distribuindo recompensas e punições, devo concluir que o sr. Wilkes é objeto de perseguição não por aquilo que tenha feito em comum com outros que são objeto de recompensa, mas por aquilo que ele difere de muitos deles: ele é perseguido pelas disposições corajosas que se combinam com seus vícios, pela firmeza inabalável e pela resistência determinada, infatigável e tenaz contra a opressão. (*Thoughts on the Causes of the Present Discontents*, 1770)

A primeira passagem é de Junius, a segunda de Burke. O que elas têm em comum é suficientemente notável: a exposição de uma manobra política realizada com o pretexto da moralidade. A força do argumento, em cada caso, depende de uma premissa importante sobre a franqueza pública. Contudo, as diferenças são igualmente interessantes. Junius se fia em uma distinção entre a moralidade pública e a privada que é, por fim, uma questão de convenção aristocrática: a falta de lealdade de Grafton para com um amigo é uma falha no decoro em que ele se apoia, e mesmo "os melhores homens do reino" podem ser arruinados de forma semelhante. Ele ataca a hipocrisia pessoal, o defeito dentro de uma convenção aceita. Trata-se de uma denúncia *ad hominem* dentro das convenções morais de uma classe dominante. Burke tem a mesma percepção, mas não se fia nela. Há uma diferença radical entre "mesmo seus vícios intercedem por ele", de Junius, e a distinção de Burke entre "por aquilo

NOTAS SOBRE A PROSA INGLESA: 1780-1950   103

que tenha feito em comum" e "por aquilo que ele difere". Há em Burke uma base para um apelo a princípios gerais, além da exposição de uma falha pessoal dentro da convenção. Ele pode ao menos abordar o julgamento moral de um sistema de governo como algo mais geral e mais importante do que as falhas de um homem particular no poder. A diferença substancial do interesse político está encarnada nas formas contrastantes de escrita. Junius estende necessariamente a controvérsia política pelo recurso da carta aberta: a denúncia pessoal feita em um impresso geral. Burke, por outro lado, embora não menos imediato, escreve de forma genuinamente pública, não apenas se referindo à questão dos princípios gerais, mas descrevendo um sistema de governo como parte de uma investigação pública. A importante mudança do estilo da política do século XVIII, no interior da classe dominante, para o estilo de uma política mais pública e aberta pode ser observada então. Junius ataca pela quebra da convenção: ele publica e faz circular uma denúncia pessoal. Mas essa é uma contestação política dentro das formas existentes: um grupo externo usa a publicação contra um grupo interno. Burke elabora um argumento totalmente diferente, embora seus motivos imediatos pareçam ser exatamente do mesmo tipo. O grau de generalização e abstração é a base necessária para uma política mais geral e mais abstrata. O que ele perde em vitalidade em seu estilo, ele ganha em seriedade. Um argumento político genuinamente público só poderia surgir quando houvesse esse tipo de afirmação de princípios.

É irônico avançar vinte anos e encontrar Burke em uma posição paradoxal. Temos dado pouca atenção ao fato de *Reflexões sobre a Revolução na França* ter sido escrito na forma de carta aberta. Obviamente, esse não é o método de Junius, uma contestação escandalosa tanto dentro quanto contra a convenção. Burke usa a carta a "um jovem cavalheiro de Paris" para conseguir efeitos mais sutis. O argumento principal é tanto sobre a política inglesa quanto sobre a política francesa, mas ao escrever como um inglês que se dirige a um francês ele pode assumir (embora não possa provar) uma qualidade representativa: ele descreve a constituição inglesa *como se* fosse para um estrangeiro, e se apoia nos sentimentos de um patriotismo unificado. Se Junius se apoia no gosto pelo escândalo que pode ser direcionado para uma indignação em nome da liberdade, Burke se apoia em uma pretensa unidade nacional do sentimento político, do qual, na realidade, ele está tentando convencer seus leitores *ingleses*.

> Veja, senhor, que nessa época esclarecida sou bastante corajoso para confessar que somos em geral homens de sentimentos não ensinados; ao invés de nos despojarmos de todos os nossos preconceitos, nós os acalentamos em alto grau e, para somarmos mais vergonha a nós mesmos, nós os acalentamos porque são preconceitos; e quanto mais perduram, quanto mais prevalecem, mais os afagamos [...] Os literatos e os políticos de sua terra, e todo o nosso clã de esclarecidos, são fundamentalmente diferentes nesse aspecto. Eles não respeitam a sabedoria dos outros, mas compensam isso com uma dose considerável de confiança em sua própria sabedoria.

Nessa forma, se não formos cuidadosos, o método literário torna-se a prova política. A juventude do "jovem cavalheiro de Paris" é um recurso desse tipo. Ele permite o tom incisivo das reflexões, da sabedoria estabelecida (a política inglesa) para a inexperiência (a política francesa), e a tática mais sutil da simpatia engajada no próprio ato de denúncia: a presença convencional do correspondente, usada apenas quando convém a esse apelo específico, sustenta a distinção necessária aos propósitos de Burke entre o que os franceses são e o que devem fazer, entre o espírito do povo e a revolução real. Assim, o argumento contra a revolução é desenvolvido pelo arranjo, na forma e na linguagem, de relações que se imaginam e que se esperam, e que na realidade servem para mascarar as relações reais. Podemos entender, assim, por que Tom Paine, em sua resposta, recorreu

NOTAS SOBRE A PROSA INGLESA: 1780-1950

de imediato à alocução pública direta contra o que chamou de atuação teatral em Burke.

Sente o machado na raiz e ensine humanidade aos governos. São as punições sanguinárias que corrompem os homens. Na Inglaterra, a punição é, em certos casos, o *enforcamento*, a *evisceração* e o *esquartejamento*: o coração da vítima é retirado e exibido à população. Na França, sob o Antigo Regime, as punições não eram menos bárbaras. Quem não se lembra da execução de Damien, despedaçado por cavalos? O efeito desses espetáculos cruéis, exibidos à população, é destruir o afeto ou excitar a vingança; e pela ideia baixa e falsa do governo pelo terror, ao invés da razão, eles se transformam em precedentes. É na classe mais baixa dos homens que o governo pelo terror tenciona operar, e é nela que ele consegue seus piores efeitos. Eles têm senso suficiente para perceber que são eles o alvo; e infligem, por sua vez, os exemplos de terror que foram instruídos a praticar.

Há, em todos os países europeus, uma vasta classe de pessoas que se enquadra nessa descrição e que, na Inglaterra, é chamada de *mob* [plebe]. Eram dessa classe os que incendiaram e devastaram Londres em 1780, e eram dessa classe os que desfilaram com cabeças enfiadas em estacas em Paris.

Contudo, ao lermos *Os direitos do homem*, encontramos outra indefinição: o tom varia entre o argumento aberto, alinhado ao apelo racional ao governo, e o apelo ansioso aos homens de sua classe para que entendam os sentimentos da "vasta classe de pessoas que se enquadra nessa descrição e que, na Inglaterra, é chamada de '*mob*'".

A prosa política desenvolveu-se então por dois caminhos. Tornou-se um argumento racional aberto, para os homens em geral, por isso não foi *dirigida* a ninguém e foi necessariamente, em forma e em substância, abstrata. A força desse tipo de prosa foi subestimada por um preconceito comum, mas há uma fraqueza real e inescapável no fato de ela assumir as formas políticas do discurso aberto e racional que, na realidade, ela está tentando criar. Por outro lado, ela se tornou uma alocução direta, para um público cada vez maior, cuja força é o contato, o som das vozes e das experiências reais, como em Cobbett em especial, mas sempre a um passo de cair no oportunismo – os subterfúgios da adulação, de qualquer público, que se pode aprender facilmente – e na simplificação – quando a voz do simples senso comum entre os homens poderia ser usada contra o raciocínio lógico e as complexidades reais.

Meu propósito é mostrar que, quando lemos passagens de tipos tão diversos de prosa como esses, não podemos remeter a questão do valor a simples critérios de estilo. O que cada método revela é não apenas a substância geral do argumento, mas também aquela outra substância que é a relação real entre o escritor e o público – em alguns momentos, uma relação desejada, mas ainda inexistente. É difícil sentir, quando lemos a prosa do fim do século XVIII e começo do século XIX, que essas relações eram adequadas, embora o poder criativo de alguns escritores seja evidente. Mas dizer isso significa apenas dizer que os novos sentimentos políticos ainda não possuíam formas sociais adequadas. O que podemos aprender observando as instituições também podemos aprender observando a prosa, do mesmo modo como podemos ver, tanto na prosa como na história da época, certas relações novas lutando para se formar.

As evidências são ainda mais interessantes no desenvolvimento do romance. A prosa já havia amadurecido sua força descritiva, como podemos ver na vivacidade de tantos diários e memórias. Mas dois novos usos estavam em franco desenvolvimento. Primeiro, a força da análise profunda de uma situação ou estado mental. Podemos encontrar nesse período, de Jane Austen a E. M. Forster, passando por George Eliot e Henry James, um domínio seguro dessa capacidade, embora haja um problema na combinação dessa análise, isoladora e estática como deve ser, com ritmos essencialmente diferentes da continuidade narrativa. Às vezes, esse problema parece mais acentuado em exemplos tardios, na medida em que, a partir dos últimos romances de George Eliot, a forma desse tipo de ficção é cada vez mais determinada pela análise, em vez da narrativa. Relacionado a isso, o segundo desenvolvimento parece se orientar às vezes por direções bastante diversas. Há uma incorporação, na prosa, de ritmos e construções orais em oposição aos escritos. O exemplo mais evidente desse desenvolvimento é o discurso direto (que na época era ainda chamado de diálogo, em razão da força crítica da tradição dramática) nos romances. Não há dúvida de que, no período que examinamos, há desenvolvimentos e descobertas importantes nessa área. Mas esse é apenas um dos aspectos de um movimento geral, que percorre todo o século XIX e chega ao ápice no século XX, no sentido do restabelecimento dos ritmos da fala como base natural para muitos tipos diferentes de prosa. Quando comparamos esse fato à precisão e ao refinamento cada vez maiores da análise, encontramos alguns elementos de contradição e tensão que nos lembram, como evidentemente a leitura dos romances nos lembra, que não há uma tradição ficcional única no período, nem sequer uma tradição predominante. Creio que devemos associar essas tensões a uma das consequências mais importantes da mudança das relações entre os escritores e o público.

Parece evidente que a base a partir da qual a análise ficcional se desenvolveu foi a tradição da análise filosófica e crítica do século XVIII, ela mesma bastante em evidência no ensaio. A força dessa tradição é, em especial, a força do alfabetismo. É fácil responder às formalidades da dicção e da construção que ocorrem nessa prosa, mas elas são apenas marcas superficiais de uma postura essencial entre escritor e leitor, voluntária e habitualmente aceita por ambos, na qual a racionalidade, a precisão e o argumento sustentado se tornam possíveis em novas formas, uma vez que se aprende a linguagem. É verdade que essa atitude tem sido imitada como um tipo de atitude social: em sermões, em cartas de leitores em jornais e revistas e em discursos políticos, podemos ouvir o zumbido de uma mente simplesmente educada, deslizando a caneta sobre o papel. Mas é apenas por ignorância e preconceito que desconsideraríamos, por conta da odiada formalidade do som, o alcance real dessa prosa: a página composta; a noção do tempo ganho, do tempo dado; a mente trabalhando, mas também a mente preparada, em uma exposição que pressupõe paciência, referência, revisão, releitura. Tal prosa é, de fato, uma espécie de clímax da escrita, em especial do livro impresso: uma uniformidade do tom e da alocução; uma impessoalidade que não pressupõe uma relação imediata entre o escritor e o leitor, mas apenas o domínio social dessa linguagem; uma durabilidade, como no próprio objeto, além de qualquer impulso ou ocasião temporária. Consideremos estes exemplos:

> Ofendido pela frequência com que, na controvérsia ética e filosófica, o sentimento torna-se a razão e justificação última, em vez de ser ele próprio solicitado a se justificar, enquanto, na prática, ações de efeito nocivo sobre a felicidade humana são defendidas como uma exigência do sentimento, e o caráter de uma pessoa de sentimento tem crédito por mérito, que ele pensava ser apenas devido às ações, ele teve uma impaciência real para atribuir aprovação ao sentimento, ou qualquer referência, salvo a mais leniente a ele, seja na estima das pessoas, seja na discussão das coisas. Somado à influência que essa sua característica exerce sobre mim e outros, encontramos todas as opiniões a que damos mais importância constantemente atacadas com base no sentimento. A utilidade foi denunciada como cálculo frio; a economia política como coração duro; as doutrinas antipopulares como repulsivas aos sentimentos naturais da humanidade. Respondemos com a palavra "sentimentalidade", que, juntamente com "declamação" e "generalidades vagas", servem-nos como termos comuns de opróbrio. Embora estivéssemos em geral na direita, contra os que se opunham a nós, o efeito foi que o cultivo do sentimento (exceto os sentimentos do dever público e privado) não era muito estimado entre nós, e mereceu um lugar bastante diminuto nos pensamentos de muitos de

NOTAS SOBRE A PROSA INGLESA: 1780-1950   109

nós, em particular eu mesmo. O que pretendíamos era, sobretudo, mudar a opinião das pessoas; fazê-las acreditar de acordo com a evidência, e saber qual era seu interesse real, que, uma vez que o conhecessem, iriam, pensávamos nós, pelo instrumento da opinião, impor sua consideração uma à outra. (John Stuart Mill, *Autobiography*, 1873)

As vantagens e as deficiências que esses fenômenos criam são descritas propriamente como sociais, uma vez que são resultado de instituições sociais e podem, pela ação da sociedade, ser mantidas ou corrigidas. A experiência nos mostra que, quando combinadas, como é normalmente o caso, com disparidades extremas do poder econômico entre os que possuem e governam e os que executam e são governados, mas raramente possuem, elas obstruem o mecanismo da sociedade e corroem seu espírito. Exceto se forem mudadas, como têm sido em parte, pela intervenção deliberada, elas produzem resultados surpreendentemente similares aos previstos pela genialidade de Marx. Aquilo que poderia ser uma comunidade elas dividem em classes em luta, das quais uma está empenhada em uma luta para usufruir das vantagens que ela ainda não goza e limitar o exercício da autoridade econômica, e a outra está ocupada em um esforço afobado para defender sua posição contra as usurpações. (R. H. Tawney, *Equality*, 1931)

O ganho evidente, nesse tipo de prosa, é a seriedade composta, capaz de sustentar distinções refinadas e a atenção constante de certo tipo de argumento necessário. Contudo, esse tipo de composição é também mais amplamente efetivo do que o argumento, como podemos ver nestes três exemplos de análise ficcional:

Ela havia desencaminhado o amigo e, para ela, isso era uma vergonha eterna; mas seu julgamento era tão forte quanto seus sentimentos, e tão forte como sempre fora, na reprovação de qualquer união desigual e degradante para ele. O caminho era claro, embora não muito fácil. Então ela falou, porque estava realmente disposta a resolver a questão. O que disse? Apenas o que deveria, é claro. Uma dama sempre age assim. Ela disse o suficiente para mostrar que não havia por que se desesperar – e incitá-lo a dizer mais. Ele *se desesperou* por um momento; havia recebido tal ordem de cautela e silêncio que naquele momento qualquer esperança ruiu – ela começou a falar recusando-se a ouvi-lo. A mudança talvez tenha sido abrupta – a proposta de seguir em outra direção, a retomada da conversa que ela acabara de encerrar, poderia parecer um pouco estranha. Ela percebeu a inconsistência; mas o sr. Knightley estava disposto a pôr um fim à conversa e não procurar mais explicações.

É raro, muito raro, que a verdade toda se revele a qualquer ser humano; é raro que as coisas não se apresentem um pouco obscuras, ou um pouco erradas; mas quando, como nesse caso, a conduta é equivocada, mas não o sentimento, o erro não é tão relevante. O sr. Knightley não poderia atribuir a Emma um coração mais indulgente do que ela possuía, ou um coração mais disposto a aceitar o seu. (Jane Austen, *Emma*, 1816)

Lydigate não era um puritano, mas o jogo não o atraía, e ganhar dinheiro dessa forma sempre lhe parecera baixo; além disso, possuía um ideal de vida que tornava essa subserviência da conduta ao ganho de pequenas somas completamente odiosa para ele. Até aquele momento da vida, suas necessidades foram supridas sem nenhuma dificuldade, e seu primeiro impulso fora sempre ser liberal com pequenas quantias, consideradas um assunto sem importância para um cavalheiro; nunca lhe ocorrera criar uma maneira de ganhar pouco dinheiro. De modo geral, ele sempre soube que não era rico, mas nunca se sentira pobre, e não era capaz de imaginar o papel que a falta de dinheiro representa na determinação das ações dos homens. O dinheiro nunca fora um bom motivo para ele. Assim, não estava preparado para criar pretextos para essa busca delibe-rada de pequenos ganhos. Isso lhe era totalmente repulsivo, e ele nunca entrara em cálculos de rateio entre a renda de vigário e seus gastos mais ou menos necessários. Talvez jamais fizessem tais cálculos em benefício próprio. (George Eliot, *Middlemarch*, 1871-1872)

Foi a primeira alusão que eles fizeram, e não houve necessidade de outra; mas quando ela respondeu, depois de lhe dar as notícias, que não estava

NOTAS SOBRE A PROSA INGLESA: 1780-1950   111

satisfeita com essa bobagem, como se fosse o clímax de um suspense especial, ela quase o fez querer saber se ela não tinha uma concepção mais ampla de singularidade para ele do que ele tinha para si mesmo. Em todo caso, ele estava destinado a tomar consciência pouco a pouco de que ela estava, todo o tempo, observando sua vida, julgando-a, avaliando-a pelas coisas que ela conhecia, e que, com a bênção dos anos, nunca foram mencionadas entre eles, exceto como "uma verdade real" a respeito dele. Esse fora sempre seu modo de mencionar isso, mas ela adotou esse modo tão silenciosamente que, relembrando o fim daquele período, ele sabia que não havia um momento no qual se notasse que ela tivesse, como ele diria, penetrado em suas ideias, ou trocado sua atitude de bela indulgência pela crença ainda mais bela nele. Ele sempre pôde acusá-la de vê-lo como o mais inofensivo dos maníacos, e essa, a longo prazo – já que se estendeu por um espaço tão vasto –, era a descrição mais pronta que ele tinha dessa amizade. Para ela, ele tinha um parafuso solto, mas apesar disso ela gostava dele, e ela era, na prática, e contra o resto do mundo, sua sábia e amável guardiã, não remunerada, mas bastante divertida e, na ausência de outras obrigações, razoavelmente desocupada. É claro que o resto do mundo o achava esquisito, mas ela, apenas ela, sabia como, e sobretudo por que, ele era esquisito; o que precisamente a tornava capaz de dobrar corretamente seu véu protetor. (Henry James, *The Beast in the Jungle*, 1903)

Certamente podemos sentir a tensão, a tensão crescente, mas não é provável que nós, em nenhum julgamento refletido, queiramos ou esperemos seu relaxamento. Se desqualificamos essa prosa, como talvez o façamos em alguns momentos, é com a certeza de que, em seu êxito peculiar, ela continua lá; que ela não depende, de nenhuma maneira óbvia, do estado de espírito ou da alocução, que parecem pertencer a outro lugar, enquanto a análise intencional e específica é composta.

Contudo, tal sentimento é, em parte, uma ilusão. O que parece, abstratamente, uma simples qualidade da prosa é também, na realidade, uma comunidade de linguagem e sensibilidade: uma comunidade precisa, que de forma alguma pode ser presumida. No longo desenvolvimento desse modo específico – a evolução do que seria mais adequado chamar de estilo educado –, houve relações sociais decisivas, não menos do que foram quando se tornaram usuais. Não se trata apenas da separação cada vez mais acentuada entre linguagem escrita e fala comum. Isso é mascarado muitas vezes pela adoção de hábitos de fala, mesmo em situações privadas, que derivam de formas impressas: uma formalidade cada vez mais consciente, que depende de círculos organizados e conscientes de conversação social que ainda se pode ouvir, embora com um desprendimento profundo e eloquente da respiração e da tensão quando elas se rompem e dispersam. Dentro de qualquer forma escrita, a distância entre o que pode ser escrito e o que pode ser dito normalmente é, em si, uma convenção. É o que Jane Austen reconhece quando escreve: "É raro, muito raro, que a verdade toda se revele a qualquer ser humano": certamente um reconhecimento de um fato humano geral, mas que impele o romancista a meios particulares de revelação além do que pode ser representado na fala ou mesmo no comportamento. Consideremos mais um exemplo:

Eles chegaram à casa.

"Suponho que vai entrar", disse ele.

"Não", replicou Emma, convencida pelo desânimo com que ele ainda falava. "Gostaria de caminhar um pouco mais. O sr. Perry ainda não se foi." E, após dar alguns passos, acrescentou: "Acabo de interrompê-lo rudemente, sr. Knightley, e receio tê-lo magoado. Mas se quiser conversar abertamente comigo, como amiga, ou ouvir minha opinião sobre qualquer assunto que tenha em mente – como amiga o senhor pode se dirigir a mim. Escutarei o que quer que queira dizer. E lhe direi exatamente o que sinto".

"Como amiga!", repetiu o sr. Knightley. "Emma, o que temo é uma palavra – não, eu não quero. Fique, sim, por que eu deveria hesitar? Já fui longe demais para dissimular. Emma, aceito sua oferta, por mais surpreendente

NOTAS SOBRE A PROSA INGLESA: 1780-1950   113

que possa parecer, aceito-a, e dirijo-me a você como amigo. Diga-me,
então, tenho alguma chance?" Ele parou, no esforço de observar o efeito de sua pergunta, e a expressão de seus olhos a dominou. "Minha querida Emma", disse, "pois querida você sempre, seja qual for
o resultado dessa nossa conversa de uma hora, minha querida, amada
Emma – diga-me já. Diga 'não', se tiver de ser dito". Ela não conseguiu
dizer nada. "Você ficou calada", ele exclamou com grande entusiasmo,
"absolutamente calada! Por ora, não lhe pergunto mais nada". (Jane
Austen, op. cit.)

Aqui, há uma variação deliberada nos níveis do discurso
direto, desde a calma típica do "suponho que vai entrar" até a
formalidade ansiosa e reservada, caracteristicamente consciente
do perigo convencional da fala, presente em "seja qual for o
resultado dessa nossa conversa de uma hora" e nos ritmos relacionados e compostos. Isso é, em parte, um problema social, de
fala polida. Mas, em seus exemplos mais representativos, é mais
do que isso: podemos ver uma mudança similar, do representa-
tivo para o composto, na sensibilidade radicalmente diferente
de Emily Brontë.

"Por quê?", ela perguntou, olhando nervosamente a sua volta. "Joseph está chegando", respondi, ao ouvir o som das rodas da carroça
subindo o caminho; "e Heathcliff virá com ele. Talvez já esteja na porta
neste momento". "Oh, ele não pode me ouvir da porta!", ela disse. "Deixe Hareton comigo,
enquanto você prepara o jantar e, quando estiver pronto, chame-me
para jantar com vocês. Quero enganar minha consciência inquieta e me
convencer de que Heathcliff não faz ideia dessas coisas. Ele não sabe, não
é? Ele não tem ideia do que é estar apaixonado, não é?" "Não vejo motivo para ele não saber, como também você", respondi; "e se
você for a escolha dele, ele será a criatura mais infeliz que jamais nasceu!
Assim que você se tornar a senhora Linton, ele perderá a amiga, o amor,

tudo! Você já pensou como suportará a separação, e como ele suportará ser abandonado no mundo? Porque, senhorita Catherine —"

"Ele abandonado! Nós separados!", ela exclamou em um tom de indignação. "Quem nos separará? Quem o fizer encontrará o destino de Milo! Não enquanto eu viver, Ellen: nenhuma criatura mortal o fará. Todos os Lintons sobre a face da terra virarão pó antes que eu concorde em abandonar Heathcliff. Não, não é isso que eu pretendo – não é isso que tenho em mente! Eu não seria a senhora Linton se esse fosse o preço exigido! Ele será tanto para mim como tem sido em toda a sua vida. Edgar terá de deixar de lado a antipatia e ao menos tolerá-lo. Ele o fará, quando conhecer meus sentimentos sinceros por ele. Nelly, percebo agora que você acha que sou uma miserável egoísta; mas nunca passou pela sua cabeça que, se Heathcliff se casasse comigo, nós seríamos uns mendigos? Ao passo que, se eu me casar com Linton, posso ajudar Heathcliff a crescer, e livrá-lo do domínio do meu irmão."

"Com o dinheiro do seu marido, senhorita Catherine?", perguntei. "A senhorita verá que ele não é tão complacente quanto imagina: e embora eu não seja um juiz, creio que esse é o pior motivo que você deu até agora para se casar com o jovem Linton."

"Não, não é", ela retrucou. "É o melhor! Os outros eram para a satisfação dos meus caprichos; e também para satisfazer os motivos de Edgar. Esse é por alguém que compreende, em sua própria pessoa, meus sentimentos para com Edgar e para comigo mesma. Não posso expressá-los; mas certamente você e todos os outros têm noção de que há, ou deveria haver, uma existência além de nós. Qual seria o proveito de eu ter sido criada, se estivesse completamente contida neste mundo? Minhas grandes misérias neste mundo são as misérias de Heathcliff, e observei e senti cada uma delas desde o início: meu grande pensamento na vida é ele. Se todo o resto perecesse e *ele* permanecesse, eu ainda continuaria a existir; e se todo o resto permanecesse, e ele fosse destruído, o universo se tornaria um estranho para mim: eu não parecia uma parte dele. (Emily Brontë, *Wuthering Heights*, 1847)

NOTAS SOBRE A PROSA INGLESA: 1780-1950

Há uma mudança da simplicidade do: "'Por quê?', ela perguntou, olhando nervosamente a sua volta" para toda a convenção (apresentada ao leitor por "esse diálogo", ou: "Eu iria apenas dizer que...", ou ainda: "Não posso expressá-los; mas certamente...") da atitude central e composta, em sentenças que começam com: "Qual seria o proveito de eu ter sido criada, se estivesse completamente contida neste mundo?". A convenção e a substância da percepção são uma, mas uma vez que as convenções literária e social provaram não ser idênticas no desenvolvimento geral, as tensões reais – não de atenção, mas de ansiedade – aumentaram. George Eliot, no brilhante capítulo sobre o voto de Lydgate, explora essas tensões:

"Creio que os oponentes do sr. Tykes não pediram a ninguém para votar contra a própria consciência", disse o sr. Hackbutt, um rico curtidor de fala fluente, cujos óculos cintilantes e cabelos espetados voltaram-se com alguma austeridade para o inocente sr. Powderell. "Mas em meu julgamento é necessário que nós, como diretores, consideremos se trataremos como assunto de nosso pleno interesse disseminarmos nossas proposições por apenas um periódico. Algum membro do comitê assegurará que ele alimentava a ideia de deslocar o cavalheiro que sempre se encarregou das funções de capelão, se isso não lhe tivesse sido sugerido por pessoas cuja disposição é ver todas as instituições desta cidade como uma máquina para disseminar suas próprias opiniões? Não julgo o motivo do homem: deixe que eles se coloquem entre ele e um Poder superior; mas digo que há aqui influências que são incompatíveis com a independência genuína, e que uma servidão aviltante é usualmente ditada pelas circunstâncias que os cavalheiros que assim conduzem suas vidas não poderiam desfrutar, seja moral, seja economicamente. Eu próprio sou um leigo, mas não dei pouca atenção às divisões da Igreja e..."

"Oh, que se danem as divisões!", irrompeu o sr. Frank Hawley, advogado e escrivão municipal, que raramente se apresentava na junta, mas agora olhava para dentro com pressa, o açoite na mão. (George Eliot, op. cit.)

A linguagem da análise precede a inadequação da revelação durante a conversa, mas seus ritmos e suas formalidades também devem ser ligeiramente deslocados para representar o "curtidor rico de fala fluente", com "óculos cintilantes e cabelos espetados", cujo comportamento público pode ser efetivamente rompido, com "o açoite na mão", com um típico: "Oh, que se danem as divisões". Henry James desloca a análise para a aparência da fala ansiosa e reservada:

Oh, ele entendeu o que ela queria dizer! "Para acontecer o que não acontece nunca? Para a Fera atacar? Não, estou exatamente na mesma em relação a isso. Não se trata do que posso *escolher*, do que posso decidir para mudar. Não é algo para o qual *possa* haver uma mudança. Não é o colo dos deuses. Estamos nas mãos da nossa própria lei – é onde estamos. Quanto à forma que a lei tomará, a forma como operará, isso é com ela."

"Sim", a senhorita Bartram respondeu, "é evidente que o nosso destino se aproxima, é evidente que ele *vem* com a sua própria forma e pelo seu próprio caminho, o tempo todo. Mas a forma e o caminho, no caso dele, seriam – bem, algo tão excepcional e, pode-se dizer, tão *dele*."

Algo fez com que ele olhasse para ela com desconfiança. "Você diz '*seriam*, como se em seu coração você começasse a ter dúvidas."

"Oh", ela protestou de modo vago.

"Como se acreditasse", ele prosseguiu, "que nada acontecerá agora."

Ela moveu a cabeça lentamente, mas inescrutavelmente. "Você está longe dos meus pensamentos." (Henry James, op. cit.)

Para manter o sentido de conversa, James inclui coloquialismos bastante óbvios – "ele tinha um parafuso solto, mas apesar disso"; mas, ao mesmo tempo, movendo-se em outra direção, incorpora quase todas as palavras faladas – mesmo o mais vago "Oh" – em uma análise relacionada e ansiosamente reservada. Dentro dessa tradição – há muitos outros exemplos, é claro –, as relações entre a linguagem escrita herdada e o desnível da

NOTAS SOBRE A PROSA INGLESA: 1780-1950 117

linguagem falada e da conversa forçaram uma complicação técnica que afetou radicalmente a forma geral. Essa não é, contudo, a tradição da principal ficção do século XIX. Ao analisar Dickens, encontramos não apenas um gênio individual diferente, mas uma relação subjacente diversa entre o escritor e o público. Isso está relacionado, é óbvio, à expansão do público leitor, que estava em um estágio novo justamente quando Dickens começou a escrever. Mas uma relação mudada, e profunda como essa, não é apenas uma consequência de relações gerais em transformação. Trata-se também de algo trazido para uma situação nova: uma voz, uma estrutura de sentimento, um tom social habitual. Seria correto dizer que Dickens formou e foi formado por esse novo público de literatura; mas ao observarmos seu gênio individual, porém característico, temos de enfatizar algo mais do que formação e reação; temos de sublinhar um elemento que podemos descrever melhor como liberação: a introdução de uma energia particular, já presente na fala, nos novos problemas e nas oportunidades de uma prosa em expansão.

Bem, sim. Isso não pode ser dissimulado. *Há*, em Chesney Wold, nessa semana de janeiro, damas e cavalheiros na última moda que iniciaram certo dandismo – na religião, por exemplo. Que, na mera ausência afetada de emoção, concordaram, em uma conversa dândi, que ao Vulgar falta fé nas coisas em geral; isto é, nas coisas que foram testadas e então entendidas como deficientes, como se um companheiro pobre devesse simplesmente perder a fé em um *shilling* falso após encontrá-lo! Que tornaram o Vulgar pitoresco e leal atrasando os ponteiros do Relógio do Tempo e eliminando algumas centenas de anos da história.
Há também damas e cavalheiros de uma outra tendência, não tão nova, mas bastante elegante, que concordaram em cobrir o mundo com um verniz polido e manter sob ele todas as realidades. Para quem tudo deve ser lânguido e belo. Que descobriram a suspensão perpétua. Que jubilarão diante do nada, e não se importarão com nada. Que não serão incomodados pelas ideias. (Charles Dickens, *Bleak House*, 1852-1853)

Mas não apenas Dickens:

Quem é aquele jovem a cavalo? Ele é um dos jovens Walters de Bearwood. Quê! O que representou recentemente Nottingham? Não, um irmão mais novo. E quem são aquelas damas na carruagem? São suas irmãs, as filhas do sr. Walter. Uma bela família! Oh, Deus os abençoe; uma grande família; todos muito boas pessoas, muito boas. É uma hora. Os vários campanários anunciam a hora do jantar dos fazendeiros. Todas as hospedarias oferecem refeições baratas; à qual devemos ir? O George é logo ali; o Angel é bem próximo; ali é o Broad Face; logo adiante é o Wheat Sheaf, o Wheel, e o Elephant; e também o White Hart, o Ship, o Black Horse, o Mitre, o Peacock, o Turk's Head, e muitos outros aonde podemos ir. Pode ser aquele logo na esquina; vamos ver como se chama! Ah, não importa o nome. Estamos em um salão público, na hora certa. O tinido dos garfos e das facas acabou de começar. Alguns hóspedes estão muito ocupados em encher a barriga para falar; mas a maioria está interessada demais nos assuntos do dia para ficar quieta. Vamos prestar atenção no que dizem. "Carne assada, senhor? – Robert Peel não ousa – ajudá-lo, sr. Jackson? – o salário dos trabalhadores – batatas? – Senhor Robert Reel – sal? – garçom! – sim, senhor – Robert Peel – batatas – trinchar esse porco – faca – tirar a cabeça – Peel – porco assado? – assado – Peel – garçom! – farinha canadense – galinha? – a maioria dos votos – por aqui, senhores, há lugares livres aqui – despeça-os – o ministério conservador – carneiro cozido – expansão da Igreja – feito – tome – um copo de cerveja – sem auxílio este ano – quase pronto, senhor – garçom, tire – membros da jurisdição – vou ajudá-lo a – parlamentar – verdes – Peel – não fale mais, obrigado – três mil quilômetros daqui – trigo americano – mentiu – petição – limpe a mesa – jogado para baixo e nunca lido – petição – é o bastante, obrigado – o jantar em Wallingford, sr. Blackstone – sem poder – quase – falsas pretensões – fazendeiros – sempre aflitos – Peel –ajude-me, meu Deus..."
(Alexander Somerville, *The Whistler at the Plough*, 1843)

NOTAS SOBRE A PROSA INGLESA: 1780-1950

Ou ainda:

"Bem, não posso dizer que eu ache que varrer as ruas seja um trabalho pesado. Prefiro varrer duas horas a trabalhar com a pá. A pá cansa muito os braços e as costas. Não dá para mudar de posição, como pode ver, senhor, e a gente tem de segurar cada vez mais forte. E temos de prestar atenção quando enchemos a carreta; algum colega pode ir embora reclamando, dizendo que jogaram coisas nele de propósito. Alguém já jogou alguma coisa no outro de propósito? Não, senhor, não que eu saiba, é claro que não. [Risos.] Por que alguém faria isso?" "As ruas têm de ser limpas como estão sendo agora. Sempre foi assim, e sempre será. Se já ouvi falar como as ruas de Londres eram mil anos atrás? Isso não é da minha conta, mas elas deviam ser como são hoje. Sim, sempre houve ruas, senão como as pessoas receberiam carvão ou as tavernas receberiam cerveja? É falar bobagem falar desse jeito, fazendo perguntas bobas." [Como o lixeiro pareceu perder a paciência, mudei o tema da conversa.] (Henry Mayhew, *London Labour and the London Poor*, 1851)

O gênio de Dickens foi fundamental, mas ao lermos as descrições de Somerville do alvoroço e das conversas na hospedaria, ou a descrição da vida do lixeiro registrada por Henry Mayhew, podemos reconhecer, por trás da energia peculiar dos novos ritmos de Dickens, uma tensão comum: agitada, densa, vívida; um mundo social radicalmente diferente daquele que ainda existia, e ainda era uma base importante para a prosa composta, quieta e amarrada da tradição erudita. Sempre que há uma mudança desse tipo, é fácil para os que estão acostumados às convenções ver apenas os contornos mal-acabados e ouvir apenas o barulho e o aspecto tosco da nova atitude. Essa é resposta que Cobbett dá à acusação de grosseira.

"*Grosseiro!*", os filhos e filhas da Corrupção exclamarão. "*Grosseiro!*", repetirão os vendedores de cargos, e cada um vai se balançar nas árvores que adquiriu com o salário da Corrupção. "*Grosseiro, grosseiro!*", gritarão os répteis que se subordinam aos vendedores de cargos, e vão se balançar sobre os calcanhares. "Muito grosseiro, madame!", dirá algum puxa-saco escocês sorridente a um sinecurista ou pensionista. "*Grosseiro como carne do pescoço!*", grunhirá algum inglês que terá enchido os bolsos pela opressão dos pobres; ou algum outro que, sentindo nos próprios ossos um horror instintivo ao *trabalho*, propende desesperadamente para ficar com *uma parte das taxas*.

Sim, é de fato *grosseiro*, e deve ser assim em um caso como esse. Swift nos aconselhou a não cortar *blocos* com *navalhas*. Qualquer instrumento de gume é delicado demais para esse tipo de trabalho: uma picareta, que perfura com uma ponta e arrasta com a outra, é a ferramenta adequada para esse tipo de trabalho. (*Political Register*, maio de 1828)

Mas há também uma resposta mais serena, de interesse particular, porque vem de uma escritora cujo próprio modo de escrever é o da tradição formal:

Ao escrevermos a história de famílias deselegantes, tendemos a cair em um tom de ênfase muito distante do tom da boa sociedade, cujos princípios e crenças são não apenas de um tipo extremamente moderado, mas são também pressupostos, e somente são eleitos temas que possam ser tratados com uma ironia ligeira e graciosa. Mas nesse caso a boa sociedade possui seus claretes e seus tapetes de veludo, seus jantares para dali a seis semanas, suas óperas e seus bailes de contos de fada; afasta o tédio com cavalos puro-sangue, relaxa no clube, precisa manter longe de sua vista os turbilhões de crinolina, tem a ciência de Faraday e a religião do alto clero, que pode ser encontrado nas boas casas: ela teria tempo ou necessidade de crença e ênfase? Mas a boa sociedade, flutuando nas asas delicadas da ironia ligeira, tem uma produção bastante cara; exige nada menos do que uma vida nacional vasta e árdua, condensada em fábricas malcheirosas e ensurdecedoras, espremendo-se em minas de carvão, suando em fornalhas, moendo, martelando, tecendo sob a opressão do ácido carbônico – ou então espalhada nos campos, pastoreando as ovelhas, em casas e chalés solitários nas terras argilosas ou gredosas onde se planta o milho e os dias

NOTAS SOBRE A PROSA INGLESA: 1780-1950   121

chuvosos parecem tristes. A ampla vida nacional é inteiramente baseada na ênfase – a ênfase da falta... (George Eliot, *The Mill on the Floss*, 1860)

O que George Eliot diz sobre a ênfase é importante não apenas como um modo de abordar a nova prosa de Dickens e seus sucessores, mas também como a marca de uma mudança cultural crítica e cada vez mais importante. Não se trata apenas da vida material da "boa sociedade", mas, segundo ela, dos tons associados de moderação e ironia, que são uma "produção bastante cara". Não se trata apenas de luxo, mas de lazer, confiança e certeza da continuidade, que são desfrutados, na realidade, à custa da "ampla vida nacional [...] inteiramente baseada na ênfase – a ênfase da falta". A complexidade dessa situação necessita de uma análise mais cuidadosa. A força da prosa social baseada em uma pequena classe instruída já foi reconhecida e continua a ser relevante para alguns propósitos específicos em uma sociedade em que cada vez mais pessoas têm instrução e acesso a livros. Contudo, para outros propósitos, e sobretudo para expressar a vida real de uma maioria que vive sob pressão, com dificuldade e excluída, uma prosa diferente era absolutamente necessária; uma linguagem diferente para expressar a relação alterada entre escritor e leitor. Os novos escritores e os novos leitores, nesse momento de mudança, frequentemente aparecem juntos. Houve muitos ganhos permanentes, como ainda nos lembra o êxito de Dickens. Mas notamos também que algo se perde, ou pode se perder: não a antiga certeza e seriedade que, apenas com as alterações normais do tempo, continuam disponíveis para certos propósitos precisos; mas a premissa comum e intrínseca de uma igualdade natural; uma continuidade efetiva entre escritor e leitor, que às vezes é apenas uma questão de alocução cortês, mas também é capaz de limitar as oportunidades de mera exploração: exploração do leitor; exploração da experiência; exploração, em sentido negativo, dos recursos da linguagem. Muita prosa irrequieta e superficialmente vívida tem sido explorada justamente dessa forma; os exemplos estão em todo o jornalismo popular, e é fácil seguir a pista tanto da herança boa quanto da ruim desde Cobbett – o oráculo destemido e radical, que explora sua personalidade e sua pretensa relação com os leitores, infelizmente é muito mais comum do que o radical real, que se engaja íntima e seriamente nas questões centrais de seu tempo e coloca a si mesmo em risco, com uma rebeldia necessária e urgente, em cada sentença e em cada opinião.

Para chegarmos à descrição correta dessa mudança, temos de reconhecer que a relação entre escritor e leitor não é abstrata; ela não pode ser, sem se corromper, apenas uma questão de alocução; apenas uma questão de apresentação, em que a técnica é separável da substância. A indiferença que verificamos anteriormente, quando uma mente apenas cortês desliza a caneta sobre o papel, e quando as formalidades de dicção e construção apenas sugerem uma seriedade que nunca é confirmada na substância, é talvez mais perceptível do que aquela outra indiferença, que surge quando uma mente apenas inquieta faz uma garatuja vívida da experiência com as palavras e os ritmos de um coloquialismo próximo e entusiasmado, sugerindo imediatismo, mas nunca de fato, passado o tempero exagerado dos adjetivos e dos ritmos arrebatadores e atraentes, engajando-se em nada. O que temos, então, é uma escrita não para a mente sob pressão, mas para a mente aborrecida; é essa distinção fundamental que a abstração da apresentação, a reificação do estilo, simplesmente obscurece e esconde.

Assim, o mais importante a dizer sobre Dickens não é que ele escreve de uma forma nova, mas que ele vivencia de uma forma nova, e essa é a substância de sua linguagem.

O primeiro choque de um tremendo terremoto fendeu até o centro, justamente naquele período, toda a vizinhança. Vestígios do seu trajeto eram visíveis em todos os cantos. Casas foram derrubadas; ruas em construção foram abandonadas; fossos e buracos profundos foram escavados; enormes montanhas de terra e barro foram erguidas; construções minadas

NOTAS SOBRE A PROSA INGLESA: 1780-1950   123

e abaladas foram escoradas com grandes estacas de madeira. Aqui, o caos das carroças, reviradas e amontoadas, largadas no sopé de um monte íngreme artificial; lá, confusos tesouros de ferro molhado e enferrujado em algo que se transformou, acidentalmente, em um grande lago. Por toda parte, havia pontes que não levavam a lugar algum; vias públicas completamente intransitáveis; chaminés, como torres de Babel, com a metade de sua altura; casas de madeira e cercas provisórias, em estados os mais improváveis; esqueletos de prédios em ruínas, e fragmentos de paredes e arcadas inacabadas, e pilhas de andaimes, e selvas de tijolos, e formas gigantes de guindastes, e tripés montados sobre o nada. Havia cem mil formas e substâncias do inacabado, desordenadamente misturadas, fora do lugar, de cabeça para baixo, enterradas no chão, lançadas no ar, apodrecendo na água, e ininteligíveis como qualquer sonho. Córregos de águas quentes e erupções violentas, que normalmente acompanham os terremotos, deram sua contribuição à desordem da cena. Água fervente assobiava e borbulhava nas paredes dilapidadas, de onde brotavam o clarão e o rugido das chamas; e montes de cinza bloqueavam os caminhos e mudavam completamente a lei e os hábitos da vizinhança.

Em suma, a estrada de ferro ainda não terminada e não inaugurada estava em construção; e avançava suavemente, do coração de toda essa desordem aterrorizante, sobre seu curso poderoso de civilização e progresso.

Essa mudança em Staggs's Gardens, quando chega a estrada de ferro, é um novo tipo de mudança, como podemos ver em uma comparação com Jane Austen:

Uppercross era um vilarejo de tamanho moderado, que há alguns anos era todo em estilo inglês antigo, com apenas duas casas de aparência superior à dos pequenos proprietários rurais e trabalhadores; a mansão do escudeiro, de muros altos, portões largos e árvores antigas, sólida e nunca reformada, e a casa do pastor, pequena e apertada, no meio de um jardim bem cuidado, com uma videira e uma pereira, constritos em seus caixilhos; mas por ocasião do casamento do jovem escudeiro, Uppercross havia recebido a melhoria de uma casa da fazenda, reformada e tornada uma casa de campo para a sua moradia, e Uppercross Cottage, com sua varanda, suas janelas francesas e outros encantos chamava tanto a atenção dos viajantes quanto o aspecto e as instalações mais consistentes e consideráveis de Great House, cerca de meio quilômetro adiante. Os Musgroves, assim como suas casas, estavam em processo de mudança, talvez de melhoria. O pai e a mãe seguiam o velho estilo inglês, e os jovens o novo. O senhor e a senhora Musgrove eram gente muito boa; amigáveis e hospitaleiros, não eram muito cultos, e não eram nada elegantes. Seus filhos tinham ideias e modos mais modernos. Eram uma família numerosa; mas os únicos filhos adultos, com exceção de Charles, eram Henrietta e Louisa, jovens damas de dezenove e vinte anos que haviam trazido de uma escola de Exeter todo o sortimento usual de habilidades e, assim como milhares de outras jovens damas, viviam para serem modernas, felizes e contentes. Suas roupas eram de qualidade, seus rostos razoavelmente belos, seus ânimos bastante bons e seus modos desenvoltos e agradáveis; eram estimadas em casa e as favoritas fora dela. Anne sempre as considerou umas das criaturas mais felizes que conhecia: porém, estava protegida, como todos estamos, por um sentimento confortável de superioridade que a impedia de querer estar no lugar delas; ela não teria trocado sua mente elegante e educada por todos os seus prazeres; e não as invejava em nada, a não ser aquela união de simpatia e desenvoltura, aquela afeição bem-humorada e mútua que ela conhecera tão pouco em suas duas irmãs. (Jane Austen, *Persuasion*, 1818)

Aqui há uma mudança precisa e visível, mas ela ainda é, como era, socialmente contida, do mesmo modo como é contida pela linguagem da descrição e da análise formal. Em Dickens, a escala e a natureza da mudança rompem com as formas compostas e enveredam por novos caminhos. As inovações linguísticas não vêm por si mesmas, justamente porque a escala da mudança é enorme. Em alguns outros escritores, a composição clara se manteve, como nesta narrativa comedida de Nasmyth, o inventor do martelo a vapor, mas aqui uma figura pública, mediada por Samuel Smiles:

NOTAS SOBRE A PROSA INGLESA: 1780-1950

No meio das chamas, da fumaça e do barulho, vi as sobras do que havia
sido casas de fazenda felizes, agora desertas e em ruínas. O chão debaixo
delas havia afundado por causa da remoção do carvão e elas estavam
caindo aos pedaços. Em outros tempos, eram rodeadas de grupos de
árvores; mas restaram apenas seus esqueletos, dilapidados, negros e sem
vida. A grama havia sido queimada e morta pelo vapor sulfuroso que saía
das chaminés; e todas as plantas eram sinistramente cinza – o emblema
da morte vegetal em seu aspecto mais triste. Vulcano havia enxotado
Ceres. Em alguns lugares, ouvi uma espécie de gorjeio, como o de um
pássaro solitário assombrando as ruínas das antigas fazendas. Mas não!
O gorjeio foi uma ilusão vil. Vinha do rangido agudo das correntes das
minas de carvão, que ficavam nos pequenos túneis debaixo da rua aberta.
(*Autobiography*, ca. 1830, ed. 1833)

É o fenômeno de Coalbrookdale, mas a mente, apesar de
toda a sua atenção, ainda faz alusões elegantes a Vulcano e
Ceres. Agora podemos ver mais claramente o que fez Dickens:
alterou, transformou toda uma forma de escrita, em vez de
introduzir um estilo antigo em uma experiência nova. Esse não
é o método dos romancistas mais formais, que inserem os sons
da fala comedida ou casual em uma sólida moldura de análise e
exposição. Ao contrário, trata-se de uma voz nova, que fala, persuade e dirige, que assume o comando da narrativa, da exposição
e da análise em uma única operação. Aqui, ali e por toda parte:
a produção incansável de um detalhe aparentemente caótico;
aqui, as cláusulas apressadas, pressionadas, diversas, com uma
brecha por onde avançar; ali, a pressão contínua de obstáculos
repetidos; e, por toda parte, um amontoado de objetos forçando
nossa atenção; na realidade, a prosa de uma nova ordem da
experiência, a prosa da cidade. Não se trata apenas de distúrbio;
trata-se também de um novo tipo de vida coletiva.

Quanto à vizinhança que havia hesitado em reconhecer a ferrovia em seus
dias de luta, ela se tornara sábia e penitente, como qualquer cristão em

um caso como esse, e agora se gabava de sua relação próspera e poderosa. Havia estampas de ferrovias nas lojas de tecidos, e revistas sobre ferrovias nas vitrines das bancas. Havia hotéis próximos às ferrovias, cafeterias, hospedarias, pensões; traçados ferroviários, mapas, vistas, papéis de embrulho, frascos, embalagens de sanduíche e quadro de horários; carruagens e pontos de táxi ferroviários; ônibus ferroviários, ruas e prédios ferroviários, dependentes e parasitas ferroviários, e um sem-número de bajuladores. Até mesmo o horário das ferrovias era observado nos relógios, como se o próprio sol tivesse cedido seu lugar. Entre os vencidos estava o limpador de chaminés, um antigo incrédulo de Staggs's Gardens, que hoje vivia em uma casa de três andares, com acabamento de estuque, e se anunciava, com floreados dourados em uma placa envernizada, como contratado para fazer a limpeza das chaminés da ferrovia com máquinas. Indo e vindo todos os dias e todas as noites ao coração dessa grande mudança, correntes pulsantes avançavam e voltavam incessantemente, como o sangue de sua vida. Multidões de pessoas e montanhas de mercadorias, partindo e chegando inúmeras vezes em cada vinte e quatro horas, produziam uma agitação em um lugar que estava sempre em movimento. As próprias casas pareciam inclinadas a fazer as malas e partir de viagens. (Charles Dickens, *Dombey and Son*, 1848)

"Estampas de ferrovias... revistas sobre ferrovias... hotéis próximos às ferrovias... traçados ferroviários... ferroviários... ferroviários... ferroviários... horário das ferrovias." Isso é mais do que a ênfase entusiasmada dos objetos; é a reorganização, pela ênfase única e repetida, de todo um modo de vida por um novo elemento dominante. Isso significa que a generalização é de outra ordem. Não é externa, pela alusão ou referência ao mundo familiar; ela vem de dentro, pela ênfase crescente de um novo e radical princípio organizador. Seriedade, relação, demonstração inteligente não foram perdidas, mas transformadas. Uma nova prosa veio habitar e organizar um mundo essencialmente diferente.

Ou consideremos Dickens de modo diferente:

NOTAS SOBRE A PROSA INGLESA: 1780-1950 127

A escolha da Coroa para formar um novo Ministério limitava-se entre lorde Coodle e sir Thomas Doodle – supondo que fosse impossível para o duque de Foodle trabalhar com Goodle, o que podia ser esperado como consequência do rompimento provocado por aquele caso com Hoodle. Assim, entregando o Departamento da Habitação e a liderança da Câmara dos Comuns a Joodle, a Fazenda a Koodle, as colônias a Loodle e o Ministério das Relações Exteriores a Moodle, o que faremos com Noodle? Não podemos oferecer a ele a Presidência do Conselho; ela está reservada a Poodle. Não podemos colocá-lo nos Bosques e Florestas; não é um bom cargo nem para Quoodle. O que se deduz disso? Que o país está arruinado, perdido e aos pedaços (como é patente pelo patriotismo de sir Leicester Dedlock), porque não podemos dar um cargo a Noodle! (Charles Dickens, *Bleak House*, 1862-1863)

Essa ostentação verbal é um tipo de escrita que pode ser considerado (e ainda é com frequência) um preconceito superficial e empolado. Ela não é nada disso, mas é, ao contrário, uma nova forma de ver o sistema. Nesse caso, não um novo sistema, mas um sistema antigo visto em uma nova perspectiva.

A denúncia de Junius contra Grafton foi face a face, mediante o artifício da carta aberta. Mas o que Dickens vê e captura, de Booble a Noodle, é uma classe: sem dúvida com indivíduos diferentes, preconceitos e exigências diversas, mas vistos fora do "círculo brilhante e distinto" pelos que não "nasceram protagonistas, líderes e administradores", diferindo-se apenas por uma letra inicial em uma comunidade harmoniosa: o que eles têm em comum – o grupo de Boodle e Noodle e o grupo de Buffy e Puffy – é mais importante para os que têm de ver e viver sob sua influência do que as distinções que eles fazem entre si, em tons obviamente diferentes. Assim, uma forma de ver, uma forma necessária de ver, foi aprendida e comunicada em uma prosa alterada. "Que descobriram a paralisação perpétua. Que jubilarão diante do nada, e não se importarão com nada. Que não serão incomodados pelas ideias." O "que" crucial, geral e dissecado.

Contudo, Dickens explora com a mesma clareza, em outras partes de sua escrita, a tensão entre os dois tipos de linguagem. Essa é uma fonte principal de sua comédia. O estilo conversacional de Pecksniff, para tomarmos apenas um exemplo, é uma demonstração do vazio pomposo em sua reprodução mecânica de um ritmo formal familiar: "Quando sua mente precisar de repouso pela mudança de ocupação, Thomas Pinch o instruirá na arte da observação do jardim ou na verificação do nível da rua entre a casa e o poste de sinalização, ou em qualquer outra atividade prática e prazerosa".

Sempre que algo é visto como ridículo nesse modo desconectado, o ritmo decadente da prosa formal tende a ser utilizado. Por exemplo, a origem do nome Staggs's Gardens: "Outros, que tinham um gosto natural pelo campo, afirmavam que ele datava daqueles tempos em que o gado de chifre, denominado *staggses*, buscava refúgio em seus recintos sombreados".

Ou, em um contraste mais explícito:

Debruçando-se sobre uma xícara de chá fervente, e olhando através do vapor, e inalando-o como faria uma bruxa má chinesa concentrada na execução de seus ritos ímpios, a tia do senhor F. largou a xícara e exclamou: "Ele vai ser só, se não voltar!". Poderia parecer, por sua exclamação, que essa parente intransigente do lastimado senhor F., medindo o tempo pela precisão de suas sensações e não pelo relógio, supusesse que Clennam partira havia pouco; no entanto, ao menos três meses haviam decorrido desde que ele tivera a audácia de apresentar-se diante dela. (Charles Dickens, *Little Dorrit*, 1867)

Esse exemplo nos lembra que o efeito cômico tem dupla direção. Como em outros períodos de mudança cultural profunda e incômoda, o hábito do que ainda é visto como uma fala vulgar é um alvo tão frequente quanto a formalidade decadente; de fato, é a distância cultural entre eles, quando atacados ao mesmo tempo, que traz o riso inquieto, mas aliviado.

NOTAS SOBRE A PROSA INGLESA: 1780-1950   129

"Ela está mesmo na Itália?", perguntou Flora, "com uvas e figos crescendo por toda parte e também colares e braceletes de magma que aquela terra de poesia, com montanhas ardentes pitorescas além do alívio embora se os garotos tocadores dos órgãos de rua vêm de sua vizinhança para não serem queimados ninguém se espantaria sendo tão jovens e trazendo seus camundongos brancos com eles os mais humanos, e está ela de fato naquela terra privilegiada com nada além do azul em volta dela e gladiadores morrendo e Belvederes embora o sr. F. ele mesmo não tenha acreditado pois a sua objeção quando inspirado foi que as imagens não poderiam ser verdadeiras não havendo nenhum equilíbrio entre as quantidades caras de linho mal preparadas e todas amarrotadas absolutamente nenhum o que certamente não parece provável embora talvez por conta dos extremos de riqueza e pobreza que possam explicar isso."

Essa é uma versão do fluxo copioso da consciência heterogênea de Flora, em uma passagem que pode ter antecipado tecnicamente o famoso último capítulo de *Ulisses*, mas é radicalmente diferente em sentimento, porque não é considerada séria. Não se trata ainda de espontaneidade, de associação de sentimentos, de uma mente em reflexão; trata-se, ao contrário, de uma miscelânea confusa de uma pessoa nervosa, pretensiosa e ignorante. Em sua observação a respeito do método como característica de uma mente instruída, Coleridge oferece, como comparação, o processo da fala não treinada, que ainda pode ser ouvida: "A necessidade de tomar fôlego, os esforços para se lembrar, e a retificação abrupta dos erros, produzem as pausas; e o '*e então*', '*e lá*', e o ainda menos significativo '*e logo*', são suas únicas conexões".

O comentário é justo, mas o fato de ter vindo de Coleridge é uma mostra particularmente significativa do poder da tradição formal: um uso público e racional da mente é indubitavelmente preferível à organização essencialmente diversa da fala e do pensamento comuns. Afinal, na prosa, e especialmente no romance, os recursos dessa dimensão da fala e do pensamento foram trazidos para serem plenamente utilizados; mas esse não é um feito de Dickens; em seu caso, o que ocorreu foi a descoberta de um modo mais enfático, embora ainda público.

É em outro tipo de romance, que procura seu caminho tanto na vida das pessoas comuns quanto no naturalismo respeitoso do discurso direto, que pode ser encontrado um elemento da grande mudança.

"Você está de saída – vai trabalhar a esta hora do dia?"

"Não, estúpido, é claro que não. Vou ver o sujeito de quem você me falou." Então eles colocaram os chapéus e partiram. No caminho, Wilson disse que Davenport era uma boa pessoa, embora muito metodista; que seus filhos eram muito novos para trabalhar, mas não tão novos para passar fome e frio; que eles estavam cada vez mais pobres, que penhorando tudo, e que viviam em um porão na rua Berry, depois da rua Store. Barton grunhiu palavras inarticuladas de sentido nada benevolente a respeito de uma ampla classe de homens, e eles prosseguiram até a rua Berry. Ela não era pavimentada; e, no meio dela, uma vala impunha o caminho, formando poças nos buracos que abundavam na rua. Nunca o velho grito de Edimburgo: *Gardez l'eau!* foi mais necessário do que naquela rua. Enquanto eles passavam, mulheres jogavam na vala, da porta de casa, dejetos de *todo* o tipo; os dejetos escorriam até a poça mais próxima, que transbordava e estagnava. Montes de cinza eram as pedras sobre as quais pisava cuidadosamente o transeunte que desse ao menos uma mínima importância à limpeza. Nossos amigos não eram delicados, mas mesmo eles caminhavam pelas pedras até encontrar um caminho que levasse a uma pequena área onde uma pessoa de pé ficaria cerca de trinta centímetros abaixo do nível da rua e poderia tocar ao mesmo tempo, sem nenhum movimento do corpo, a janela do porão e a parede úmida e enlameada do outro lado. Eles estavam a um passo do porão sujo onde uma família vivia. Os vidros das janelas, a maioria deles, estavam quebrados e os buracos foram tapados com farrapos, o que era o suficiente para explicar a penumbra que invadia o lugar mesmo ao meio-dia. Após essa descrição que fiz das condições da rua, ninguém se admirará que, ao entrar no porão habitado pelos

NOTAS SOBRE A PROSA INGLESA: 1780-1950   131

Davenport, o odor fosse tão fétido que quase derrubou os dois homens. Recompondo-se rapidamente, como fazem as pessoas habituadas a tais coisas, eles começaram a penetrar na escuridão espessa e viram três ou quatro crianças pequenas rolando no chão de tijolos úmidos, quase molhados, por onde se infiltrava o líquido estagnado e imundo da rua; a lareira estava vazia e negra; a mulher estava sentada na poltrona do marido, e chorava na solidão escura. "Veja, senhora, estou de volta. – Crianças, fiquem quietas, e não perturbem sua mãe pedindo pão; aqui está um rapaz que trouxe comida para vocês." Naquela penumbra, que era escuridão para os estranhos, as crianças se juntaram em torno de Barton e arrancaram dele a comida que ele havia trazido. Era um pedaço considerável de pão, mas desapareceu em um instante. "Temos tanto que fazer por eles", Barton disse a Wilson. "Fique aqui, e eu voltarei em meia hora." (Elizabeth Cleghorn Gaskell, *Mary Barton*, 1848)

Elizabeth Gaskell, ao mudar de assunto, em uma relação alterada com ele, começa a reconhecer os recursos positivos do inglês falado. Isso é um feito considerável, mas ainda limitado por ressalvas: em notas ansiosas de rodapé, que explicam o significado de palavras dialetais pouco conhecidas – como em uma exposição antropológica a um leitor comum –, e na prosa frequentemente inalterada da narrativa principal, que inclui artifícios de distanciamento como: "Nossos amigos não eram delicados, mas mesmo eles caminhavam pelas pedras", ainda que, em alguns momentos, tenha a coragem de enfrentar a experiência diretamente e em seus próprios termos. A alternância de Elizabeth Gaskell entre descrições diretas bem-sucedidas e comentários ansiosos em *off* é, na realidade, a alternância entre a resposta direta a uma humanidade miserável e uma produção de evidência e argumento separada e condescendente. É uma alternância a que muitos romancistas têm sido levados e que constitui uma fase crucial em nossa história social. Dado o grau de alienação entre escritores e grande parte da vida, e consequentemente de incerteza na relação entre escritor e leitor, esse problema na escrita ainda não foi resolvido. Contudo, podemos verificar, de Elizabeth Gaskell a uma das primeiras histórias de D. H. Lawrence, que, quando essas relações estão corretas (ao menos temporariamente), há um nítido desenvolvimento da prosa, que é também um desenvolvimento do sentimento.

> Elizabeth esperou ansiosa. A avó falava, com lapsos no silêncio. "Mas ele não era o seu filho, Lizzie, e isso faz diferença. Qualquer coisa que ele fosse, eu me lembro dele quando era pequeno, e aprendi a entendê-lo e a ser tolerante. A gente tem de ser tolerante com eles."
>
> Eram dez e quinze, e a velha senhora dizia: "Mas é problema do começo ao fim; a gente nunca é velho demais para ter problemas, nunca é velho demais para eles.", quando o portão abriu num estrondo e ouviram-se passos pesados nos degraus.
>
> "Estou indo, Lizzie, deixe-me ir", implorou a velha senhora, levantando- -se. Mas Elizabeth estava na porta. Era um homem com trajes de mineiro. "Estão trazendo ele, senhora", ele disse. O coração de Elizabeth parou por um instante. Então ressurgiu, sufocando-a.
>
> "Ele está – é muito grave?", ela perguntou. (D. H. Lawrence, *Odour of Chrysanthemums*, 1914)

Não é apenas o fato de o discurso direto possuir um fluxo real no decurso da vida: sério e ao mesmo tempo adequado, embora reconheça os limites do que pode ser dito normalmente, por qualquer pessoa, em uma crise humana profunda. Há também uma continuidade entre essa fala e os modos de análise e narrativa até então separados. A frase que se inicia com: "Eram dez e quinze, e a velha senhora dizia [...]" é construída para realizar essa integração – em todos os momentos, as palavras na ação e a ação nas palavras –, mas não se trata apenas de uma questão de construção frasal formal; a integração se torna possível pelo deslocamento do vocabulário narrativo para o coloquial. Esse deslocamento estava mais à mão do que o

NOTAS SOBRE A PROSA INGLESA: 1780-1950

deslocamento conexo na análise, feito em parte por sentenças muito curtas e simples e pela inclusão do que parecem ser perguntas faladas. Por outro lado, a análise se desenvolve em outra direção, pela inclusão de palavras altamente carregadas, tiradas do âmbito literário e não coloquial: como "ressurgiu", ou ainda, em alguns momentos, em uma passagem posterior:

"Ele foi em paz, Lizzie – como se estivesse dormindo. Não está lindo o cordeiro? Ah – ele deve estar em paz, Lizzie. Ele fez tudo certo, Lizzie, preso lá dentro. Ele teve tempo. Ele não ia estar bonito assim se ele não estivesse em paz. O cordeiro, meu querido cordeiro. Ah, mas ele tinha uma gargalhada gostosa. Eu adorava ouvir. Ele tinha a gargalhada mais gostosa de todos os meus colegas, Lizzie."

Elizabeth ergueu os olhos. A boca do homem se abriu levemente sob o bigode. Os olhos, entreabertos, não tinham brilho na escuridão. A vida, com sua chama enfumaçada tirada dele, deixou-o distante e totalmente estranho a ela. E ela sabia o quão estranho ele era para ela. Em seu ventre havia o gelo do medo, por causa desse estranho com quem ela havia vivido como uma só carne. Era esse o significado de tudo – a separação completa, intacta, obscurecida pelo calor da vida? Em terror, ela afastou o olhar. A evidência era fatal. Não havia nada entre eles, mas eles compartilharam tantas vezes sua nudez. Cada vez que ele a possuíra, eles foram dois seres isolados, tão distantes quanto agora. Ele não era mais culpado do que ela. A criança era como gelo em seu ventre. Pois, ao olhar para o homem morto, sua mente, fria e distante, disse com clareza: "Quem sou eu? O que tenho feito? Tenho brigado por um marido que não existe. *Ele* existiu o tempo todo. O que eu fiz de errado? Com o que tenho vivido? Aqui está a realidade, este homem".

Essa é a descoberta, na prosa, da resposta à morte, e não uma reflexão sobre ela. A resposta é confusa, dolorosa; é profundamente emocional, mas também cortante. Pelos padrões formais tradicionais, ela não tem método, não tem qualquer apresentação; mas não é fragmentada ou inarticulada. É a resposta como deve ser em uma composição baseada no modo oral, mas com intensificações verbais inesperadas ("gelo do medo", "a separação completa, intacta") contidas nos ritmos, conectando e estendendo apenas o suficiente para sustentar as breves exclamações, questões, instruções e certezas em uma busca do coração e da mente. É fala escrita, uma busca escrita. Mas é controlada por uma voz comum, e baseada nela.

Em outras situações, Lawrence experimentou e às vezes fracassou ao enfrentar as dificuldades tradicionais. Esse é um dos problemas mais agudos e persistentes se o virmos, como penso que devamos vê-lo, como uma história social ainda não resolvida. Seria muito mais fácil se pudéssemos simplesmente desconsiderar um dos métodos comparados e toda a estrutura que o mantém. Obviamente, qualquer escritor pode fazer isso, ou pensar que está fazendo. Se ele nunca escreve um argumento ou uma exposição factual, ele pode aderir à reação contra a tradição formal; pode deslocar deliberadamente a prosa para palavras e ritmos da fala do dia a dia. Ou se nunca escreve sobre os processos da vida cotidiana, não tem de descrever pessoas falando e pensando, apenas os resultados – os produtos – de pensamentos e comportamentos, e pode manter sua variante própria do que ainda é uma prosa culta: na ênfase do arranjo formal; em certas construções complexas, que correspondem a seu material; em palavras que, embora não sejam familiares, possuem um sentido preciso, identificável e distinto. Qualquer uma dessas soluções pode ser possível para o escritor, mas nenhuma, evidentemente, é possível para uma cultura ou uma língua. Hoje, para alguns escritores, na medida em que as categorias separadas podem e devem se sobrepor em histórias e circunstâncias particulares, essa é uma questão de escolha consciente em uma obra específica. A que dimensão, por que tipo de experiência, o escritor está relacionado agora, em dada obra? Talvez possamos ver isso com mais clareza se considerarmos o problema do ponto de vista histórico, pois desde George Eliot e Hardy esse tem sido um problema geral.

NOTAS SOBRE A PROSA INGLESA: 1780-1950 135

Quando um crítico descreveu George Eliot, Hardy e Lawrence como "nossos três grandes autodidatas", ele sabia o que estava dizendo, e foi apenas por falta de sorte que entre seus leitores houvesse alguém em uma posição igualmente isolada e, portanto, crítica. Pois sua crítica depende de uma premissa comum e não declarada do que seja uma formação adequada. George Eliot, Hardy e Lawrence foram formalmente educados acima do padrão de três quartos das crianças inglesas. Além disso, todos eram intelectuais, em sentido mais geral; após o término de sua educação formal, continuaram a ler, estudar, pensar e escrever por conta própria. O que não tiveram – e, nesse sentido, foi a única coisa que não tiveram – foi uma educação de classe alta, que estava começando a surgir justamente naquela época: a escola preparatória, a escola "pública", a universidade de Oxford ou Cambridge. E, contudo, ali estão eles; se acrescentarmos Dickens, outro "autodidata", Elizabeth Gaskell, Emily e Charlotte Brontë, as três na mesma situação, Henry James e Joseph Conrad, que foram educados fora, Wells e Gissing, teremos uma lista, com pouquíssimas exceções, dos principais romancistas ingleses de 1840 a 1914. Podemos dizer, talvez, que, entre as figuras consideráveis, apenas Forster não foi "autodidata".

Considero isso uma questão de prosa. Creio que existe um aspecto importante com relação a George Eliot, se levarmos em conta o que ela teve de dizer em *O moinho sobre o Floss* sobre a ênfase e a ironia, ao lado de partes de *Felix Holt* ou contra a construção isolada e criticamente investigativa de *Middlemarch*. Mas a questão é mais imediatamente acessível em Hardy, que, como ouvimos tantas vezes, "escrevia mal". Trata-se da linguagem, mas em um contexto enfático da vida e do trabalho diário. Esse é um tema recorrente nos romances: na relação entre Tess e Angel, por exemplo; ao longo de *A volta do nativo*; em Judas, Arabella e Sue. Tess, como bem lembramos, possuía "duas línguas":

A senhora Durbeyfield falava habitualmente o dialeto; sua filha, que havia passado no exame do sexto ano da Escola Nacional, aplicado por uma professora formada em Londres, falava duas línguas: o dialeto em casa, mais ou menos; e o inglês comum na rua e com pessoas de nível.

Mas essa situação, que desde então se tornou familiar, é vista de um ponto de vista particular: o contraste fácil entre o "dialeto" e o "inglês comum", que, deixado dessa forma, não levanta nenhuma das questões reais. Temos de considerar, por exemplo, o valor desse "inglês comum", e perguntar como ele é comum e em que nível, em última análise, o padrão foi estabelecido. É aqui que as reflexões de Angel sobre seus irmãos podem nos ajudar.

Enquanto eles caminhavam pela encosta, os antigos sentimentos de Angel reafloraram – quaisquer que fossem suas vantagens em relação a ele, nenhum deles vira ou organizara a vida como ela era realmente vivida. Talvez, como com tantos homens, as oportunidades de observação que eles tinham não fossem tão boas como as oportunidades de expressão. Nenhum deles possuía uma concepção adequada das forças complicadas que agiam fora das águas suaves e tranquilas em que eles e seus semelhantes flutuavam. Nenhum deles viu a diferença entre a verdade local e a verdade universal; que o que o mundo interior dizia em sua inquirição clerical e acadêmica era muito diferente do que o mundo externo pensava. (Thomas Hardy, *Tess of the d'Urbervilles*, 1891)

Mas a conexão que Hardy tenta descobrir entre a observação e a expressão é complicada. Trata-se, em última instância, de como ele próprio escreverá. Sabemos que ele se preocupava com a sua prosa, e que foi limitado, pelas premissas cultas da época, ao estudo de Defoe, Fielding, Addison, Scott e *The Times*, como se eles pudessem ajudá-lo. A dificuldade real vem da complexidade de sua própria posição como observador: a complexidade que pode ser vista hoje como representativa. O problema de estilo não é tanto o das duas línguas de Tess: a

NOTAS SOBRE A PROSA INGLESA: 1780-1950

conscientemente culta e a inconscientemente usual. Embora embaraçosa, é possível conviver com essa situação: em grupos sociais distintos, uma das duas línguas é evidente e acessível. Mas Hardy, como escritor, estava interessado sobretudo na interação entre as duas condições, a culta e a usual; não apenas como características de grupos sociais, mas como formas de ver e sentir dentro de uma única mente. E, nesse caso, nenhuma das duas línguas estabelecidas serviria para expressar esse distúrbio e essa tensão. Nenhuma das duas, na realidade, era suficientemente articulada. Um estilo culto, como foi desenvolvido em um grupo particular e exclusivo, poderia ser fraco em intensidade e limitado em humanidade. Um estilo usual, embora tivesse a voz do sentimento, poderia ser limitado pela ignorância e pela complacência na repetição e no hábito. Hardy oscilou entre ambas e a idiossincrasia de sua escrita está relacionada a isto: a combinação não usual de palavras formais e coloquiais e de ritmos simples e elaborados. Por exemplo:

Apenas Mary South, de todas as mulheres de Hintock e do mundo, havia se aproximado do nível do intercurso inteligente de Winterborne com a Natureza. Nesse sentido, ela havia criado seu verdadeiro complemento no outro sexo, havia vivido como sua contraparte, havia acrescentado seus pensamentos aos dele como um corolário.

As olhadelas casuais que a população comum lançava ao mundo extraordinário de seiva e folhas chamado bosque de Hintock eram, no caso de Giles e Marty, um olhar claro. Eles se apropriaram de seus mistérios mais refinados como se fossem um conhecimento comum; foram capazes de ler seus hieróglifos como uma escrita banal; para eles, as visões e os sons da noite, do inverno, do vento e da tempestade, entre aqueles ramos fechados que, para Grace, tinham um toque do misterioso e até mesmo do sobrenatural, eram acontecimentos simples, cuja origem, continuidade e leis eles conheciam de antemão. Eles plantaram juntos as árvores, e juntos as derrubaram; juntos eles colecionaram mentalmente, com o passar dos anos, aqueles sinais e símbolos remotos que, quando vistos em pequeno número, eram de uma obscuridade rúnica, mas todos juntos criavam um alfabeto. Pelo toque leve dos ramos em suas faces quando passavam por eles no escuro, eles podiam identificar a espécie da árvore; do mesmo modo, pela qualidade do murmúrio do vento atravessando os galhos, eles podiam dizer seu tipo ao longe. Eles sabiam, olhando de relance para um tronco, se o cerne estava saudável ou contaminado pela decrepitude incipiente; e, pelo estado dos ramos mais altos, sabiam que estrato suas raízes haviam alcançado. Eles viam os artifícios das estações da perspectiva do mágico, e não da do espectador.

"Ele devia ter se casado com *você*, Marty, e com ninguém mais no mundo!", disse Grace com convicção, depois de pensar nessas questões.

Marty balançou a cabeça. "Em todos esses dias e anos que passamos juntos, madame", ela respondeu, "ele nunca falou de amor comigo; nem eu com ele."

"Mas você e ele podiam conversar em uma língua que ninguém mais conhece – nem mesmo meu pai, apesar de quase ter conhecido – a língua das árvores, das frutas e das flores."

Ela podia se entregar a fantasias lúgubres como essas diante de Marty; mas o núcleo duro de sua dor – que a de Marty não possuía – permaneceu.

(Thomas Hardy, *The Woodlanders*, 1887)

Aqui, o problema central é expresso em termos de um problema de linguagem. A ênfase principal está no aprender pelo trabalho. O conhecimento minucioso das árvores e do tempo é visto como "um alfabeto", e esse conhecimento é profundamente respeitado. Ao mesmo tempo, quando se trata de verbalizá-lo, um tipo diverso e frequentemente distante de linguagem parece ser necessário: "intercurso inteligente", "hieróglifos", "obscuridade rúnica". Há uma integração ocasional na observação direta – "Eles sabiam, olhando de relance para um tronco, se o cerne estava saudável ou contaminado pela decrepitude incipiente". É apenas de uma perspectiva externa e romântica que há uma "língua das árvores" *humana*. Os que conheciam essa "língua", como Hardy faz Grace pensar, não podiam falar plenamente de si mesmos.

NOTAS SOBRE A PROSA INGLESA: 1780-1950

Essa é, em parte, a perspectiva particular de Hardy, mas o problema subjacente é geral. É o problema de como as pessoas podem falar – e serem descritas falando – de modo mais pleno e como elas mesmas. Na narrativa e na descrição, o problema não é importante. O que Hardy procura é, inequivocamente, um estilo culto, no qual a extensão do vocabulário e a complicação das construções são necessárias para a intensidade e a precisão da observação:

Os tons cinza do amanhecer não são os meios-tons de cinza do anoitecer, embora o grau de sombra seja o mesmo. No crepúsculo da manhã, a luz parece ativa, e a escuridão passiva; no crepúsculo da noite, a escuridão é ativa e crescente, e a luz é o reverso sonolento.

Essa observação e essa descrição bem-sucedidas são, de certo modo, típicas da boa prosa do século XIX; comparemos as observações de Ruskin a respeito das nuvens e a descrição de Richard Jefferies da manhã para a qual o ceifeiro sai:

Hoje é 1º de julho, e sento-me para escrever sob a luz mais lúgubre que jamais tive para escrever; a luz dessa manhã em pleno verão, no centro da Inglaterra (Matlock, Derbyshire), no ano 1871.

Pois o céu está encoberto de nuvens cinza; – não nuvens de chuva, mas um véu negro e seco, que nenhum raio do sol pode perfurar; parcialmente difuso na névoa, uma névoa fraca, suficiente para tornar os objetos distantes ininteligíveis, sem nenhuma substância, contorno ou cor própria. E, por toda parte, as folhas das árvores se movem em espasmos, como fazem antes de uma tempestade; mas não com violência, apenas o suficiente para mostrar o vaivém de um vento estranho, áspero, destruidor. Já teria sido lúgubre o bastante se o verão tivesse trazido a primeira manhã desse tipo. Mas em toda a primavera, tanto em Londres como em Oxford, passando por um março mirrado, por um abril imutavelmente pesado, por um maio desesperançado, por um junho sombrio, as manhãs surgiram, umas após as outras, sob uma mortalha cinza.

140 RAYMOND WILLIAMS

Isso é novo para mim, e assustador. Tenho cinquenta e tantos anos; e, desde os meus cinco anos, tenho recolhido as melhores horas da minha vida sob o sol das manhãs da primavera e do verão; nunca tinha visto manhãs como essa, até agora. (John Ruskin, *Fors Clavigera*, 1871)

O ceifeiro levantara cedo para o trabalho, mas os pássaros o precederam havia horas. Antes de o sol nascer, as andorinhas deixaram as vigas do curral e cantavam no ar. As gralhas e os pombos voaram para o milharal, as toutinegras para o riacho, os tentilhões para a cerca viva, as abelhas para as urzes nas colinas, os zangões para os trevos da planície. Borboletas surgiam entre as flores ao longo da trilha, e flutuavam diante dele, de um lado para o outro, em círculos, e então voltavam ao lugar de onde saíram. Tentilhões saboreando as primeiras lanugens surgiram do recanto onde os cardos cresciam em abundância. Cem andorinhas voaram às pressas para a cerca viva, levando inesperadamente galhos carregados de frutas marrom; elas gorjeavam e discutiam em sua conversa, e retornaram ao milharal quando ele se aproximou. Os galhos foram privados de suas frutas marrom aladas tão rapidamente quanto elas haviam crescido. Estorninhos corriam diante das vacas, comendo tão perto de suas bocas que pareciam se arriscar a ser lambidos por suas línguas largas. Todas as criaturas, desde o menor inseto, estavam ocupadas por trás da cortina branca da cerração. Ela parecia tão imóvel, tão quieta, tão distante; entrando por ela e passando pelos campos, tudo o que vivia estava ocupado em seu longo dia de trabalho. Roger não se interessava por essas coisas, pelas vespas que voaram do portão quando ele se aproximou – elas faziam papel machê da madeira da travessa superior –, pelas papoulas brilhantes que roçavam em suas botas escuras e opacas, pela coloração do trigo ou pelo branco do convólvulo; eles não significavam nada para ele. Por que deveriam? (Richard Jefferies, *One of the New Voters*, 1885)

Mas o que notamos em Jefferies, assim como em Hardy, é o problema humano: esse é um tipo de observação que parece depender do distanciamento. E se esse é um distanciamento

NOTAS SOBRE A PROSA INGLESA: 1780-1950 141

dos seres humanos, ou de toda uma classe de seres humanos, a própria atitude pode desaparecer. Jefferies diz que o ceifeiro, com um dia de trabalho pela frente, não vê o que o observador vê. O que também é relevante, como Jefferies reconhece em suas últimas obras, é que o observador culto, ao ver a natureza, não vê o ser humano que é o ceifeiro; ou, se vê, vê apenas como uma figura na paisagem. Hardy, de forma mais ampla e complicada, trabalha dentro dessa complexidade da escolha. Sem a percepção da história conscientemente aprendida e da compreensão culta da natureza e do comportamento, ele não poderia observar nada, nem com a precisão adequada nem com um respeito humano amplo. Mas o modelo social usual, a linguagem aprendida, que inclui essas capacidades, está, muito nitidamente, em uma cultura dividida, em uma forma que contém uma alienação – "um pequeno número sem importância de milhões de estrangeiros" – e uma nulidade – "ser tolerado, em vez de estimado e respeitado". A tensão decorrente, quando o observador conserva os procedimentos cultos, mas é incapaz de sentir com a classe culta existente, é séria. Não se trata do camponês desajeitado em roupas de cidade, ou do "autodidata" desajeitado entre pessoas de saber estabelecido. É a tensão mais significativa, obviamente com a estranheza, as oscilações frequentes de tom, os surtos de amargura e nostalgia, do homem pego por sua história pessoal na crise geral da relação entre erudição e classe. A crise surge, em termos reais, como a relação entre a inteligência e a sensação de estar entre iguais, mas essa relação, nos séculos XIX e XX, deve ser trabalhada em um momento em que a educação era conscientemente usada para instruir os membros de uma classe e afastá-los de suas próprias paixões e dos outros homens: os dois processos têm, inevitavelmente, uma profunda conexão. O escritor, ao mover-se por sua história, teve de explorar sozinho os recursos do que parecia ser, mas ainda não era, uma linguagem comum. No romance, em especial, essa é uma linha significativa de desenvolvimento.

Embora, na prosa, o romance seja a maior conquista do período em que estamos interessados, ele é uma forma mais conturbada do que os outros tipos de escrita. Algumas das dificuldades que notamos no romance estavam também presentes na crítica social: em Carlyle, por exemplo, em que o uso da voz que persuade e apresenta é bastante próximo da de Dickens, mas que hoje é mais difícil ler em virtude de sua qualidade formal, e suas expectativas formais, como argumento.

Os livros ainda não realizam *milagres* como as *runas* foram criadas para realizar? Eles persuadem os homens. Não o romance o mais desprezível possível das bibliotecas circulantes, que moças tolas folheiam e leem em vilarejos distantes, mas que ajudam a regular os casamentos e as relações familiares dessas moças estúpidas. Assim "Celia" sentiu, assim "Clifford" agiu: o tolo Teorema da Vida estampado nessas mentes jovens surge um dia como uma prática sólida. Imagine se uma *runa*, na imaginação mais selvagem do mitólogo, jamais realizou tais maravilhas como, na Terra firme e real, certos livros realizaram! O que construiu a Catedral de São Paulo? Olhe para o cerne do problema, foi o Livro Hebreu divino – palavras vindas em parte do homem Moisés, um foragido que estava protegendo seus rebanhos midianitas quatro mil anos atrás, nos desertos do Sinai! Essa é a coisa mais estranha, mas nada é mais verdadeiro. Com a arte da escrita, da qual a impressão é um corolário simples, inevitável e comparativamente insignificante, o verdadeiro reinado dos milagres da humanidade teve início. Ela conectou, com uma nova contiguidade e uma perpétua proximidade, o passado e o remoto com o presente no tempo e no espaço; todas as épocas e lugares com o nosso aqui e agora reais. Tudo mudou para os homens; todos os modos das atividades importantes dos homens: o ensino, o sermão, o governo e tudo o mais. (Thomas Carlyle, *On Heroes...*, 1841)

Sempre que formas de ver e sentir realmente novas estão em questão, a prosa vitoriana é perturbada. A maior parte dessa prosa é notavelmente estável e sólida: um modo consumado,

NOTAS SOBRE A PROSA INGLESA: 1780-1950 143

confiante e ainda poderoso. Quando um romancista compartilhava essa perspectiva essencial, podia escrever com tanta simplicidade que mal parecia escrever: Trollope é um exemplo óbvio, e teve muitos seguidores.

> Se o moinho de trigo o assustara, o que deve ter lhe causado o projeto atual! Fisker explicou que viera com dois objetivos – primeiro, pedir o consentimento do sócio inglês para fazer mudanças nos negócios e, segundo, conseguir a cooperação dos capitalistas ingleses. A mudança nos negócios era apenas a venda do comércio em Fiskerville e a aplicação de todo o capital na construção da ferrovia. "Se você conseguisse converter tudo em dinheiro, ele não seria suficiente nem para dois quilômetros de ferrovia", disse Paul. O sr. Fisker riu dele. O objetivo de Fisker, Montague e Montague não era levar a ferrovia até Vera Cruz, mas fundar uma empresa. Paul achou que era indiferente ao sr. Fisker se a ferrovia deveria ser construída ou não. A ideia dele era claramente que as fortunas deveriam ser construídas por interesse, antes que uma pá de terra sequer fosse removida. Se projetos impressos com brilhantismo tivessem alguma utilidade, com lindos mapas e belas miniaturas de trens passando por baixo de montanhas cobertas de neve e saindo às margens de lagos iluminados pelo sol, o sr. Fisker certamente já fizera muito. Mas Paul, vendo todas essas coisas bonitas, não pôde deixar de pensar de onde viria o dinheiro para pagá-las. O sr. Fisker dissera que tinha vindo para conseguir o consentimento do sócio, mas parecia ao sócio que muita coisa já tinha sido feita sem nenhum consentimento. E os medos de Paul não diminuíram quando ele percebeu que, em todos aqueles belos panfletos, ele próprio fora descrito como um dos agentes e gerentes-gerais da companhia. Cada documento fora assinado por Fisker, Montague e Montague. (Trollope, *The Way We Live Now*, 1875)

Dizem com frequência que esse modo é pesado, mas observemos uma passagem de Macaulay e outra de Bagehot:

Não é pela interferência do ídolo do sr. Southey, o Estado onisciente e onipresente, mas pela prudência e energia do povo que a Inglaterra tem avançado, até hoje, em direção à civilização; e é para essa mesma prudência e energia que agora voltamos nosso olhar com conforto e esperança. Nossos governantes vão promover o avanço da nação da melhor forma possível, restringindo-se estritamente a suas obrigações legítimas, deixando o capital encontrar seu caminho mais lucrativo, as mercadorias seu preço mais justo, a indústria e a inteligência sua recompensa natural, e a preguiça e a tolice sua punição natural, mantendo a paz, defendendo a propriedade, diminuindo o peso da lei e controlando cuidadosamente os gastos em cada departamento do Estado. Deixem o governo fazer isso: o povo certamente fará o resto. (Macaulay, *Critical and Historical Essays*, 1830)

A Inglaterra é um país deferente, e o modo como o é, e tem se tornado, é extremamente curioso. As classes médias – a maioria dos homens instruídos – são, nos dias de hoje, o poder despótico na Inglaterra. A "opinião pública" é hoje a opinião do careca sentado no fundo do ônibus. *Não é* a opinião das classes aristocráticas como tais; ou das classes mais instruídas e refinadas; é simplesmente a opinião da massa comum de instruídos, mas ainda uma humanidade banal. Se olharmos para a massa de eleitores, veremos que não são pessoas muito interessantes; e talvez, se olharmos por trás da cena e observarmos as pessoas que manipulam e comandam os eleitores, veremos que são ainda menos interessantes. A constituição inglesa é, em sua forma concreta, a seguinte: a massa do povo obedece a uma minoria seleta; e quando vemos essa minoria seleta, percebemos que, embora não seja das classes mais baixas nem de uma classe pouco respeitável, pertence ainda assim a uma classe de sensatez pesada – as últimas pessoas no mundo a quem, se fossem apresentadas em fila, uma grande nação daria preferência exclusiva.

Na realidade, a massa do povo inglês é deferente a algo que não é o governante do país. Ela respeita o que podemos chamar de *espetáculo teatral* da sociedade. Certo estado passa à frente; certa pompa de grandes homens; certo espetáculo de mulheres bonitas; uma cena maravilhosa de

NOTAS SOBRE A PROSA INGLESA: 1780-1950   145

riqueza e deleite se apresenta, e a massa é coagida por ela. Sua imaginação é aviltada; eles sentem que não são iguais à vida que lhes é revelada.
(Bagehot, *The English Constitution*, 1867)

É apenas a confiança prateada de Macaulay que nos divide hoje. Ele compartilha tanta coisa com seus leitores, nas formas de ver e lidar com o mundo, que acaba se tornando uma espécie de modelo: um estilo admirável. Enquanto as formas de ver e lidar com o mundo forem preservadas, esse será o inglês, e as crianças devem estar preparadas para aprendê-lo nas escolas: as atitudes e o estilo em uma operação única: "Deixem o governo fazer isso: o povo certamente fará o resto". Ou, como poderíamos dizer, ver Hansard, *passim*.

Essa divisão entre o confiante e o perturbado, na longa crise da civilização industrial, não pode ser suficientemente enfatizada. Ela é, na realidade, uma divisão entre uma prosa com muitos pontos fortes no que tange à clareza e à fluência e uma prosa frequentemente torturada, incerta, obscura – sua lucidez depende do aprendizado de novas formas de ver e sentir, seus pontos fortes, de conexões inesperadas, sua fluidez, de emoções inarticuladas e ainda em busca de expressão. A prosa confiante não é apenas uma questão de otimismo ou de crença no progresso. Bagehot é notável como criador de um estilo hoje bastante comum, mas ainda difícil de descrever: complacência e cinismo, que podem parecer qualidades opostas, são brilhantemente fundidos em uma espécie de durabilidade frágil, de reconforto penetrante. Esse estilo convém admiravelmente para expor ilusões como um meio de mantê-las: o tom e o novo equilíbrio de uma classe dominante que se encontra sob pressão e usa certo estilo como controle. Bagehot é cheio de *insights* e iluminações e, entre eles, quando analisamos a história subsequente dessa atitude, devemos sublinhar a inclusão, como uma observação do efeito sobre os outros: "Sua imaginação é aviltada; eles sentem que não são iguais à vida que lhes é revelada".

Podemos acrescentar que esse resultado – o aviltamento da imaginação – é patente também nos que usam esse estilo para impressionar os outros. O equilíbrio pode substituir e destruir o homem. Aqui, muita coisa depende do assunto imediato. Partes da "apologia do agnóstico" de Leslie Stephen são sérias e diretas: um questionamento obstinado e sólido.

Eu disse que nosso conhecimento é, de todo modo, limitado. Talvez eu deva acrescentar que, em qualquer demonstração, há um risco de não se conseguir reconhecer os limites do conhecimento possível. A palavra "agnóstico" possui algumas associações estranhas. Ela se referia, no passado, a certos heréticos que tiveram problemas porque imaginaram que os homens podiam construir teorias a respeito do modo divino de existência. As seitas morreram há muitos séculos. Mas as premissas fundamentais dificilmente podem ser extintas. Há pouco tempo, pelo menos, apareceu nos jornais uma série de proposições construídas – assim nos asseguraram – pelos mais sinceros e mais instruídos dos teólogos vivos. Essas proposições definiam, com a ajuda de várias línguas, as relações precisas que existem entre as pessoas da Trindade. É uma circunstância estranha, embora tenha precedentes, que o incrédulo não possa citá-las por receio de cometer um sacrilégio. Se elas fossem transplantadas para as páginas do *Fortnightly Review*, seria impossível convencer alguém de que a intenção não era caçoar das pessoas simples, que, supomos, não seriam propositalmente irreverentes. Basta dizer que eles definiram o Deus todo-poderoso com uma precisão que intimidaria modestos naturalistas que tentassem descrever a gênese de um escaravelho. Não sei se esses dogmas foram publicados como artigos de fé, conjecturas devotas ou contribuições provisórias para uma teoria sensata. De qualquer maneira, supôs-se que tivessem interesse para seres de carne e osso. Nesse caso, poderíamos perguntar com espanto se a falta absoluta de reverência não está subentendida nesse modo de lidar com os mistérios sagrados; ou se a ignorância absoluta do estado atual do mundo na assunção de que a questão que realmente divide a humanidade é a dupla procissão do

NOTAS SOBRE A PROSA INGLESA: 1780-1950   147

Espírito Santo; ou se a absoluta incapacidade de especular nessa confusão entre a pele morta de modos muito antigos de pensamento e o tecido intelectual vivo; ou se a falta absoluta de imaginação, ou mesmo de um senso rudimentar de humor, na hipótese de que a promulgação de tais dogmas possa produzir algo que não seja o riso dos céticos e o desprezo do intelecto humano saudável. (Leslie Stephen, *An Agnostic's Apology*, 1893)

Mas quando Stephen se aproxima do clímax do argumento, na última frase, ele começa a usar "absoluta" como um adjetivo repetitivo: "ausência absoluta", "ignorância absoluta", "absoluta incapacidade"; e percebemos um tipo de ceticismo dominador que, desde então, é bastante predominante: em argumentos sérios, mas sobretudo em um tipo persistente de jornalismo conservador. A frase "algo que não seja o riso dos céticos e o desprezo do intelecto humano saudável" tem, por trás dela, a racionalidade admirável de grande parte da prosa anterior; mas está muito aquém dela, porque o que a penetrou e enfraqueceu foi um tom social confiante que depende, e sabe que pode depender, de certo tipo de leitor: o que realiza a maior parte do trabalho da prova aparente. Matthew Arnold está igualmente em um ponto de transição.

Logo, essa ideia de glória e grandeza do livre comércio que nossos amigos liberais exaltam de modo tão solene e devotado tem servido para o crescimento do comércio, dos negócios e da população; e, por conta disso, é valorizada. Dessa forma, a não taxação do pão do homem pobre tem sido usada, com essa visão de felicidade nacional, não tanto para tornar o pão do pobre mais barato e mais abundante, mas para criar mais homens pobres para consumi-lo; de modo que não podemos dizer precisamente que temos menos pobres do que antes do livre-comércio, mas podemos dizer que temos certamente muito mais centros industriais, como são chamados, e muito mais negócios, população e fábricas. E se em alguns momentos ficamos um pouco preocupados diante da multidão de pobres, sabemos que o aumento das fábricas e da população é muito salutar, e que a política de livre-comércio gera um movimento admirável, criando novos centros industriais e novos pobres aqui, enquanto pensávamos nos pobres ali, de modo que ficamos bastante deslumbrados e transportados, e cada vez mais o movimento industrial é necessário e nosso progresso social parece se tornar um caminho triunfante e agradável do que às vezes é chamado, vulgarmente, de vida sem dívidas. (Matthew Arnold, *Culture and Anarchy*, 1869)

Podemos ver, nessa prosa, uma mente genuinamente inquiridora e flexível: uma abertura real que vai além das "noções estereotipadas" e das "buscas mecânicas". Mas Arnold também depende, em certos pontos fundamentais, de um tipo de troça complacente; um domínio pelo estilo: não o estilo pesado e pomposo, mas um pacto com o leitor, a certeza de que ele e o autor compartilham o único tipo relevante de inteligência, de modo que não precisam ponderar certas posições, e podem dar de ombros e rir de sua patética inadequação. Há uma relação entre essa atitude e a ironia absolutamente controlada de Samuel Butler em *Erewhon*, em que a convenção total de um mundo ironicamente concebido permite uma pureza singular, da qual, ao mesmo tempo, uma imaginação perturbada, um compromisso perturbado são deliberadamente excluídos.

Os argumentos a favor de um desenvolvimento deliberado das faculdades insensatas eram muito mais convincentes. Mas, aqui, eles partem dos princípios pelos quais justificam o estudo do hipotético, pois baseiam a importância que atribuem ao hipotético ao fato de ele ser uma preparação para o extraordinário, ao passo que o estudo do insensato repousa no desenvolvimento das faculdades que são necessárias para uma conduta diária das atividades. Assim, temos a cátedra da Inconsistência e da Evasão; em ambos os estudos, os jovens são examinados antes que possam se graduar no hipotético. Os estudantes mais sérios e meticulosos atingem uma proficiência surpreendente nesses campos; há dificilmente uma inconsistência tão visível, mas eles logo

NOTAS SOBRE A PROSA INGLESA: 1780-1950   149

aprendem a defendê-la, ou injunção tão clara que não possam encontrar um pretexto para desprezá-la.

Eles defendem que a vida seria intolerável se, em tudo o que fazem, os homens tivessem de ser guiados pela razão, e apenas pela razão. A razão vela o homem a traçar linhas inflexíveis e duras, e a definir tudo pela linguagem – a linguagem é como o sol, que se ergue e queima. Os extremos são lógicos, mas são sempre absurdos; o meio é ilógico, mas um meio ilógico é melhor do que o mero absurdo de um extremo. Não há tolice e insensatez tão grande quanto a que pode ser aparente e irrefutavelmente defendida apenas pela razão, e não há praticamente nenhum erro a que os homens não possam ser facilmente conduzidos se pautarem sua conduta apenas pela razão. Muito provavelmente, a razão poderia abolir a moeda dupla; ela poderia até atacar a personalidade da Esperança e da Justiça. Além disso, as pessoas têm um pendor tão natural para ela que a buscarão e agirão em conformidade com ela tanto quanto ou até mais do que seja bom para elas; não há motivo para encorajar a razão. Com a insensatez, a história é outra. Ela é o complemento natural da razão, sem ela a própria razão não existiria. (Samuel Butler, *Erewhon*, 1872).

Ou podemos ver em Shaw o que é, de certa forma, o triunfo desse modo:

Finalmente, o mais evangélico dos litigantes alegou que Charles Bradlaugh, o mais formidável ateu da plataforma secularista, havia sacado publicamente seu relógio e desafiado o Todo-Poderoso a matá-lo em cinco minutos se Ele realmente existisse e desaprovasse o ateísmo. O líder dos devotos repudiou veementemente a história, taxando-a de grande calúnia, e declarou que Bradlaugh a havia negado repetidamente e com indignação, sugerindo que o campeão do ateísmo era pio demais para cometer tal blasfêmia. Essa curiosa confusão de ideias despertou meu senso de comédia. Estava claro para mim que o desafio atribuído a Charles Bradlaugh era um experimento científico bastante simples e direto, apropriado para verificar se a expressão de opiniões ateias envolvia de fato algum risco pessoal. Certamente, esse era o método que a Bíblia ensinava: Elias refutou os profetas de Baal precisamente desse modo, com toda a situação de escárnio implacável de seu deus quando ele não conseguiu enviar o fogo ao céu. Portanto, eu disse que se a questão era se a pena pelo questionamento da teologia dos senhores Moody e Sankey era ser fulminado por uma deidade enfurecida, nada teria um desfecho mais convincente do que o experimento bastante óbvio atribuído ao sr. Bradlaugh e que, consequentemente, se ele não tentou, deveria ter tentado. A omissão, acrescentei, poderia ser facilmente remediada e, como acabei concordando com a visão do sr. Bradlaugh a respeito do absurdo da crença nessas interferências violentas de uma deidade geniosa e exaltada na ordem da natureza, saquei naquele momento meu relógio. O efeito foi elétrico. Nem os céticos nem os devotos estavam preparados para o resultado do experimento. Em vão, exortei os devotos a acreditar na precisão dos raios de sua deidade e na justiça de sua discriminação entre o inocente e o culpado. Em vão, implorei aos céticos que aceitassem o resultado lógico de seu ceticismo; contudo, pareceu que, quando havia raios em questão, não havia céticos. Nosso anfitrião, vendo que seus convidados iam fugir às pressas se o ímpio desafio fosse verbalizado, deixando-o só com um solitário infiel ameaçado de extermínio em cinco minutos, interveio e impediu o experimento, implorando ao mesmo tempo que mudássemos de assunto. (Bernard Shaw, Prefácio de *Back to Methuselah*, 1921)

Aqui, a lucidez confiante é realmente notável, a prosa é um instrumento excelente em seus próprios termos, e, no entanto, as ocasiões escolhidas para o uso da inteligência parecem ser, depois de algum tempo, um mundo muito estreito. O desafio brilhante, divertido e útil, como o dessa passagem, aparece não apenas para se consolidar como uma brincadeira de festa, mas surge como um modo integral de experimentar os outros e o mundo, no qual as pessoas e os objetos se amedrontam diante de aparências fixas e nada resta, além de uma única voz confiante, que se diverte à custa deles.

NOTAS SOBRE A PROSA INGLESA: 1780-1950 151

Já na Inglaterra vitoriana, o romance havia deixado de ser uma forma, em sentido simples, e havia se tornado uma literatura. Não é necessário enfatizar as vantagens desse desenvolvimento, basta mencionar obras tão radicalmente diferentes entre si como *O morro dos ventos uivantes*, *Dombey and Son* e *Mary Barton*, publicadas com uma diferença de meses: variações profundas da experiência e da convenção encontrando suas próprias formas. Desde então, a força dessa diversidade nunca falhou: Joyce, Lawrence e Forster, para citarmos apenas três exemplos óbvios, distinguiram-se radicalmente um do outro em uma única geração, mas ainda assim encontraram no romance um meio natural: *Ulisses*, *Mulheres apaixonadas*, *Passagem para a Índia*, obras radicalmente diferentes, mas cada uma com uma unidade, uma experiência e uma forma específica. Do mesmo modo como vimos uma variedade necessária na prosa discursiva, podemos ver essa variedade imaginativa como força e vitalidade. Mas, evidentemente, é sempre possível ver a variedade como uma confusão; deplorar a ausência de uma tradição central e dominante; concluir que, com a chegada desta ou daquela geração criativa, a forma, a prosa se desintegrou.

Há problemas hoje, é claro. Durante muito tempo, o diário ou as memórias estavam entrelaçados ao romance, e houve outro entrelaçamento entre a ficção e a argumento, entre a ficção e a observação organizada. É fácil, por exemplo, ver a influência do romance na narrativa que Beatrice Webb faz de sua família, de seu pai, e da aquisição de uma voz que podia dar ordens.

Essa ignorância em relação ao mundo do trabalho não implicava uma consciência de classe, o sentimento de pertencer a uma classe superior? Isso merece uma resposta franca. Não havia a consciência de uma riqueza superior; ao contrário, em virtude das despesas utilitaristas de minha mãe (uma penúria discriminatória que, acredito, era tradicional em famílias que estavam subindo ao poder industrial durante as guerras napoleônicas), as meninas Potter foram educadas para "se sentir pobres".

"As suas meninas", grunhiu um cunhado, enquanto movia o olhar de uma mesa de café da manhã não tão farta para a gorda conta bancária que não esperava na caderneta do banco, "não possuem nem o hábito nem o desejo do conforto." A consciência que se tinha, falo a partir de minha própria mente analítica, era a consciência de um poder superior. À medida que a vida transcorria, tive consciência de que eu pertencia a uma classe de pessoas que habitualmente dava ordens, mas raramente, ou nunca, executava ordens de outras pessoas. Minha mãe se sentava em seu *boudoir* e dava ordens – ordens que não toleravam nem a espera nem a evasão. Meu pai, por temperamento o menos autocrata e o mais condescendente dos homens, passou toda a sua vida dando ordens. (Beatrice Webb, *My Apprenticeship*, 1926)

Mais uma vez, a narrativa de Wells a respeito do incêndio de um mundo antigo é tecnicamente ficção, mas se assemelha em método e sentimento a muitos de seus argumentos explícitos:

Sem fim eram as coisas que tínhamos de destruir naquelas grandes purificações. Em primeiro lugar, praticamente todas as casas e prédios dos tempos antigos. Ao final, não preservamos na Inglaterra nem sequer uma construção em cinco mil que estavam de pé quando o cometa chegou. Ano após ano, renovando nossos lares de acordo com as necessidades mais sãs de nossas novas famílias sociais, livramo-nos mais e mais daquelas estruturas horríveis, as antigas residências construídas às pressas, sem imaginação, sem beleza, sem honestidade, sem ao menos conforto e conveniência, nas quais o antigo século XX havia se abrigado até não sobrar quase nem uma; não preservamos nada além do que era belo ou interessante em toda aquela abundância desolada e melancólica. Não podíamos, obviamente, levar as casas reais às chamas, mas levamos todas as portas mal-ajustadas, as janelas horríveis, as escadas torturantes, os armários de cozinha úmidos e escuros, os papéis repulsivos que pendiam das paredes, os tapetes empoeirados e imundos, as mesas, as cadeiras, os aparadores e as cômodas mal desenhadas e, no entanto, pretensiosas, os livros velhos e imundos, os ornamentos – os ornamentos sujos,

NOTAS SOBRE A PROSA INGLESA: 1780-1950   153

decadentes e absolutamente dolorosos –, entre os quais lembro-me de ter visto algumas vezes até *aves empalhadas!* – queimamos tudo. (Beatrice Webb, *In the Days of the Comet*, 1906).

Seria possível, então, distinguir uma classe particular de escrita imaginativa: a de Virginia Woolf, digamos.

Pois agora havia chegado aquele momento, aquela hesitação em que a madrugada treme e a noite silencia, em que se uma pena pousa na balança, a balança cede. Uma pena, e a casa, afundando, caindo, teria avançado para as profundezas da escuridão. No quarto arruinado, pessoas voltando de piqueniques teriam acendido as caldeiras; amantes buscariam abrigo, deitando-se nas pranchas nuas do chão; e o guardador de rebanhos guardaria a janta nos tijolos, e o andarilho dormiria com o casaco enrolado no corpo para afastar o frio. Então, o teto cairia; roseiras e pés de cicuta obstruiriam nosso caminho, nossos degraus, nossa janela; cresceriam desigualmente, embora com vigor, sobre a colina, até que algum invasor, perdendo seu caminho, supusesse, apenas pelo atiçador ainda incandescente no meio das urtigas, ou por um pedaço de louça no meio da cicuta, que alguém havia vivido ali; houve uma casa. Se a pena tivesse caído, se tivesse feito a balança se mover, toda a casa teria se precipitado nas profundezas e repousaria sobre as areias do esquecimento. Mas havia uma força em ação; algo não muito consciente; algo que olhava de soslaio, algo não muito firme; algo não inspirado a prosseguir seu trabalho com o ritual dignificado e o canto solene. A sra. McNab gemeu; a sra. Bast chiou. Elas eram idosas; não eram flexíveis; suas pernas doíam. Elas chegaram finalmente com baldes e vassouras; começaram a trabalhar. Em breve, a sra. McNab perceberia que a casa estava pronta, uma das jovens damas escreveu: ela poderia fazer isso; ela poderia fazer aquilo; tudo às pressas. Elas deveriam vir para o verão; haviam deixado tudo para a última hora; esperando encontrar tudo como haviam deixado. Vagarosa e dolorosamente, com baldes e vassouras, esfregando, limpando, a sra. McNab e a sra. Bast limparam a podridão e o putrefato; resgataram, do poço do Tempo que se fechava rapidamente sobre elas, aqui uma bacia, ali um armário; em uma manhã, tiraram do esquecimento todos os romances de Waverlye e um conjunto de chá; à tarde, devolveram ao sol e ao ar um guarda-fogo de bronze e um conjunto de ferros de lareira. George, o filho da sra. Bast, pegou os ratos e cortou a grama. Eles tinham as ferramentas. Auxiliado pelo ranger das dobradiças e pelo guincho dos ferrolhos, pelo estrondo e pelo estampido do úmido, parecia acontecer um nascimento enferrujado e laborioso, enquanto as mulheres, curvando-se, erguendo-se, gemendo, cantando, batiam e limpavam, ora no andar de cima, ora nos porões. Oh, elas disseram, o trabalho! (Virginia Woolf, *To the Lighthouse*, 1927)

Poderíamos argumentar que, aqui, os fatos de um mundo observável e de uma experiência comum foram adequadamente subordinados a um fluxo e a uma recriação imaginativa. Mas, embora não duvidemos da subordinação, não podemos resolver o problema do valor *a priori*. O que é bastante evidente na prosa de Virginia Woolf é uma relação específica entre objetos e pessoas (as pessoas, abaixo de certa linha de classe, não são muito diferentes dos objetos) que torna impossível qualquer abstração simples da "imaginação". Trata-se de uma forma de ver o mundo a partir de uma posição social precisa: os ritmos e a linguagem resultam daquilo que é, na realidade, uma incerteza, uma surpresa, que depende de outras certezas bastante diferentes e, em particular, do isolamento do escritor dos processos gerais, humanos e naturais, que então devem ser não tanto descritos, mas evocados. Não estou dizendo que essa é uma situação infrutífera. Podemos ver como um isolamento muito similar em Joyce conduz primeiro ao uso da linguagem para descrever, de modo quase tátil, a confusão de uma consciência verossímil, como na passagem de *Ulisses*; e, depois, para o que é, na realidade, uma recriação da linguagem para dissolver todos as referências (as visões, os sons e os odores obstinados e isolados na mente de Bloom) em um fluxo de lamento pelo que é literalmente um mundo em dissolução, como na passagem de *Finnegan's Wake*:

NOTAS SOBRE A PROSA INGLESA: 1780-1950

Sua mão pegou o chapéu do cabide acima do pesado sobretudo com iniciais e do impermeável de segunda mão do setor de achados e perdidos. Selos: figuras adesivas. Atrevo-me a dizer que muitos dos oficiais estão a par da situação também. É claro que sim. A legenda suada na copa do chapéu disse-lhe em silêncio: Plasto – alta qualidade em chapé. Ele olhou rapidamente a parte interna da carneira de couro. Um pedaço de papel branco. Bem seguro. Na soleira da porta, tateou a chave no bolso traseiro. Não estava lá. Nas calças que tirei. Preciso pegá-las. Tenho batatas. O guarda-roupa rangendo. Não adianta incomodá-la. Ela se virou sonolenta naquele momento. Ele puxou muito silenciosamente a porta do hall atrás dele, mais, até que o rodapé da porta se acomodasse delicadamente sobre a soleira, uma tampa mole. Pareceu fechada. Tudo bem até eu voltar, em todo caso. (James Joyce, *Ulysses*, 1914-1921)

Oh, fim amargo! Vou sair antes que se levantem. Nunca verão. Nem saberão. Nem sentirão a minha falta. E é antigo e antigo é triste e antigo é triste e enfadonho eu voltar para você, pai frio, pai frio e louco, pai frio louco e assustador, até a imagem próxima de seu simples tamanho, os moyles e moyles gemenemendo, me deixam saldomar salenjoo e eu me apresso, meu só, aos seus braços. Vejo-os se erguer! Me salvem desses dentes terríveis! Mais dois. Umdois maishomens mais. Então. Avalaval. Minhas mangas foram levadas. Todas. Mas uma ainda está presa. Vou usá-la. Para me lembrar de. *Lff!* (James Joyce, *Finnegan's Wake*, 1939)

Mas o que não podemos dizer é que essa é a única imaginação literária moderna. Trata-se da prosa necessária e convincente de uma fase específica da consciência, na qual a relação temporária de um escritor com seu mundo é o princípio da organização, que será confirmada pela comunidade paradoxal (a relação remanescente entre um escritor e seus leitores) de um isolamento compartilhado. Um crítico que pertença a essa comunidade defenderá, compreensivelmente, a significância total desse tipo de literatura. O romance, sob o rótulo sugestivo ratificador de "moderno", será redefinido nesses termos. Mas o que devemos ver de fato é uma significância representativa em relações reais mutáveis.

Quando vemos isso, podemos olhar novamente para aqueles escritores diferentes que tentam encontrar, no que é realmente um processo conectado de observação e imaginação, uma prosa que seja capaz de incluir uma experiência mais comum: na qual certamente o escritor ainda é o registrador imaginativo, o criador observador, mas na qual não há uma separação *necessária* entre sua prosa e seu mundo. As relações em transformação, na história do romance, entre relato, análise e modelagem imaginativa ainda estão se alterando, é claro. O surgimento de escritores oriundos de grupos sociais sem uma tradição literária imediata é bastante complicado na prática. Eles são afetados, inevitavelmente, pela prosa fundamental da geração anterior, mas naquilo que eles escrevem, nas novas paisagens físicas e sociais, eles se apoiam de modo igualmente evidente na tradição do século XIX, na qual certa confiança na descrição – uma confiança em um mundo cognoscível – baseava-se em uma comunidade real entre o escritor e o tema, e portanto em uma relação pública possível entre o escritor e o leitor: uma prosa em relação direta com a linguagem comum do mundo.

Ainda é muito cedo para sabermos como essas relações se desenvolverão. Mas podemos dizer com certa confiança que os êxitos particulares de Joyce e Virginia Woolf são tão históricos, em qualquer sentido real, quanto os êxitos de Dickens e George Eliot. "Moderno", como um adjetivo que parece infinitamente persistente, pode indicar a direção errada. O desenvolvimento que traçamos de Hardy a Lawrence, no qual o problema era a relação entre um método herdado e uma sociedade em transformação, ainda continua ativo. Em certos momentos, ele parece tão difícil que é simplesmente explorado em uma comédia mordaz ou em um oportunismo ruidoso. Mas, aqui e ali, ele é confrontado com seu significado real, e uma nova prosa, novas ideias e novos sentimentos estão surgindo profunda e regularmente.

NOTAS SOBRE A PROSA INGLESA: 1780-1950   157

O propósito desse argumento não é um clímax repentino. É raro que o desenvolvimento real seja desse tipo. Mas começamos este ensaio analisando se a questão da boa prosa, daquilo que é chamado de estilo, pode ser abstraída da experiência desses anos de transformação pela qual passaram uma terra e um povo. Sugeri, com alguns exemplos, que a boa prosa e o bom estilo não são coisas, mas relações; que questões de método, tema e qualidade não podem ser separadas das relações em transformação entre homens, que são evidentes em outros lugares, em instituições em transformação e em uma linguagem em transformação; e que ver a prosa inglesa desde 1780 como uma história real é dar uma nova ênfase, levantar questões diferentes e ver tanto o presente quanto o passado com novos olhos.

PARTE
3

DAVID HUME: RAZÃO E EXPERIÊNCIA

Na república das letras, um homem pode viver como ele mesmo, mas na burocracia das letras ele deve declarar constantemente seu estilo e departamento, e apresentar na fronteira de cada campo seus propósitos e credenciais. A influência da burocracia se estende até mesmo aos leitores, ansiosos sob o olhar dos críticos que conduzem o que parece ser um recenseamento de ocupações. David Hume (1711-1776) é moralista, lógico, historiador ou ensaísta? Em qual dessas categorias você se propõe lê-lo? Antes de responder, lembre-se das graves punições envolvidas, caso você avance na contramão de qualquer uma dessas linhas. É necessária certa ousadia, ou mesmo agressividade, se quisermos manter a república. É verdade que podemos colher algumas migalhas de autoridade se lembrarmos a nossos interrogadores que, em 1762, Boswell chamou Hume, muito simplesmente, de "o maior escritor da Grã-Bretanha" e, em *My Own Life* [Minha própria vida], Hume descreve seu "amor pela fama literária" como "a paixão que me rege".[1] Podemos citar seu

---

1 Boswell, *Private Papers*, Geoffrey Scott and Frederick A. Pottle (ed.), v.1, p.130, New York, 1928.

melhor e mais recente biógrafo, Ernest Mossner, para defender a opinião de que Hume, desde o início, "considerava a filosofia parte integrante da literatura. Ser filósofo é ser um homem das letras: a proposição foi recebida por Hume e pelo século XVIII como axiomática".[2] Contudo, a república das letras não pode depender desse tipo de autoridade ou precedente. Suas leis são imediatas e substanciais tanto na escrita quanto na leitura da literatura, ou não são nada. A prova relevante hoje é que podemos ler Hume, de modo sensível e centrado, como um escritor, e essa ênfase literária não apenas não diminui sua importância como filósofo como é fundamental para ela. Podemos distinguir dois elementos dessa prova: primeiro, sua preocupação íntima e perpétua com a *escrita* da filosofia; segundo, seu interesse fundamental pelas relações entre razão e experiência. Embora possam ser convenientemente separados em uma discussão, esses elementos não são, ao cabo, distintos. O primeiro é uma questão de estilo, mas é (mesmo contra algumas das formas utilizadas por Hume para apresentar a questão) mais do que a simples oferta de algo já completo. O segundo é uma questão de filosofia, mas trata-se, ao cabo, de muito mais do que um argumento formal, pois a relação entre razão e experiência é explorada tanto em problemas de estrutura e estilo como nas seções e provas imediatamente reconhecidas como tais. Podemos dizer que essas questões relacionadas surgem juntas na questão da natureza da literatura, como Hume a entendeu e escreveu.

Dois textos chamam nossa atenção de início: a carta autobiográfica de 1734[3] e a análise igualmente pessoal, porém mais pública – um texto que merece o status de clássico –, que se encontra no fim do primeiro livro do *Tratado da natureza humana* (1739-1740) (I, IV, VII). Em cada um deles, Hume se dedica a uma espécie de autoquestionamento que tem importância geral

---

2 Mossner, *The Life of Hume*, p.63.
3 Hume, *Letters*, J.Y.T. Greig (ed.), v.1, p.13, Oxford, 1932.

DAVID HUME: RAZÃO E EXPERIÊNCIA

justamente por ser pessoal: a relação entre razão e experiência é abordada pela raiz.

Fui deixado, depois disso, a minha própria escolha de leituras, e percebi que elas tendiam quase igualmente a livros sobre razão e filosofia, à poesia e aos autores refinados. Qualquer pessoa familiarizada com filósofos ou críticos sabe que não há ainda nada estabelecido em nenhuma dessas duas ciências, e que elas não contêm muito mais do que disputas intermináveis, mesmo nos artigos mais fundamentais. Após examiná-las, percebi uma ousadia de temperamento crescendo dentro de mim que não era inclinada a submeter-se a qualquer autoridade nesses assuntos e que me levou a buscar um novo meio pelo qual a verdade pudesse ser estabelecida. Após muito estudo e reflexão, por fim, quando eu tinha em torno de 18 anos, pareceu abrir-se para mim uma nova cena do pensamento, que me transportou além da medida e me fez abandonar, com o ardor natural dos moços, todos os outros prazeres ou negócios para dedicar-me inteiramente a ela. (1734)

O novo "meio", a nova "cena do pensamento", tem todas as qualidades de uma experiência – uma dimensão, em vez de uma doutrina – que, no entanto, foi alcançada com "estudo e reflexão". Podemos descrevê-la, abstrata e retrospectivamente, como uma opção pelo empirismo:

Percebi que a filosofia moral que nos foi transmitida pela Antiguidade trabalhava sob a mesma inconveniência que se encontra em sua filosofia natural, isto é, ser inteiramente hipotética e depender mais da invenção do que da experiência. Todos consultaram a imaginação para erigir esquemas de virtude e felicidade, sem considerar a natureza humana da qual toda conclusão moral deve depender. Isso, portanto, resolvi eleger como meu estudo principal, e a fonte da qual eu derivaria toda a verdade, tanto na crítica quanto na moralidade. (1734)

Contudo, essa opção não é intelectual, no sentido estrito do termo; é claramente uma decisão de todo o ser, como de fato mostram as consequências. A forma mais fácil de se conectar a Hume, o pensador, Hume, o escritor, é mostrar as dificuldades para traduzir em palavras a nova "cena do pensamento":

> Quando se deve trazer para perto de si a Ideia compreendida em estado bruto, a fim de contemplar suas partes mais miúdas e mantê-la firme nos olhos, a fim de copiar essas partes em ordem, isso era impraticável para mim, assim como minhas disposições não estavam à altura de um emprego tão severo. Nisso residia minha maior calamidade. Não tinha esperança de oferecer minhas opiniões com tal elegância e esmero, de modo a chamar a atenção do mundo para mim, e preferiria viver e morrer na obscuridade a produzi-las mutiladas e imperfeitas. (1734)

Essa é uma dificuldade normal e geral, expressa nos termos do século: a busca por "tal elegância e esmero, de modo a chamar a atenção do mundo para mim", é como a busca literária era entendida na época, e frequentemente ainda é. Contudo, havia algo mais nessa primeira batalha criativa, e essa é a diferença de Hume: investigando as relações entre razão e experiência em um nível muito além do formal, ele trouxe isso à luz:

> Tenho notado nos textos dos místicos franceses, e nos dos fanáticos daqui, que, quando fornecem uma história da situação de suas almas, eles mencionam uma frieza e um abandono das disposições, que frequentemente retornam; e que alguns deles, no início, foram atormentados por isso durante muitos anos. Uma vez que esse tipo de devoção depende inteiramente da força da paixão, e consequentemente das disposições animais, tenho pensado com frequência que o caso deles e o meu são bastante semelhantes, e que seus questionamentos extasiados poderiam decompor o tecido dos nervos e o cérebro, assim como as reflexões profundas e o calor ou entusiasmo que lhes é inseparável.

DAVID HUME: RAZÃO E EXPERIÊNCIA 165

Não precisamos de mais exemplos desse tipo de investigação passional que era o pensamento de Hume; contudo, nessa carta, tomamos consciência de imediato de uma tensão que é mais aguda – porque menos local – do que a tensão natural encontrada em qualquer pensador profundo e passional. Isso é certamente surpreendente, dadas as ideias preconcebidas sobre o empirismo de Hume e a noção comum que temos de seu estilo maduro, para o qual "frieza" sugere frequentemente uma descrição, ler sobre "o calor ou entusiasmo" inseparável e daquele "Caso paralelo" surpreendente. Há uma sutileza de referência que não pode ser completamente separada da confusão, no que ainda é um movimento inacabado da mente: os outros são "fanáticos", mas ainda assim "bastante semelhantes". Com essas expressões em mente, lembramos a defesa de Hume, no terceiro livro do *Tratado*, "Da Moralidade", contra a crítica de Hutcheson de que "é necessário certo calor na causa da virtude":

> Devo admitir, isso não aconteceu por acaso, mas é efeito de uma razão boa ou má. [...] Receio que qualquer sentimento caloroso de moralidade teria ar de declamação em meio a pensamentos abstratos, e seria considerado contrário ao bom gosto. E embora eu tenha muito mais a ambição de ser apreciado como um amigo da virtude do que como um escritor de gosto, ainda assim devo ter sempre o outro sob meu olhar; do contrário, poderia desesperar de estar a serviço da virtude. Espero que essas razões vos satisfaçam; embora, ao mesmo tempo, eu tenha a intenção de realizar uma nova tentativa, se for possível fazer que o moralista e o metafísico entrem em melhor acordo.[4]

Por trás do dilema do estilo filosófico, ele mesmo complicado por uma consciência ansiosa pelos cânones contemporâneos de gosto, algo fundamental para a própria investigação é evitado. É interessante que, nessa carta a Hutcheson, Hume use a analogia

---

4 Mossner, op. cit., p.134.

com que encerra o *Tratado*: a distinção entre o anatomista e o pintor. À primeira vista, a distinção é trivial: o anatomista disseca, com precisão, para descobrir "as molas e os princípios mais secretos"; o pintor retrata "a graça e a beleza" das ações; as duas funções são diferentes e não devem ser confundidas, embora o anatomista possa dar "bons conselhos" ao pintor, assim como o metafísico dissecador pode aconselhar o moralista dedicado. Contudo, quando lemos essa analogia tal como aparece no *Tratado*, podemos sentir na linguagem a tensão dentro da qual Hume trabalhava. Ele chega, pelo argumento, à conclusão de que "a simpatia é a fonte principal das distinções morais", e acrescenta, com ansiedade e esperança:

> Se for apropriado, em tal assunto, subornar o consentimento do leitor, ou empregar qualquer coisa que não seja um argumento sólido, estamos abundantemente providos de tópicos para atrair as afeições. Todos os amantes da virtude (e assim somos em especulação, apesar de podermos degenerar na prática) devem certamente se sentir satisfeitos ao ver distinções morais derivadas de uma fonte tão nobre [...]. (III, III, VI)

Depois do peso de "subornar", o tom se torna mais íntimo e caloroso, como por descuido, embora todo o movimento seja consciente, e chega ao clímax nas questões retóricas comoventes: "Quem de fato não sente um acesso de alegria [...]?", "E quem pode crer que uma vantagem qualquer da fortuna seja compensação suficiente para a última transgressão [...]?". Quando a cautela retorna, ela já sofreu um desconto:

> Mas nego-me a insistir nesse assunto. Tais reflexões exigem um trabalho à parte, muito diferente do caráter do presente trabalho. O anatomista não deve nunca rivalizar com o pintor: nem deve pretender, em suas dissecações e descrições precisas das partes menores do corpo humano, dar a suas figuras qualquer atitude ou expressão graciosa e atraente. Há algo medonho, ou ao menos diminuto, na visão das coisas que ele apresenta;

DAVID HUME: RAZÃO E EXPERIÊNCIA   167

e é necessário que os objetos sejam colocados mais à distância, e sejam mais encobertos, para torná-los mais atraentes aos olhos e à imaginação. Um anatomista, no entanto, é admiravelmente apto a oferecer conselhos a um pintor [...]

A questão real sendo argumentada, *escrita*, trata-se aqui do que significa ser moralista. Na carta a Hutcheson, o metafísico era o anatomista, e o moralista era o pintor. Mas se o objetivo de toda dissecação é a descoberta de um corpo humano (o único para o qual o apelo pode ser feito, não apenas para ter efeito, mas para fazer sentido, pois é nele que está a fonte da moralidade), então a atenção do anatomista é a intenção do pintor, embora o trabalho minucioso do anatomista pareça, ao ser realizado, "medonho, ou ao menos diminuto". Hume não se afasta, mas reconstitui a análise quando se desloca do "argumento" para a "declamação". O objetivo da investigação moral minuciosa é precisamente o moralista cativar ativamente a simpatia humana; contudo, a tensão continua lá, desde aquele medo inicial e natural de consultar "a imaginação para erigir esquemas de virtude e felicidade"; e Hume deve abster-se de insistir, deve renunciar a qualquer pretensão ao "gracioso e atraente", mesmo quando se compromete e insiste. Nessa tensão, todo o movimento do pensamento – na realidade, a transformação do empirismo – é desigual e lentamente trazido à luz. O moralista deve ser um anatomista, ainda que de mau grado, porque ele seria um pintor, um bom pintor.

O documento principal dessa tensão é, obviamente, o capítulo final do primeiro livro do *Tratado*. Partes desse capítulo são amplamente citadas, mas o movimento da mente é tão íntimo e sutil que citações casuais tendem a deturpá-lo. O que surpreende de início, em uma obra tão rigorosa em muitos aspectos, é o tom de confissão. É tentador ver isso como uma simples fraqueza (a ânsia do jovem autor de estar consigo mesmo) ou, quando lemos Hume mais amplamente e tropeçamos em uma de suas muitas ironias, como uma retórica sutil: a confissão da incapacidade, que nos estudos refinados é a única forma legítima de reivindicar a capacidade; a abstenção de insistir como o único tom refinado da insistência. Mas esses elementos são, na melhor das hipóteses, menores. A confissão é, em sentido vital, o argumento, mas um argumento de um tipo novo.

Assim, a linguagem que Hume utiliza para descrever o sentido social, que em abstrato pode ser tão facilmente descrita como a base de sua moral, é arrebatadora. Ele está "assustado e confuso" com a "solidão sofrida" para a qual sua linha de raciocínio o conduziu, e pode ver a si mesmo como:

> um estranho monstro inculto que, incapaz de misturar-se e unir-se à sociedade, foi expulso da interação humana e deixado completamente só e desconsolado. De bom grado procuraria na multidão abrigo e afeto; mas não consigo persuadir-me a misturar-me com tal deformidade.

O que existe entre o inculto e o disforme? Pois "tal é a minha fraqueza que sinto todas as minhas opiniões desprender-se e cair quando não são amparadas pela aprovação dos outros". É justamente essa fraqueza que, como pensador, ele deve enfrentar: "Após o mais preciso e exato de meus raciocínios, não posso dar nenhum motivo por que não o aprovo; e não sinto nada além de uma *forte* propensão a considerar *fortemente* os objetos pela perspectiva em que eles aparecem diante de mim". A aprovação vem da experiência e do hábito, que ele partilha com os outros, mas então essa fraqueza é uma fraqueza geral; a aprovação aparente da razão não é mais do que uma ilusão em comum. A pergunta é: "Até que ponto devemos ceder a essas ilusões?". A imaginação é perigosa para a razão, mesmo quando se torna comum e convencional, mas, se a rejeitamos quando conseguimos distingui-la como tal e nos limitamos ao entendimento, podemos nos dar conta de que ficamos sem nenhuma evidência ou certeza. As contradições do raciocínio

DAVID HUME: RAZÃO E EXPERIÊNCIA   169

são tão profundas que o raciocínio por si só parece inútil, e a "visão *intensa* dessas contradições e imperfeições múltiplas" o conduz novamente àquela "frieza e abandono das disposições", "cercado da mais profunda escuridão e totalmente privado do uso de cada membro e faculdade". A essa altura, Hume dá um exemplo do que é visto frequentemente como seu caminho para fora da escuridão:

> Janto, jogo uma partida de gamão, converso e sinto-me feliz com meus amigos; e quando, após três ou quatro horas de entretenimento, retorno a essas especulações, elas me parecem tão frias, tensas e ridículas que não consigo encontrar em meu coração disposição para mergulhar nelas novamente.

O cético, cedendo à fadiga e às exigências dos sentidos, confirma seu ceticismo, mas isso não é de forma alguma (como diriam os inimigos de Hume) a recaída no filistinismo que se espera de alguém que possui uma "visão baixa" do homem. Ao contrário, é característico de Hume, em seu longo diálogo entre razão e experiência, sentir e pensar mesmo quando parece voar. Suas "paixões e disposições animais" o reduziram a "essa crença indolente nas máximas gerais do mundo", mas os sentimentos são reconhecidos como "melancolia e indolência" e o caminho é preparado para o retorno à razão, quando "sinto minha mente toda recolhida nela mesma". Curiosidade e ambição dão nova energia, mas por trás delas há uma percepção mais decisiva: se as questões são de fato frias, tensas e ridículas, não há alternativa senão mergulhar nelas, salvo a recaída na superstição. A declaração que importava na vida de Hume é feita então quase por acaso: "De modo geral, os erros na religião são perigosos; os na filosofia são simplesmente ridículos". É possível com a contradição, mas não com a falsa crença. E a convicção da falsidade é, notemos, assumida. Todos os argumentos a respeito disso serão apresentados mais tarde. O cético chegou a um modo de viver com o ceticismo, e esse modo, paradoxalmente, é um modo de afirmação. Pois "um verdadeiro cético será retraído tanto com relação a suas dúvidas filosóficas quanto com relação a sua convicção filosófica". É dessa forma que a tensão essencial em Hume é, se não resolvida, ao menos negociada. Aqui, decididamente, está a descoberta de como se escreve. A investigação continuará, procurando modos mais profundos de penetrar as contradições e imperfeições da razão. Mas o anatomista instruiu decisivamente o pintor: um pintor dedicado, irônico e circunspectamente emotivo.

> [Pois] não devemos nos dobrar a essa propensão, que nos inclina a ser positivos e certos em *questões particulares*, conforme a luz com que as examinamos em qualquer *momento particular*. [...] Em tais ocasiões, tendemos a nos esquecer não apenas de nosso ceticismo, mas também de nossa modéstia; e fazer uso de termos como é evidente, é certo, é inegável; que a deferência devida ao público talvez devesse conter. Devo ter caído nesse erro seguindo o exemplo de outros; mas faço aqui uma *advertência* contra quaisquer objeções que se possam fazer com essa alegação; e declaro que tais expressões foram arrancadas de mim pela visão presente do objeto, e não implicam nem um espírito dogmático nem uma ideia prepotente de meu próprio julgamento, sentimentos que sei que não ajudam em nada, e a um cético menos ainda do que a qualquer outro.

A decisão filosófica é aqui, substancialmente, uma escolha de estilo. E Hume estava formalmente e substancialmente ciente da conexão entre estilo e crença:

> Há certas seitas que se formam em segredo no mundo erudito, do mesmo modo como as facções no político; e, embora nem sempre ocorra uma ruptura clara, elas dão uma inclinação diferente aos modos de pensamento dos que se encontram do outro lado. O caso mais notável são as seitas baseadas nos sentimentos diferentes com relação à *dignidade da natureza humana*; um ponto que parece ter dividido filósofos e poetas, bem como sacerdotes, dos primórdios do mundo aos nossos dias. Alguns exaltam

DAVID HUME: RAZÃO E EXPERIÊNCIA 171

nossa espécie aos céus, e representam o homem como uma espécie de semideus humano, cuja origem deriva do céu, e que guarda marcas evidentes de sua linhagem e ascendência. Outros insistem nos lados cegos da natureza humana, e não conseguem descobrir nada, salvo a vaidade, que eleve o homem acima dos outros animais, que ele tanto despreza. Se um autor possui o talento da retórica e da declamação, ele participa em geral do primeiro grupo; se sua inclinação é para a ironia e o ridículo, ele se lança naturalmente ao outro extremo.[5]

Mas essa forma de colocar a questão parece absurdamente simples quando dirijo meu olhar para a prática de Hume. Em suas próprias palavras, a "inclinação [...] para a ironia e o ridículo" é predominante; contudo, na questão da dignidade ou baixeza da natureza humana, Hume se coloca nitidamente ao lado da primeira, embora a traga vivamente para a terra. O paradoxo aparente indica um paradoxo mais real, que é fundamental para o caráter particular de Hume como moralista. Descrevi-o como o cético que encontra uma forma de afirmação, mas o ponto que devemos considerar agora é que essa é mais do que uma saída marginal – o deslize aceito em afirmações particulares e locais – e é, de fato, em seus escritos morais, seu tipo distintivo de realização.

Talvez devamos fazer aqui a distinção crítica necessária entre ceticismo e cinismo. Continuamente nos encontramos diante do poder do argumento investigativo em Hume, com uma agudeza que pode ser propriamente associada ao ceticismo, um tipo particular de ideia. Mas é notável quão frequentemente essa mesma ideia é atacada porque parece degradar a dignidade ou a capacidade humana. Há um bom exemplo no ensaio que acabo de citar:

---

5 Hume, Of the dignity or meanness of human nature. In: _____, *Essays Moral and Political*, London, 1742.

Sendo este o momento em que todo mundo concorda que o entendimento humano está infinitamente aquém da sabedoria perfeita, é conveniente sabermos quando essa comparação ocorre, para que não discordemos em momentos em que não haja diferença real em nossos sentimentos. O homem está muito mais aquém da sabedoria perfeita do que os animais do homem; contudo, essa última diferença é tão considerável que nada, salvo uma comparação com a primeira, pode dar mesmo que apenas uma breve visibilidade a ela.

Também é comum *comparar* um homem com outro; e encontrando muito poucos que possamos chamar de *sábios* ou *virtuosos*, tendemos a alimentar uma noção depreciativa de nossa espécie em geral. Uma vez que podemos estar sensíveis à falácia desse tipo de raciocínio, podemos observar que as denominações honráveis de sábio e virtuoso não estão vinculadas a nenhum grau específico das qualidades de *sabedoria* e *virtude*; mas surgem inteiramente da comparação que fazemos entre um homem e outro. Quando encontramos um homem que atinge tal grau de sabedoria que seja incomum, declaramo-lo um homem sábio: de modo que dizer que há poucos homens sábios no mundo é, na realidade, não dizer nada; uma vez que é apenas por sua escassez que eles merecem essa denominação.

A diferença entre ceticismo e cinismo dificilmente poderia ser mais nítida; de fato, a escrita de Hume é um exemplo proeminente, em inglês, no qual essa distinção crítica pode ser lida. Os inimigos de Hume que se fiaram em uma espécie de associação livre entre o pensamento cético e a negação do valor conseguiram apenas confundir uma experiência de complexidade genuína. É claro que o caráter cético de sua teoria do entendimento humano é bastante evidente, mas as conclusões a que ele chegou sobre as relações entre razão e experiência, e entre fato e valor, são precisamente a base teórica de um movimento da mente que descrevi como o cético que aprende como se afirmar. Confiar nas declarações necessárias do ceticismo (na verdade, reduzir essas declarações calmas e deliberadas ao que

DAVID HUME: RAZÃO E EXPERIÊNCIA 173

podemos chamar de "confissões"), ignorando as asserções de valor *consequentemente* firmes, é simplesmente desmembrar a experiência de Hume.

O elemento complicador é indubitavelmente a atitude de Hume para com a religião, pois aqui (ainda temos de observar tanto na Inglaterra do século XX quanto na Escócia calvinista do século XVIII) um tipo obstinado de questionamento, um ceticismo, pode conduzir subitamente a um grito de incêndio. Preconceitos irados podem ser liberados apenas para mudar repentinamente e assumir o nome e corpo do amor. Contudo, o efeito principal do ceticismo religioso de Hume é certamente a abolição do argumento teleológico, e essa empreitada parece ter sido concebida expressamente como uma forma de afirmar tanto a razão quando os limites da razão em nossa experiência da condição humana. Não sei quem desejaria, hoje, identificar "o sentido religioso" com o argumento teleológico (de várias formas, irreligioso), mas evidentemente o argumento pressiona para mais: um questionamento moral das consequências da religião como Hume a viu praticada e exposta. Temos aqui, mais uma vez, o pensador cético argumentando contra a intolerância que parece derivar da explicação unitária da vida; contra a punição do corpo e do espírito pela espécie de humilhação autoinfligida que parece resultar da distância de um Deus perfeito; contra a hipocrisia que pode preencher a lacuna entre a crença real e a crença desejada; contra a corrupção da filosofia que pode decorrer da restrição do raciocínio dedutivo a um princípio que é declarado além da razão. Mesmo abstratamente, mas sobretudo no corpo da escrita, essa oposição a negações, essa recusa da necessidade de negações particulares constitui uma base moral bastante positiva, o que é notavelmente confirmado pelo tom. Certamente podemos citar a penetração e a agudeza de Hume nos *Diálogos sobre a religião natural* (1779) – sobretudo na brilhante Parte VI ("infiro, portanto, que o mundo é um animal") –, mas também podemos citar, dos mesmos diálogos, sua realização mais profunda: a humanidade da extensão do ceticismo para o próprio ceticismo; a ousada e, no entanto, intricada confidência imaginativa (à primeira vista tão surpreendente em um moralista, embora não seja surpreendente em um dramaturgo ou romancista) que permite e controla o prêmio da vitória para um Cleantes vencido. A oposição simples ao ceticismo mal sabe, em Hume, com que tipo de homem ela tem de lidar. Podemos dizer que o problema surge continuamente como o problema da *leitura* de Hume: lê-lo em um sentido plenamente literário. Esse é certamente o caso, embora um caso bastante particular, na *Investigação sobre os princípios da moral* (1751), "de todas as minhas obras, históricas, filosóficas ou literárias, incomparavelmente a melhor". Todos os estudantes de Hume conhecem o tipo de resumo que se pode apresentar das doutrinas de Hume na *Investigação*; contudo, sem questionar sua utilidade, podemos nos perguntar, sensatamente, se o propósito principal da escrita ou leitura da *Investigação* é chegar a esse tipo de resumo das conclusões. O argumento inacabado (e não iniciado, em certos aspectos importantes) entre o leitor "literário" e o leitor "filosófico" dos ensaios morais pode ser dirigido agora para essa questão. Ele pode ser colocado, de certo modo, como a questão crítica da relação entre forma e conteúdo. A complexidade geral dessa relação é especialmente marcada na escrita moral. Os próprios termos da definição – "doutrina moral", "escrita moral" – já contêm, se os examinarmos, algumas das principais dificuldades. Em geral, na leitura da literatura, não acreditamos que o conteúdo de uma obra possa ser representado, de maneira adequada, por um resumo, ou melhor, que possa ser *representado*, para as finalidades acordadas e limitadas de discussões particulares, mas possa apenas ser *encontrado* em uma estrutura e sequência de palavras específica. A urgência da investigação abstrata – na verdade, da doutrina – é certamente tal que temos de usar representações. Mas o que pode ocorrer, na medida em que, por hábito, a representação se torna o conteúdo,

DAVID HUME: RAZÃO E EXPERIÊNCIA 175

é que podemos acabar trabalhando com versões muito débeis tanto da doutrina quanto do estilo. Dessa forma, a "doutrina" é comumente a "conclusão", embora a própria palavra devesse nos lembrar o que foi perdido nos estágios precedentes. E "estilo" é reservado em geral para "expressão", e todas as suas profundas conexões com o processo da experiência são perdidas ou esquecidas: o estilo como "elegância e esmero, de modo a chamar a atenção do mundo para mim", ou pior (já que a "atenção do mundo" é uma conexão complicada), o estilo como o que não está lá (sua presença indica a mácula literária) ou interfere o mínimo possível na expressão da doutrina. Provavelmente, nenhuma descrição simples do estilo de Hume na *Investigação* será adequada. De fato, a variação, nas formas de escrita e nas formas de pensamento, parece essencial para qualquer entendimento pleno da obra. Em certo sentido, o movimento do argumento, da prova, é muito seguro e, em alguns momentos, dominador; mas há igualmente muitos sinais de incerteza, hesitação e até devaneio, e eles são mais reunidos do que resolvidos na retórica final da convicção. Dessa forma, a firmeza austera do início, tão confiante na clareza de suas antíteses e em sua promessa de síntese e penetração, permanece virtualmente isolada na obra, com exceção talvez do primeiro apêndice, "Sobre o sentimento moral". Essa é a ousadia da concepção e da proposição, e é interessante que é desse início e do apêndice que saem muitos dos julgamentos definitivos sobre as doutrinas de Hume. Contudo, quando ele se desloca para a substância da prova, ele aplica mais de sua mente, de repente e, como ocorre aqui, involuntariamente. O "método experimental [...] deduzindo máximas gerais de uma comparação entre casos particulares" é seguido em geral, e possui um efeito importante na estrutura *geral* do ensaio. Mas, na realidade, tão logo ele inicia a coleta dos casos, ele toca outra corda; ele está interessado não apenas em deduzir, mas também em persuadir. Consideremos quão rápido ele apresenta a anedota do moribundo Péricles na seção "Sobre a benevolência",

176 RAYMOND WILLIAMS

não apenas como um exemplo no argumento, mas como um exemplo para a comunicação do sentimento: "'Você se esquece', brada o herói agonizante que tudo ouvira [...]". Sempre que isso ocorre, a reação de Hume é transformar seu próprio sentimento em prova, e só então ele retorna e parece se desculpar (o movimento da mente que vimos há pouco):

> Mas esqueço que não é minha tarefa presente recomendar a generosidade ou a benevolência, ou pintar em suas cores reais todos os encantos genuínos de suas virtudes sociais. Essas atividades, de fato, engajam suficientemente todo coração em sua primeira apreensão; e é difícil abster-se de elogios ou panegíricos sempre que elas aparecem no discurso ou raciocínio. Mas nosso objeto é [...].

É significativo que o que vem logo a seguir a essa lembrança não é um retorno à dedução, mas uma reafirmação da imediatez e da comunicação de sentimentos justamente desse tipo. O argumento de que a aprovação das virtudes sociais é em parte devida a sua utilidade é introduzido, caracteristicamente, com uma pergunta persuasiva – "ele não deveria então ser concluído?" –, seguindo um panegírico sobre "qualquer homem caridoso e humano" que conclui: "Como o sol, um ministro inferior da Providência, ele anima, revigora e sustenta o mundo a sua volta". É difícil perceber que as afirmações fragmentadas que vem depois da pergunta não carregam nada mais do que uma pequena parte do peso da prova, em comparação com a demonstração do âmbito real dos sentimentos de Hume: "Agrada aos olhos a visão de milharais e vinhedos carregados, cavalos e ovelhas pastando; mas fogem da visão de roseiras e amoreiras onde se abrigam lobos e serpentes". O elemento convencional nesse tipo de descrição do sentimento é, como foi, encerrado dentro da prova. Ou ainda: "Algo mais consistente poderia ser dito em louvor a uma profissão como a do comerciante ou do manufatureiro do que observar as vantagens que ela propicia à

DAVID HUME: RAZÃO E EXPERIÊNCIA 177

sociedade? E o monge ou o inquisidor não se enfurece quando tratamos sua ordem como inútil ou perniciosa à sociedade?". A mudança de "sociedade" para "humanidade" é uma mudança dentro de uma unidade de sentimento que, mesmo que não seja inteiramente comunicada, revela-se rapidamente, pela luz da dedução, como um feixe de tendências e preconceitos. Mais uma vez, é absolutamente característico que, quando ele passa para o resumo de seu argumento sobre a benevolência – "acima de tudo, portanto, parece inegável [...]" –, ele se desloca para uma linguagem que não é neutramente descritiva, mas convencionalmente comunicativa:

> As virtudes sociais nunca são consideradas sem suas tendências benéficas, *nem vistas como áridas e infrutíferas*. A felicidade da humanidade, a ordem da sociedade, a harmonia das famílias, a ajuda mútua dos amigos são sempre consideradas o resultado *do jugo brando sobre o peito dos homens*.

Ler essa passagem sem as frases que sublinhei é ver nitidamente, por contraste, como Hume escreve e pensa. Pois essas frases não são intensificações emocionais do argumento. Sem elas, o argumento não está, de fato, lá. A suposta alternativa do benefício como explicação da aprovação é imediatamente suprimida e inflada, até que a frase sirva realmente para confirmar, pelo sentimento, a ideia de benefício. As poderosas cláusulas normativas e apelativas da segunda frase movem-se ritmicamente para um resultado que, na verdade, já foi assumido, para que, de certa forma, não seja necessária nenhuma definição ou cláusula; a frase, nesse estágio, fez seu trabalho. Contudo, como a definição não basta para Hume, todo o sentimento nessa parte da investigação é concentrado na associação de "domínio" com "brando" e "peito".

Isso é considerar apenas uma seção da obra. Como veremos, há variações. Contudo, o que podemos aprender aqui talvez seja decisivo. Pois o propósito de minhas observações não é de forma alguma condenar Hume, taxando-o de pensador que resvala na chamada linguagem "emotiva". Na realidade, as premissas sobre a linguagem que conduziram à distinção de uma categoria "emotiva" parecem, a meu ver, profundamente distorcidas em qualquer estudo sobre comunicação. Por trás delas, há uma distinção aprendida e desejada entre escritor e leitor que produz, ela mesma, um estilo particular: no argumento, em especial, o estilo que deseja ser não estilo ou, em um segundo momento, que deseja ser elegante. O que importa em Hume é que seu argumento, sua doutrina, depende das mesmas premissas que vimos em ação na escrita: as convenções compartilhadas do sentimento humano; a certeza de que elas estão incorporadas na linguagem comum da aprovação e da desaprovação; a convicção de que a atividade moral é o uso dessa linguagem, e de que o raciocínio é necessário, sobretudo para confirmar esse uso e expor a deficiência de outras definições da moral. É difícil imaginar como ele poderia estabelecer completamente essas convicções sem incorporá-las, na prática, a sua escrita.

Que ele tente, contudo, situar-se fora das premissas, ou melhor, demonstrá-las por um tipo diferente de escrita e pensamento, é igualmente importante em qualquer avaliação final. A distinção cuidadosa e tenaz entre um erro de *fato* e um erro de *direito*, no apêndice "Sobre o sentimento moral", é apenas um dos muitos exemplos possíveis desse tipo de raciocínio que podemos chamar propriamente de impessoal, e no qual a capacidade de Hume é tão evidentemente de uma ordem superior que somos obrigados a respeitá-lo, mesmo quando discordamos dele. Ou ainda ele pode, mesmo dentro do movimento de demonstração das convenções morais, parar e refletir, com uma flexibilidade repentina da inteligência que é mais notável quando se viu quão fortes são as convenções e os sentimentos. Um bom exemplo disso é a sétima nota da Seção VI, "Das qualidades úteis a nós": depois de uma descrição confiante de nossos sentimentos para com os ricos e os pobres, em conformidade

DAVID HUME: RAZÃO E EXPERIÊNCIA 179

com sua teoria das distinções morais, ele acrescenta – de modo hesitante, mas convincente – as complexidades de seus sentimentos, o que, na realidade, confunde a demonstração. Nos dois últimos parágrafos da mesma seção, ele introduz primeiro uma dimensão moral alternativa e, em seguida, uma relação abrupta de preocupação convencional com tipos diversos de sociedade, e cada uma serve apenas para perturbar o que parecia ser uma demonstração bastante simples e, na realidade, dominadora; entretanto, se ela fosse realmente dominadora, as percepções não teriam ocorrido. O estado de devaneio que se impõe quando contradições não tanto de proposições, mas de sentimentos são percebidas é sempre impressionante. Perto do clímax do argumento, na Parte I da Seção IX, surge uma antiga tensão: "Devo admitir que essa enumeração coloca a questão sob uma luz tão intensa que não posso, *no momento*, estar mais certo de qualquer verdade que eu aprenda pelo raciocínio e pelo argumento [...]". Mas se a questão é tão clara, e os homens ainda discordam, "quando reflito sobre isso, digo, eu me retiro ao retraimento e ao ceticismo, e suspeito que uma hipótese tão óbvia, fosse ela verdadeira, teria já a longo tempo sido recebida pela opinião e consentimento unânime da humanidade". Mas o que é igualmente característico, em todo este movimento da mente, é a retomada rápida, na parte II, de que continua a ser a parte mais difícil de sua prova – o movimento de "aprovação" para "obrigação interessada". Mesmo aqui, porém, ele desliza da declaração do problema para a solução rapsódica, rapidamente corrigida para um argumento mais detalhado e incisivo e, na dificuldade final, para o tipo de engajamento (que não é apenas retórica persuasiva) que já examinamos:

> Tratando o vício com a maior franqueza e fazendo todas as concessões possíveis [...].
> Que *a honestidade seja a melhor política* pode ser uma boa regra geral, mas é sujeita a muitas exceções. E talvez se possa pensar que a pessoa

que se conduz com a maior sabedoria é a que observa a regra geral e tira proveito de todas as exceções. Devo confessar que, se um homem pensa que esse raciocínio exige uma resposta, será um pouco difícil encontrar uma que lhe pareça satisfatória ou convincente. Se seu coração não se rebelar contra tais máximas perniciosas, se ele não relutar diante dos pensamentos de vilania ou baixeza, ele perdeu de fato um motivo considerável para a virtude; e devemos esperar que sua prática esteja à altura de sua especulação.

Como ele considera e rejeita o transgressor "secreto e bem--sucedido" das leis morais, a mente do leitor pode retornar com certo constrangimento ao simples panegírico sobre o sucesso na Parte II da Seção VI e às duas inclusões da discrição em sua lista das virtudes sociais. Essas listas se dividem, do início ao fim, em muitos tipos de consideração. Portanto, é difícil sairmos da leitura satisfeitos com as definições mais facilmente deduzidas. De fato, buscar essas definições na leitura de Hume é enganar-se a seu respeito: as "definições" dependem, empiricamente, de todos os exemplos e de todos os sinônimos aparentes.[6] Ou, em outras palavras, a substância da investigação de Hume está em todo o corpo da escrita: nas variações, hesitações e contradições, tão profundamente quanto nos títulos e linhas da prova.

Nessa descrição da atividade moral, em que as direções principais são profundamente positivas e afirmativas, Hume parece encarnar dois princípios: a comunicação do sentimento, que é a simpatia, e o engajamento do sentimento, que é o envolvimento necessário do homem com a humanidade. Esse tipo de posição enfatiza inevitavelmente as convenções: não apenas a linguagem comum é o consenso moral, como também há uma equivalência prática entre a humanidade e a sociedade. Esse elemento

---

6 Cf. Hendel, C. W. "Introduction". In: Hume, *Enquiry Concerning Human Understanding*, p.xxvi-xxvii, New York, 1957.

DAVID HUME: RAZÃO E EXPERIÊNCIA   181

de convenção, não apenas em Hume, mas no século XVIII em geral, levanta certas questões críticas importantes.

Tem sido sugerido, por exemplo, que com sua observância na aprovação ou desaprovação dos critérios morais ele abre caminho, e até participa, da degeneração da moral social para as preocupações triviais e externas de lorde Chesterfield. Creio que é verdade que, quando ele afirma, na linguagem da época, certos tipos de convenção, uma brandura evidente do tom pode assumir temporariamente o controle:

> Deve ser de fato infeliz, seja em seu próprio temperamento, seja em sua situação e companhia, quem nunca percebeu os encantos de um espírito jocoso ou de uma afabilidade fluente, de uma modéstia delicada ou de uma gentileza honrada na maneira de comportar-se e dirigir-se aos outros.[7]

Certas palavras nessa passagem, como "jocoso", "afabilidade" e gentileza", estão hoje tão comprometidas que essa convicção de Hume é quase simples demais. Contudo, há aqui, sem dúvida, certa complacência polida: sobretudo, penso eu, quando ele sente que está contra a corrente e procura ansiosamente aplacar essa tendência. Acho necessário lembrar, quando Hume se compraz desse modo, que de fato, durante a maior parte de sua vida, ele desafiou algumas das principais crenças da época: na realidade, ele tinha má fama, perdeu empregos por preconceito e seu jazigo teve de ser protegido de profanações. Não consigo associar um homem como esse a Chesterfield, embora seja nítido o fato literário de que, em certos momentos, ele soa tão brando e tranquilo que hoje, paradoxalmente, está exposto a outro tipo de inimigo.

Mas, para além dessa brandura ocasional, devemos notar a limitação de sua mente por premissas temporariamente sociais. É

---

7 Hume, *Enquiries Concerning Human Understanding*, L. A. Selby-Bigge (ed.), IX, I, p.226, Oxford, 1902 [1894].

significativo que, em sua discussão sobre a benevolência (*Inquiry*, II, II), quando ele introduz exemplos de sentimentos morais modificados pela "experiência posterior e por um raciocínio mais sensato", três dos quatro exemplos (sobre a caridade, a tirania e a luxúria) parecem hoje profundamente ambíguos. De fato, reduzir a caridade a uma fraqueza tem uma satisfação real, que se tornou inumana e terrível na legislação subsequente da Lei dos Pobres. Dessa forma, boa parte da escrita política de Hume é desfigurada por uma aceitação fácil demais da convenção com relação a pontos em que a sociedade não era, afinal, equivalente à humanidade.

Mais uma vez, temos de observar uma limitação dos tipos de sentimento: a exclusão prudente da intensidade e da paixão; a limitação das respostas ao sofrimento; e o desdém fácil demais pelo entusiasmo: "Um entusiasta desmiolado e sombrio, após a morte, talvez encontre um lugar no calendário; mas dificilmente será admitido, enquanto vivo, na intimidade e na sociedade, exceto pelos que são tão delirantes e lúgubres quanto ele" (IX, I, 219). O ataque às "virtudes dos monges" – "celibato, jejum, penitência, mortificação, abnegação, humildade, silêncio, solidão" (IX, I, 219) – apresenta a mesma debilidade de tantas de suas listas: ele não é criterioso, e o frequentemente ruim é confundido com o frequentemente bom. O argumento contra elas é igualmente misturado: elas inabilitam para a felicidade e a sociedade, que é mera satisfação; e elas "assombram o entendimento e endurecem o coração", o que ao menos é defensável como parte da lista e, de fato, parece-me verdadeiro.

Contudo, não devemos nos render à limitação oposta, apesar de similar. Os sentimentos sociais são reais, não são meramente Chesterfield, e o âmbito de Hume é aqui amplo e profundo:

> Consideremos o que denominamos luxúria viciosa. Nenhuma gratificação, por mais sensual que seja, pode ser julgada viciosa por si mesma. O prazer somente é viciante quando consome todos os recursos de um

DAVID HUME: RAZÃO E EXPERIÊNCIA 183

homem e não lhe deixa condições de realizar atos como os de obrigação e generosidade exigidos por sua situação e fortuna. Suponhamos que ele corrija o vício, e empregue parte de seus recursos na educação dos filhos, no apoio aos amigos e no alívio do sofrimento dos pobres: isso resultaria em prejuízo para a sociedade? Por outro lado, o consumo seria o mesmo; e o trabalho que, no presente, é empregado apenas na produção de um prazer miúdo para um homem, traria alívio aos necessitados e satisfação a centenas. O mesmo cuidado e trabalho que dá origem a um prato de ervilhas no Natal forneceria pão para toda uma família por seis meses. Dizer que, sem a luxúria viciosa, o trabalho não seria realizado é apenas dizer que há um outro defeito na natureza humana, como a indolência, o egoísmo, a desatenção para com os outros, para os quais a luxúria, de certa maneira, fornece o remédio; do mesmo modo que qualquer veneno pode ser o antídoto de outro. Mas a virtude, como a comida saudável, é melhor do que venenos, não importa quão acertados sejam.[8]

Esse é o melhor de Hume, e tem sido muito pouco enfatizado. Também não podemos dizer que, em seu cuidado com a aprovação e desaprovação social, Hume negligencie a autoaprovação da consciência individual. Na realidade, na última página da *Investigação*, ele escreve: "Paz de espírito, consciência de integridade, crítica satisfatória de nossa própria conduta são circunstâncias muito necessárias para a felicidade, e serão apreciadas e cultivadas por qualquer homem honesto que sinta sua importância" (IX, II, 233). E, no último parágrafo, ao comparar os prazeres da virtude com os "divertimentos vazios da luxúria e do dispêndio", ele escreve sobre "a satisfação que não pode ser comprada da conversa, da sociedade, do estudo e mesmo da saúde e das belezas comuns da natureza, mas, acima de tudo, da reflexão tranquila sobre a nossa própria conduta" (XX, II, 233). A unidade desses pontos de referência é, na realidade, o apelo moral de Hume.

---

8 Id., Of Refinement in the Arts. In: _____, *Essays Moral and Political*.

Contudo, essa unidade era possível? A unidade não é meramente convencional? Para responder a essas perguntas, devemos primeiro considerar o fato de que Hume, com muita frequência, apresenta em seus escritos morais e políticos um tipo distinto de relativismo social que, de todas as formas de pensamento, pode ser a mais perigosa para a confiança simples na convenção. No plano formal, a questão pode ser facilmente resolvida. Ninguém que tenha lido ensaios como "Dos caracteres nacionais", "Da origem e do progresso das artes e das ciências", "Sobre o comércio" e "Sobre o refinamento nas artes" acusaria Hume de confundir uma sociedade local e temporária com a humanidade universal e histórica. Ao contrário, ele é às vezes um colaborador notavelmente original para um novo tipo de análise histórica relativa.

> Em países em que os homens passam a maior parte de seu tempo em conversas, visitas e assembleias, essas qualidades *sociáveis*, por assim dizer, têm alta estima e formam a parte principal do mérito pessoal. Em países em que os homens possuem uma vida mais doméstica e se dedicam a negócios ou se entretêm em círculos mais estreitos de conhecidos, as qualidades mais sólidas são mais valorizadas. (VII, 212)

E ele prossegue com uma comparação entre a Inglaterra e a França. A palavra distintiva aqui é "sociável" e, de fato, pouco antes dessa passagem, ele escreveu:

> Como os choques mútuos na *sociedade* e as oposições de interesse e amor-próprio forçaram o homem a estabelecer as leis da *justiça* [...] da mesma forma, as eternas contrariedades, na *companhia*, do orgulho dos homens e do conceito que eles fazem de si mesmos introduziram as regras das *boas maneiras* ou da *boa educação* [...]. (VIII, 211)

Parece simples reter essa distinção entre "sociedade" e "companhia", especialmente para um leitor moderno. Estamos acostumados a "sociedade" como uma descrição geral do sistema de vida comum, e a abstrair de descrições de sistemas ou sociedades particulares uma condição geral da "sociedade" como tal. Mas o sentido mais antigo de "sociedade" é "companhia de amigos": uma descrição de uma relação imediata entre pessoas. As complexidades do desenvolvimento da palavra "sociedade" refletem complexidades gerais em um desenvolvimento social e em uma filosofia social reais; elas não são específicas a Hume. Mas, pela natureza de seu pensamento moral, Hume estava especialmente exposto a essas complexidades, e a suas confusões subsequentes. Por exemplo, quando discute as "virtudes sociais" – "humanidade, benevolência, indulgência, generosidade, gratidão, moderação, ternura e amizade" (IX, I, 226) –, ele junta qualidades que cobrem todo o espectro, desde o comportamento pessoal até os padrões públicos. Não que ele não consiga reconhecer o tipo de distinção que faríamos hoje, mas usualmente, para ele, "sociedade" é tanto um sistema comum de vida quanto a atividade de uma classe específica de pessoas – na realidade, a classe dominante. O homem caridoso é também, naturalmente, o senhor e o empregador; nessa posição limitada, as virtudes sociais e pessoais podem ser vistas como frequentemente coincidentes. A desvantagem é que esse tipo de pensamento sobre os valores sociais exclui tacitamente a experiência dos que não são uma classe dominante, e isso é profundamente incapacitante em um sistema moral que depende tão fundamentalmente da aprovação *universal*. Além disso, as comparações que ele pode fazer entre os sistemas morais de sociedades distintas não se estendem facilmente a comparações entre sistemas morais dentro de uma sociedade específica: o ponto prático em que a assunção do consenso moral se rompe. É interessante que Adam Smith chegou justamente até essa questão, distinguindo "dois esquemas ou sistemas diversos de moralidade vigentes ao mesmo tempo" em "toda a sociedade em que a distinção de classe já tenha sido completamente estabelecida".[9] Hume, assimilando inconscientemente "sociedade", em vários momentos, a um sentido muito próximo de uma "companhia de amigos" classista, revela o que parece ser, para mim, a dificuldade central desse seu argumento baseado no consenso. Fiz uma contagem rápida na *Investigação* e, considerando "companhia de amigos" o sentido A e "sistema de vida comum" o sentido B, encontrei 25 usos de A contra 110 usos de B, mas também, em alguns momentos críticos do argumento, 16 usos que são, na realidade, A/B. Os usos posteriores de "sociedade política" (quatro), "sociedade civil" (três), "sociedade humana" (nove), "sociedade geral" (um) e "sociedade familiar" (um) acrescentam mais complicações. A verdade é que Hume tenta generalizar, ou mesmo universalizar, a virtude e a sociedade, ao mesmo tempo que retém, dentro desses termos cruciais, não apenas uma particularidade inconsciente, mas também as complexidades essenciais, bem pouco analisadas, do termo operativo e unificador.

Esse aspecto afeta, por fim, a questão da referência de Hume à "utilidade" e à tradição utilitarista. É nítido que ele utiliza o princípio da utilidade como a fundação da moral e, de fato, ele utiliza na *Investigação*, contra certas explicações dele, frases características como "cálculo justo" e "a felicidade maior" (IX, II). Mas também é nítido que sua "utilidade" não é baseada exclusivamente, ou mesmo primeiramente, no indivíduo calculista, mas essencialmente no que ele tomou como uma experiência social geral e objetiva. Além disso, pela complexidade e confusão que notamos no uso de "sociedade", ele identificou essa experiência com a experiência humana geral. O que significa que o "cálculo" se torna idêntico, ou quase idêntico, ao processo social real; em outras palavras, o processo de vida na sociedade é um cálculo que não necessita de outros princípios separados para determiná-lo. Não creio que seja

---

9 Smith, *The Wealth of Nations*, v.2, p.378-9, London, 1776.

DAVID HUME: RAZÃO E EXPERIÊNCIA

fantasioso ver essa identificação de sociedade com um cálculo contido e autorregulador como o reflexo de um estágio particular da sociedade burguesa no qual a relação entre o mercado (o modelo óbvio desse processo) e a sociedade como um todo poderia ser vista como orgânica. Por derivação, a relação entre a decisão moral pessoal e o processo social também poderia ser vista como orgânica. Quando essa identificação entre o mercado e a sociedade visivelmente perdeu sua coesão, como no impacto da mudança imediatamente após o fim da vida de Hume, o elemento de mercado, no cálculo da utilidade, tornou-se abstrato e a sociedade, para o moralista utilitarista, tornou-se apenas o agregado de cálculos abstratos individuais. Hume está bastante distante desse tipo de utilitarismo.

Por outro lado, a ênfase no cálculo moral individual surgiu muito antes de Hume e foi objeto de um ataque consciente de sua parte. Certamente, nunca há, em um pensador da qualidade de Hume, apenas reflexão. Sua empreitada pode ser vista como um esforço para restaurar a identidade das virtudes sociais e pessoais em um momento em que as tensões da mudança haviam forçado, e estavam forçando, sua separação. Era inevitável que falhasse; ele somente poderia ter êxito, com sua visão clara, mediante uma limitação inconsciente do que era experiência social relevante. Contudo, a empreitada, como a ênfase de Burke na comunidade, entrou no fluxo do pensamento, para além de seu fracasso local. A complexidade, tanto de Hume como de sua influência, deve ser vista dessa forma. Como a última grande voz de uma cultura madura, mas de bases estreitas, no limite da transformação causada por uma mudança social profunda; o cético que desejava afirmar-se, e que aprendeu a afirmar-se em sua própria obra, foi bem-sucedido na articulação dos modos de ceticismo com os modos de afirmação que puderam mover-se e funcionar, mesmo depois de a base viva de sua difícil resolução ter morrido com sua geração e história.

A FICÇÃO DA REFORMA

Entre o início da década de 1770 e o fim da década de 1830, há uma aparente ausência de definição no desenvolvimento do romance inglês. A maioria dos mapas do período não mostra muito mais do que os cumes isolados de Jane Austen e Walter Scott, e as silhuetas igualmente isoladas, embora menores, de Fanny Burney, Maria Edgeworth e Thomas Love Peacock. Isso contrasta agudamente com os períodos anterior e posterior, nos quais o perfil do que é a um só tempo uma geração e uma forma pode ser desenhado de modo bastante confiável. A questão que se coloca, então, é se esse contraste é uma questão de terreno ou de cartografia. Para o historiador da literatura, o problema é marcado com frequência pelo fato de que o período, tão mal definido no caso do romance, seja tão bem definido no da poesia: duas gerações românticas e suas formas originais e influentes. Para o historiador da cultura, o problema é mais difícil, não apenas porque (como pode ser abstratamente inferido) esse é um período de mudanças sociais e culturais decisivas – de fato, na Revolução Industrial e na luta pela democracia parlamentar, esse é um dos dois períodos mais significativos de toda a história moderna da Inglaterra –, mas também porque, apesar do mapa, esse é um período de expansão notável do romance, sobretudo a partir da década de 1780: uma expansão que pode ser facilmente descartada como meramente quantitativa.

Alguns mapas mais recentes têm traçado um contorno peculiar: o romance gótico, que teve um aumento significativo de popularidade. Trata-se de um traço autêntico, desde *O castelo de Otranto* até *Os mistérios do castelo de Udolfo* e *O monge*. A dificuldade começa quando os elementos que definem o sobrenatural e o terror são usados para sobrepujar ou assimilar romances de tipo diferente, como *Frankenstein*, de Mary Shelley. Isso ocorre não apenas quando o romance gótico é tratado como meramente uma moda literária, mas também quando é visto, como argumenta André Breton, como um sintoma patológico de "turbulências sociais que agitaram toda a Europa até o fim do século XVIII". É uma redução ignorante das respostas culturais do período, e especificamente das respostas nos romances ingleses, supor que o conflito e o terror disseminados não produziram mais do que sintomas deslocados, ou não mais do que um distúrbio emocional apaziguado pelo exercício das sensações. Por outro lado, temos de reconhecer outro desenvolvimento no mínimo igualmente significativo no qual o conflito e o terror foram diretamente confrontados, em modos específicos, e houve um esforço para levá-los até suas causas sociais. A hipótese de Gary Kelly em *The Jacobin Novel* [O romance jacobino], de 1976, é uma contribuição importante para esse necessário reconhecimento e reparação.

O termo "jacobino", como Kelly reconhece desde o início, apresenta algumas dificuldades. Na verdade, elas são muito mais sérias do que ele próprio admite. John Thelwall observou que o título "jacobino" foi "posto em nós como um estigma por nossos inimigos"; o paralelo com alguns usos modernos de "comunista", "bolchevique" ou "marxista" é bastante próximo. O preconceito contra a Revolução Francesa ou os anos do terror revolucionário foi invocado de modo bastante consciente. Contudo, os

A FICÇÃO DA REFORMA 191

romancistas em questão, embora fossem partidários da Revolução Francesa, estavam apoiados em uma formação nativa que precedeu, política e filosoficamente, 1789. Os acontecimentos mais próximos do terror que ocorreram na Inglaterra foram os distúrbios entre "a Igreja e o rei", que destruiu o laboratório e os manuscritos de Priestley, a acusação contra *Os direitos do homem*, os julgamentos de 1793 e 1794, a suspensão do *habeas corpus* e os "Twin Acts" [atos gêmeos] contra as "práticas de traição" e as "reuniões sediciosas" (leia-se liberdade de opinião e associação). Essa repressão consciente teve efeitos diretos sobre os romancistas, e no caso do romance mais notável do período – *Things As They Are* [As coisas como elas são], de William Godwin – teve um efeito literário dos mais interessantes e significativos.

A seleção de romancistas que Kelly apresenta pode ser questionada. Ele se concentra em quatro: Robert Bage, Elizabeth Inchbald, Thomas Holcroft e William Godwin. Todos os quatro são relevantes, mas é difícil justificar a exclusão de Charlotte Smith, especialmente em *Desmond* (1792), Mary Hays, em *Emma Courtney* (1796) e Mary Wollstonecraft, no romance póstumo e inacabado *The Wrongs of Woman* [Os enganos da mulher] (1789). Cada uma dessas obras é mais patentemente radical do que qualquer outra obra selecionada, e *Desmond*, que inclui cenas da Revolução Francesa, está muito próximo de qualquer associação razoável com o jacobinismo em sentido estrito. De fato, selecionando e excluindo, Kelly enfraquece um dos elementos de sua hipótese, e ao mesmo tempo o reforça em uma direção diferente. O que ele vê em comum entre Bage, Inchbald, Holcroft e Godwin é, se tivermos de fazer uma analogia francesa, e como ele mesmo indica, mais girondino do que jacobino; mais do que um e outro, porém, é um complexo específico dentro da tradição inglesa da dissensão social e da reforma humanitária. Isso é particularmente evidente em Bage e nos primeiros romances de Inchbald e Holcroft, e é mais significativo na colisão e na interação com os acontecimentos revolucionários na França e com a repressão inglesa, que procurou, arbitrariamente, evitar a revolução e acabar com a reforma em uma simples campanha difamatória.

Os princípios fundamentais dessa posição são: em primeiro lugar, o caráter é formado pelas circunstâncias, pela educação e pela formação; em segundo lugar, o esclarecimento objetivo, a investigação racional e a reforma coerente podem superar aquilo que é sempre erro, nunca vício. É fácil ver como essa posição se liga ao espírito do Iluminismo, e como fornece uma base segura para programas de reforma social e moral. O que não é muito fácil ver é que essa posição também fornece a base para um novo tipo de integração na forma do romance. O feito mais significativo do livro de Kelly é a discussão e a demonstração desse desenvolvimento crucial, que teve mais importância para o desenvolvimento subsequente do século XIX do que se afirma em geral. Em determinado nível, ele constrói um caso convincente, e os exemplos mais sólidos parecem ser *Man As He Is* [O homem como ele é] (1792), de Bage, *A Simple Story* [Uma história simples] (1791), de Inchbald, e *Anna St Ives* (1792), de Holcroft. Contudo, embora as mudanças sejam evidentes, a integração possibilitada por essas versões de causa, consequência e mudança ainda apresenta, em geral, o material das relações pessoais da tradição de Richardson.

Dois problemas surgiram no estágio seguinte do desenvolvimento: em primeiro lugar, a corrupção, que obviamente não é nem metafísica nem inata, mas pode revelar-se, pela extensão da investigação racional, sistemática; em segundo lugar, se for sistemática, ela talvez resista ou mesmo subjugue os esforços mais objetivos e racionais para corrigi-la. O primeiro problema influenciou mais diretamente a composição dos romances. Uma personagem tipicamente virtuosa ou perversa, nas circunstâncias e na educação específica a ela, agora poderia ser escrita por meios conhecidos. Toda a tradição moral e secular da caracterização individual deu sustentação para isso, e até

A FICÇÃO DA REFORMA 193

hoje mantém sua força: é usada com frequência para definir o que o romance pode ou deve fazer. Ver a questão de outra forma, partindo das circunstâncias gerais – uma condição da sociedade – e observando as personagens como produzidas e reproduzidas dentro delas, não é apenas uma ruptura com a tradição, mas é também uma ruptura imediata com métodos, e isso traz sérios problemas para a escrita real, se a condição geral deve estar não sumariamente, mas substancialmente presente, e se deve ser vista não como meramente circunstancial, mas como formativa. Alguns desses romancistas – Holcroft e sobretudo Godwin, mas também, como um caso extremo, Mary Wollstonecraft – empenharam-se seriamente para explorar esse novo mundo ficcional, e essa tendência pode ser observada de modo geral. Os títulos deliberadamente generalizantes – *Man As He Is, Things As They Are, Nature and Art, The Wrongs of Woman* – confirmam essa tendência. Contudo, entrementes, o segundo problema, o da corrupção sistemática pode não apenas resistir, mas sobrepujar os pretensos reformistas objetivos e racionais, era diretamente vivenciado não na busca de formas ficcionais, mas na perseguição e repressão crescentes. Escrever um romance com temas como esses, mesmo sem referências diretas (em geral, ansiosamente evitadas) à limpeza realizada pela revolução na França, significava, na realidade, arriscar a própria liberdade no período crucial de 1791 a 1798. Não causa surpresa que a busca de novas formas, tão difícil em si mesma e, contudo, já tão clara como tendência, tenha sido confundida, dispersada e, dentro daquela tradição, interrompida.

Mas resta um caso fundamental: o melhor romance e, se pudermos lê-lo, o melhor registro da época. Refiro-me a *Things As They Are*, de Godwin, o título original que Kelly prefere ao subtítulo, hoje muito mais difundido: *The Adventures of Caleb Williams* [As aventuras de Caleb Williams]. De fato, a mudança de ênfase no título (realizada por Godwin em 1831) é parte da história, e inclui a história subsequente de Godwin: a troca de uma tentativa de incorporar a corrupção sistemática por uma história individualizada do que pode ser visto como uma aventura singular ou um caso psicológico. Kelly tem muita coisa útil para dizer sobre o romance, e fornece muitas informações válidas. Mas como discordo em geral de sua leitura, eu gostaria, em resposta ao estímulo dado por sua obra, de esboçar uma narrativa alternativa e conectá-la a seus temas mais gerais.

Enquiry Concerning Political Justice [Investigação sobre a justiça política], publicado em 1793 por Godwin, é um marco na tradição da reforma filosófica que, como vimos, está na base dos novos romances da década de 1790. Logo que a obra foi publicada, e amplamente reconhecida e aclamada, Godwin se voltou novamente para a ficção, "agora sem disposição para curvar-me ao insignificante". Ele queria escrever um romance não "pelo efeito temporário", mas para ser "incorporado nas próprias fibras da alma". Por sua própria narrativa posterior, e mais significativamente nos termos da tradição e da situação já discutidas, ele partiu da imagem poderosa de um homem perseguido e preso, e então voltou no tempo para criar as circunstâncias que teriam provocado essa perseguição.

Isso é, a meu ver, uma mutação genuína na doutrina de que o caráter é formado pelas circunstâncias: não no sentido simples de negação, pois as circunstâncias são cuidadosamente reconstruídas e, nesse sentido, a doutrina geral ainda é aparente, mas no sentido mais complexo de uma frase do prefácio original: "os filósofos não sabem que o espírito e o caráter do governo penetram todas as classes da sociedade". O que temos, portanto, não é, ou não é apenas, um mundo de conflito moral, no qual o vício e a benevolência, ou a razão e a ignorância, se enfrentam. O que temos aqui como algo novo é a noção de sistema – político, mas também inevitavelmente moral – que, como "governo", *penetra*. Isso não é apenas o reconhecimento das pressões imediatas, que o levaram a suprimir o prefácio na primeira edição, porque, como ele disse mais tarde, "o terror era a ordem do dia; e temia-se que mesmo

A FICÇÃO DA REFORMA

o romancista modesto pudesse ser visto como construtivamente um traidor". Isso também é, a meu ver, um reconhecimento mais profundo do que poderíamos chamar hoje de hegemonia; ou, nos termos de Godwin, não apenas a formação, mas a corrupção do caráter por uma ordem política sistemática. E o ponto desse reconhecimento nos termos do método ficcional – na realidade, em um ponto de transição do "caráter circunstanciado" – é, em primeiro lugar, uma versão das relações sociais como dependência, pressão e perseguição e, em segundo lugar, uma transcendência do contraste moral por um novo processo, no qual caçador e caça, perseguidor e perseguido, são dinamicamente formados, embora de maneiras diferentes, e movidos por uma condição geral que é comum a ambos.

Assim, em um modelo imediatamente precedente, Godwin poderia ter feito Falkland o perseguidor perverso, por sua educação e circunstâncias, e Caleb o perseguido, comparativamente virtuoso. Na realidade, esse contraste é limitado à situação inicial, no conflito entre o nobre Falkland e o perverso Tyrrel. Quando Falkland assassina Tyrrel e não apenas nega o crime, como permite que um homem honesto seja executado em seu lugar, ele inicia uma relação próxima com seu secretário Caleb; por uma investigação racional, que também pode ser chamada de "curiosidade", Caleb descobre o crime e então é perseguido, caluniado e, ao fim, capturado para que não revele o crime. Essa é uma ação que vai além das "circunstâncias"; é um conflito dinâmico e ao mesmo tempo recíproco, ou, como Godwin finalmente notou, uma corrupção mútua dentro das pressões que surgem como assustadoras apenas porque são tão gerais, "penetrantes" e disseminadas.

A profundidade intuitiva e o poder imaginativo que Godwin trouxe para essa identificação foram suficientemente reconhecidos por várias gerações de leitores. Mas restam dois problemas na análise. Primeiro, o romance tem sido reduzido, com frequência de modo plausível, ao conceito diverso de "realismo psicológico", que está presente, é claro, mas é alterado quando é construído dentro de uma "psicologia" atemporal e infundada. O romance tem sido interpretado, dentro de uma tendência dominante, em um escopo que abrange desde um estudo da neurose até uma alegoria da neurose de Godwin. As pressões de um tempo e de uma condição, que Godwin invoca repetidamente em todos os níveis, desde o ar arrogante e senhorial de Tyrrel até as ilegalidades, outrora virtuosas, do capitão Raymond, são então vistas como meras projeções ou mesmo como "circunstâncias". Dentro desse modo, mesmo a política radical da década de 1790 é vista como uma neurose. Mas o caso é importante precisamente porque Godwin procura mostrar não tanto a interação daquelas entidades abstratas, "o indivíduo" e a "sociedade", mas sua integração em uma profundidade que funde os medos e os impulsos pessoais mais enraizados com as formas gerais de dominação e injustiça mais prementes. É nesse sentido que *Things As They Are* é um romance indispensável de uma tradição inglesa importante: uma tradição que é mais clara em Hardy, cujos romances *Tess* e *Jude* podem ser diretamente comparados a ele.

Contudo, dentro desse êxito, há um problema específico e significativo: o dos finais alternativos do romance. Esse é um caso comparável em importância geral, como uma questão de consciência imaginativa em processo, à alteração de Elizabeth Gaskell em *John Barton*, e a evidência, no caso de Godwin, acaba sendo mais direta e acessível, embora ainda difícil de ler. Godwin iniciou o romance em fevereiro de 1793. A partir de janeiro de 1794, com a redação já avançada, Godwin começou a visitar Joseph Gerrald, que havia sido condenado por sedição. Esse caso foi amplamente observado. Coleridge escreveu sobre Gerrald em termos que lembram irresistivelmente *Things As They Are*: "Definhando no ar infecto e insalubre de uma prisão, sua alma saudável observa, da cidadela de sua integridade, seus perseguidores impotentes".

A FICÇÃO DA REFORMA 197

Em 29 de abril de 1794, Godwin despediu-se de Gerrald em Newgate. No dia seguinte, terminou o romance. A última tentativa de Caleb para estabelecer a verdade sobre o crime de Falkland é desconsiderada pelos magistrados; sua mente não resiste à tensão dessa última rejeição de sua integridade. Em 4 de maio, Godwin reescreveu a conclusão na forma em que foi finalmente publicada. Caleb acusa Falkland, ao mesmo tempo que acusa a si mesmo de pertinácia impudente. Falkland, emocionado com a apelação, confessa e morre logo depois. Caleb também se vê como culpado, "na selva corrupta da sociedade humana" que envenenou a ambos.

É possível preferir um final ao outro; a maioria dos leitores que conheceram ambos prefere o segundo. Mas parece-me que o significado real é que os dois finais foram escritos e, nesse sentido, ambos eram possíveis. Esse processo não foi abstrato; a figura de Joseph Gerrald estava à mão. O que Coleridge disse sobre Gerrald era verdade, mas não o salvou; ele foi transferido e morreu aos 33 anos. É compreensível, portanto, que se sinta raiva diante daquilo que seria um fim ficcional artificial, em que o apelo moral sincero, ajudado pela acusação de precipitação e negligência, pudesse persuadir um criminoso arrependido a confessar e corrigir-se. A própria referência tardia de Godwin a Gerrald, que leu o romance na prisão, ficando acordado para terminá-lo logo, embora tenha custado muito mais tempo ao autor para escrevê-lo, mas que brada revigorado: "Amanhã, os bosques frescos e o pasto novo", é quase insensível e ofensiva. A confissão de culpa em uma investigação que procura a verdade é, ao menos para aquele momento, conveniente.

Há uma frase no primeiro final do livro que é, em termos imaginativos, crucial: "Ai de mim! Ai de mim! Parece claro também em minha história que a perseguição e a tirania nunca morrem". Mas então qual foi, naquele momento, a lição de Gerrald? Essa é uma pergunta sem resposta: na dureza sistemática de uma tirania que nega sua integridade e o destrói; no exemplo moral de um insubordinado corajoso, que supera a si mesmo. Naquele momento, o segundo final pode ter parecido a resposta mais verdadeira, mas o que é significativo é que Godwin, após escrever o primeiro final para concordar com a primeira pergunta, não a alterou para concordar com o segundo. Ele o alterou, aceitando a derrota em um sentido mais profundo, até o reconhecimento amargo da destruição mútua dentro de uma condição geral de domínio: o perseguidor e o perseguido são ambos corrompidos, mas com a verdade plena dita de modo que fosse completamente entendida.

Esse é um final trágico, ainda que temporário ou mesmo provisório, para a ficção da Reforma.

FORMAS DA FICÇÃO INGLESA EM 1848

Há muitas razões para nos lembrarmos de 1848. Entre elas, o fato de que as primeiras bancas de livros foram inauguradas no novo sistema ferroviário britânico; podemos dizer que foram abertas por um homem chamado W. H. Smith, mas na realidade foram abertas por uma firma cujo nome lembra um dos romances mais famosos publicados naquele ano: W. H. Smith *e Filho*. Acontece que o filho acabou vencido por, e portanto venceu, no interesse conservador, um escritor chamado John Stuart Mill, no distrito eleitoral de Westminster. Essa lembrança empírica de W. H. Smith – e Filho – poderia ser vista como uma impertinência em uma análise do ano histórico 1848. De fato, trata-se de um item do empreendimento capitalista vulgar que podemos ver interposto entre nós e as regiões mais atraentes da alta ideologia burguesa. Contudo, qualquer análise histórica, quando centrada em datas, deve reconhecer que, embora as datas sejam fixas, o tempo está em movimento. Em qualquer ponto específico há relações complexas entre o que pode ser chamado de instituições e práticas dominantes, residuais e emergentes. Assim, o segredo de uma análise é a investigação e a identificação dos lugares específicos que elas ocupam dentro de um campo sempre dinâmico.

Assim, nos termos da venda capitalista de livros, as bancas de Smith e as livrarias associadas Parlour e Railway, com edições baratas de romances populares, estavam em ascensão. Mas, nos termos da *produção* emergente, temos de voltar nosso olhar para lugares muito diferentes. Entre a produção e a venda de livros, há aquelas outras relações sociais indicadas por aquilo que era lido, e aqui W. H. Smith – e Filho – são novamente relevantes, uma vez que registraram seus "dez mais". Uma lista interessante: Bulmer Lytton, capitão Marryat, G. P. R. James, James Grant, Catherine Sinclair, o canadense Thomas Haliburton, Frances Trollope, o irlandês Charles Lever, Elizabeth Gaskell e Jane Austen. Creio que muitos estudantes e professores de Literatura se sentiram aliviados ao chegar ao fim da lista e encontrar autores que eles leram nos últimos dois meses. Mais uma vez, se olharmos para os títulos e nos perguntarmos o que as pessoas liam em 1848, notaremos que no topo da lista estavam: *Agincourt*, *The Romance of War* [O romance da guerra], *Os últimos dias de Pompeia*, *Midshipman Easy* [O aspirante Easy], *Tower of London* [Torre de Londres], *The Heiress of Bruges* [A herdeira de Bruges], *Stories from Waterloo* [Histórias de Waterloo], *Scalphunters* [Os caçadores de escalpos], *Rody the Rover*, *Orgulho e preconceito* e *The Little Wife* [A esposinha].

Um problema teórico é imediatamente evidente. De um modo que hoje nos é familiar, podemos passar da caracterização da sociedade burguesa da época para uma ideologia burguesa característica e sua forma ficcional apropriada. Já ouvi dizer que 1848, um ano excepcional para os grandes romances, marca o início de um realismo burguês característico na ficção. Temos então dois problemas imediatos: em primeiro lugar, o que o burguês lia não era ficção burguesa, em nenhuma de suas definições comuns; em segundo lugar, os grandes romances, de *A feira das vaidades* a *Dombey and Son* e de *Mary Barton* a *O morro dos ventos uivantes*, podem ser caracterizados como realismo burguês apenas mediante um esvaziamento extraordinário, uma

FORMAS DA FICÇÃO INGLESA EM 1848   201

composição mútua que esconde os processos reais e efetivos, a formação complexa das formas reais.

Em um modo alternativo de análise histórica, distinto da análise de época, os problemas se mantêm, mas podem ser mais especificamente negociados. Pois temos de começar pelo reconhecimento do entrelaçamento bastante complexo entre as formas dominantes e residuais na política e na cultura e os processos ainda mais complexos dos modos emergentes específicos e ainda em formação. Sobretudo na ficção, essa é nitidamente a forma verdadeira, a forma em movimento, em 1848. Assim, nos títulos que acabamos de mencionar, e na maioria dos autores, podemos identificar duas "formas" populares, em um vago sentido literário-histórico de forma, determinadas essencialmente pelo conteúdo, mas com suas próprias consequências formais: a *novela histórica*, que é virtualmente dominante, em particular quando se trata de novelas históricas associadas à guerra; e o *conscientemente exótico*, associado com frequência, e significativamente, com a nova era da colonização.

As novelas históricas, podemos observar de passagem, são diferentes daquelas da época de Scott, embora seja dessa forma que tendem a aparecer nos livros didáticos. Elas têm muito menos conteúdo histórico real; a distinção que fazemos entre romance ou drama histórico e romance de costumes é apropriada a muitas delas. O lugar, o cenário colorido está lá, mas o movimento histórico – a tensão histórica do período – está subordinado ao sentido do espetáculo histórico. O mesmo vale para o exótico. É evidente que não se trata da história das guerras coloniais: é uma história de aventura extraída da experiência.

Mas eu poderia argumentar que essas formas são residuais em 1848, no sentido de que, embora ainda dominem uma relação importante com certo público formado, elas começam a ser menos escritas.

Na década de 1840, há um declínio nítido na produção de ambas, e o surgimento de outras. Contudo, esse elemento residual é parte crucial daquele entrelaçamento complexo e central para a cultura inglesa dessa década entre (sucintamente) os aspectos aristocráticos e burgueses dos sistemas de vida e valor. Nesses termos, podemos dizer que a burguesia lê ficção predominantemente aristocrática, com esse tipo de universo social assumido. E o que começa a surgir em suas próprias formas encontra-se, em um primeiro momento, em um nível mais baixo de desenvolvimento. O entrelaçamento entre o residual e o que, no curso dos anos 1840, estava se tornando uma cultura burguesa dominante é negociado não por meio de formas residuais, mas por meio de novos tipos de ficção conscientemente direcionadas para as questões de classe. Aqui, devemos começar a fazer algumas distinções dentro do dominante.

Não é difícil encontrarmos uma ficção burguesa na década de 1840 que corresponda, de modo bastante direto, aos valores e interesses explícitos da burguesia – histórias que transferem o interesse pelo nascimento para a riqueza, o interesse pela posição herdada para a posição conquistada. Já na década de 1830, duvidava-se que a classe média fosse suficientemente interessante para que se escrevessem romances sobre ela – uma dúvida que, desde então, tem ocorrido a outros. Mas, nos anos 1840, o aristocrata, que parecia a figura natural da novela, começava a ser afetado, em certa categoria de ficção, pela nova ética burguesa do homem que se faz sozinho. De fato, uma forte ênfase no trabalho, distinto da diversão, trazia com ela, como um dos principais incentivos a esse tipo de ficção, um diagnóstico claro da pobreza como diretamente ligada à falta de esforço pessoal ou mesmo a algum vício real. Assim, os valores burgueses explícitos e conscientes que constituíam o caráter social formal da classe nesse período entraram na ficção, mas não em uma ficção importante. Por isso é que os termos estereotipados "ficção burguesa" e "realismo burguês" não funcionam como simples fórmulas. Podemos encontrar essa ideologia em muito da nova ficção de revista, a ficção publicada em série nas revistas voltadas para a

FORMAS DA FICÇÃO INGLESA EM 1848   203

família na década de 1840; podemos encontrá-la nos panfletos dirigidos a setores particulares da classe trabalhadora, seja com um objetivo de conversão religiosa, seja de conversão à temperança. Ela foi colocada em formas ficcionais, em histórias sobre o sucesso alcançado pelo esforço e pela moderação, ou o fracasso provocado pelo alcoolismo, pela fraqueza ou pelo vício, mas com uma moral diretamente vinculada de que não podemos culpar os outros por nossa pobreza ou esperar que os outros a aliviem; é uma questão de esforço próprio e sobriedade. Nos panfletos e na ficção de revista, portanto, encontramos essa ideologia; na verdade, em uma gama que abrange desde os que a apresentam de maneira maldosa, para afastar os problemas sociais, até os convictos e complacentes, que, apesar disso, construíram essa interpretação da pobreza e do sofrimento. Mas nada disso se dirige a uma forma significativa. No melhor dos casos, a obra de Mary Howitt me parece exemplar, e não está distante de Elizabeth Gaskell, se apenas tomarmos uma série de atitudes morais e sociais. Contudo, na ficção, o caminho que leva de uma para a outra é bastante longo.

Ao lado dessa ficção dominante e especificamente *burguesa* – a associação entre a riqueza conquistada pelo próprio esforço e a virtude; a pobreza como uma falha moral; a ênfase na santidade do casamento; a manipulação da trama para punir rapidamente os depravados –, encontramos algo que não é residual, exceto talvez em uma área específica, mas que também não é emergente. Há uma cultura subordinada e uma cultura reprimida, e cada uma possui formas ficcionais apropriadas dentro de um entrelaçamento específico. A cultura *subordinada* é, obviamente, a da classe trabalhadora, que, no plano político, no plano da organização social e industrial, já estava na primeira fase de amadurecimento como classe, mas era ainda culturalmente, e de modo bastante visível, subordinada. Se há elementos de um surgimento – a descoberta de novas formas pelas quais a experiência de uma classe diferente pode ser expressa –, eles estão nas bordas, com frequência significantemente próximos da voz pessoal, na autobiografia ou então em certos tipos de poema.

Na ficção da classe trabalhadora e em grande parte da poesia popular da época, poetas e romancistas, muito intimamente ligados ao movimento político da classe trabalhadora, fazem uma extraordinária reprodução das formas burguesas, embora às vezes com a moral virada para o outro lado. Mas com muito mais frequência, no entrelaçamento complexo do período, há uma identificação da *aristocracia* (especificamente dos proprietários de terra) como a classe inimiga. A percepção que a classe trabalhadora em desenvolvimento tinha da burguesia industrial como classe inimiga foi crucial para a política do período. Mas dentro dessa cultura – e isso estimulou formas muito vigorosas – a velha aristocracia, os proprietários de terra eram vistos muito mais frequentemente como o adversário. Eles, de qualquer modo, constituíram a base para a grande parte do "melodrama radical" e da ficção associada a ele. E isso após um período em que, na história real, as classes proprietárias e a burguesia industrial começaram a formar sua composição social decisiva. Boa parte da ficção e da poesia da classe trabalhadora reproduz, portanto, o que são de fato formas burguesas dominantes. Nem sempre é assim, mas quando ela se desloca para o novo, ela vai frequentemente em direção a algo que se sobrepõe àquele outro elemento que chamei de cultura *reprimida*.

A cultura reprimida é a consequência da incapacidade da burguesia de reconhecer até mesmo os fatos de sua experiência e, sobretudo, de sua sexualidade. Um imenso comércio de pornografia é um aspecto clássico da venda de livros no fim da década de 1820 até meados do período vitoriano – não pornografia nova, mas sobretudo reimpressões, adaptações e traduções de obras do século XVIII. Essa área existe, e curiosamente há uma área da ficção subordinada, muito popular entre os leitores da classe trabalhadora, que não está muito distante disso, embora não seja pornográfica no sentido estrito do termo. Mas isso é

FORMAS DA FICÇÃO INGLESA EM 1848 205

um escândalo: um escândalo na corte e na aristocracia, não na burguesia ou na própria classe trabalhadora. Se olharmos para *Mysteries of the Court of London* [Mistérios da corte de Londres], de Reynold, que imita uma forma francesa em Sue, ou se olharmos para a *History of a Royal Rake* [História de um libertino da realeza], de Reeds, encontraremos algo que ocupava um lugar distinto na perspectiva social dos leitores da classe trabalhadora, porque mostrava que a elite da sociedade se comportava, de fato, de maneira escandalosa. E os termos desse julgamento eram termos que essa parte da classe trabalhadora partilhava com a burguesia conscientemente moral e recém-organizada. O fato de Reynolds poder passar de porta-voz em um encontro cartista na Trafalgar Square para autor de *Mysteries of the Court of London* mostra que a oposição e a experiência de subordinação eram expressas em planos diversos, que não aderem. E, enquanto foi assim, o surgimento de algo que pode ser chamado propriamente de ficção proletária não deve ser procurado. Encontramos algumas adaptações de formas residuais: séries populares de romances históricos sobre Wat Tyler ou Jack Cade; versões da Guerra Civil escritas de um ponto de vista radical, o que a ficção fazia raramente; novelas radicalmente melodramáticas, em que a moça pobre é seduzida e abandonada (mas aqui, mais uma vez, o sedutor é uma figura social normal, um aristocrata ou um oficial, e não ainda, tipicamente, o industrial ou o homem rico). Assim, creio que é correto ver essas formas – com todo o respeito a Samuel Bamford, Ebenezer Elliot (que, entre os escritores populares da década de 1840, talvez tenha sido o que mais se aproximou da descoberta de uma voz autêntica), Thomas Cooper e as centenas de outros que tentaram – como uma cultura subordinada, embora com ligações significativas com o que é realmente crucial a respeito da cultura dominante a longo prazo – o fato de ter incluído uma vasta área reprimida, em que não podia admitir o que lia e não podia admitir experiências que, no entanto, eram desejadas.

Eu disse que é na relação com o entrelaçamento complexo das classes que temos de diagnosticar o problema das formas emergentes. Se lermos o que estava surgindo naquela época, seja da perspectiva de nosso próprio entendimento histórico ou teórico a respeito do que deveria ter sido dito – o que é uma tentação natural –, seja do cálculo de probabilidades do que deveria ter sido dito, podemos estar dirigindo nosso olhar para o lugar errado e emparelhando coisas que, na realidade, estavam surgindo de modos significativamente diversos. As mudanças podem ser mais bem avaliadas se considerarmos a questão nos termos de um problema de forma.

Em termos formais, sete romances escritos por volta desse ano – *Jane Eyre*, *A inquilina de Wildfell Hall*, *O morro dos ventos uivantes*, *A feira das vaidades*, *Shirley*, *Mary Barton* e *Dombey and Son* – sugerem um diagnóstico geral do surgimento de uma cultura burguesa consciente e incorporadora, com sua forma ficcional apropriada – o realismo. Em um estágio inicial, podemos facilmente reduzir esses romances a isso, embora a questão real seja se é possível agrupá-los de maneira significativa. Tomemos, para começar, o que se diz com mais facilidade sobre *Jane Eyre*, *A inquilina de Wildfell Hall* e *O morro dos ventos uivantes*: eles introduzem uma nova ênfase nos imperativos da experiência pessoal intensa ou, como dizem todas as introduções, na paixão. Não é que essa descrição geral não seja perfeitamente razoável, mas é que, quando olhamos para ela nos termos da forma, surgem imediatamente alguns problemas interessantes. *Jane Eyre* parece ser o caso mais simples, porque é chamado, como bem lembramos, de uma autobiografia editada por Currer Bell – e com o distanciamento característico da autora real pelo pseudônimo: "uma autobiografia editada por...". Mas isso está no plano da forma mais externa de apresentação, uma vez que a voz que domina a escrita real controla totalmente a narração e a observação, e faz isso por meio de uma voz pessoal que, dentro de tipos diversos de discurso, coloca-se de modo diferente da ficção

FORMAS DA FICÇÃO INGLESA EM 1848   207

convencional, que é centrada no pessoal. A diferença é mais óbvia no problema comum da leitura em voz alta de Charlotte Brontë. Há uma diferença radical quando a lemos em voz alta e quando a lemos em silêncio, como um leitor privado, que é claramente o modo para o qual a voz é disposta. Pois há *segredos*, para colocarmos da forma mais clara, que o leitor e Charlotte Brontë devem compartilhar, como se o leitor estivesse só; tons que não são tão facilmente acessíveis se outras pessoas estiverem ouvindo. Essa voz íntima tão particular – "Leitor, eu me casei com ele" – faz, com certa intensidade necessária, um convite direto: "Coloque-se em meu lugar, sinta *comigo*".

Esse tom particular é distinto até mesmo de *A inquilina de Wildfell Hall*, porque, se olharmos para essa obra nos termos da forma, encontraremos uma narrativa pessoal *dupla*. O que temos é um narrador masculino envolvendo o diário de uma mulher, e o diário é o meio para desfazer um mal-entendido a respeito de uma relação que havia perturbado o narrador em um momento anterior. Para complicar ainda mais as coisas, o narrador escreve na forma de uma longa carta a um amigo. Os capítulos I ao XV compreendem essa carta e os capítulos XVI ao XXXXIV o diário privado, enquanto o capítulo XXXXV retoma a narrativa masculina. Essa dispersão deliberada de perspectivas já introduz certa diferença, certa distinção, no que, de outro modo, é esvaziado na noção de intensidade subjetiva autobiográfica. De fato, isso está mais significativamente relacionado à forma familiar da relação mal-compreendida – e aqui podemos dizer uma palavra sobre um problema mais geral. O recurso ficcional mais familiar dentro dos termos da ficção burguesa para o amor sensual bloqueado foi a descoberta... Bem, vou colocar isso de outra forma. Duas pessoas que, dentro dos termos dessa cultura, não podem se amar e se relacionar, acabam fazendo justamente isso. Em geral, o que bloqueia o caminho não é apenas a instituição do casamento, mas a existência real do marido ou, usualmente, da esposa. O recurso característico que permite a escapadela sem ir contra a moralidade é a esposa louca, alcoólatra ou mesmo profundamente perversa. O cônjuge mostra um heroísmo extraordinário no trato do alcoolismo, da loucura ou do que quer que seja, garantindo assim que seu sacrifício produza a virtude. Mas há um momento inerente ao final quando, tendo provado sua virtude e, obviamente, esperado, ele descobre que a relação é possível. Isso não aconteceu apenas na ficção de revista; isso está em *Jane Eyre*. Na realidade, *A inquilina de Wildfell Hall* tem com outra faceta da cultura uma relação mais interessante do que com esse recurso deliberado para aceitar relações fora do casamento sem questionar o casamento como tal. Houve, sobretudo nos panfletos e na ficção de revista, uma negociação da relação homem/mulher nos termos da idealidade da relação irmão/irmã, partilhando tudo o que um homem e uma mulher podiam convencionalmente partilhar, ou precisavam partilhar. Não há nenhuma sugestão, ao menos em um plano consciente, de incesto ou qualquer coisa relacionada. Eles simplesmente são bons amigos, partilham experiências, ajudam um ao outro, apoiam um ao outro. Assim, nesse sentido, irmão/irmã é um tipo ideal de relacionamento.

É muito interessante que o que é visto como uma relação condenável (nos termos de *A inquilina de Wildfell Hall*) acaba se revelando uma relação irmão/irmã, que então pode ser um substituto apropriado para a relação marital. É claro que há também o longo teste do sofrimento, que ocorreu antes do tempo da narrativa, mas que, no tempo do texto, ocorre no meio, quando o diário retorna a ele. De forma que, quando esse momento é alcançado, o sofrimento prolongado já aconteceu. O que foi visto como uma relação condenável torna-se a relação ideal entre irmão e irmã, e eles podem continuar a partir daí. Isso não seria possível sem a forma específica que altera a autobiografia, e permite os dois pontos de vista de um relacionamento que poderia ser mal compreendido.

Ou – se quisermos nos arriscar a dizer algo tão sumário sobre *O morro dos ventos uivantes* – temos mais uma vez uma narração

FORMAS DA FICÇÃO INGLESA EM 1848   209

dupla, mas significativamente por pessoas que, estando fora do centro da narrativa, têm um relacionamento secundário e, com o tempo, distinto dos eventos principais. Isso se deslocou para uma perspectiva multicentrada, tanto no tempo quanto na narrativa, em uma série de eventos – eles mesmos situados em várias gerações – que podem ser *condensados* como uma afirmação da intensidade primária absoluta. É difícil ler *O morro dos ventos uivantes* sem reconhecer *isso* como seu valor central. Mas ele é situado de maneira muito consciente dentro de uma estrutura que uma análise mais cuidadosa revela ser mais complexa do que se nota inicialmente – uma estrutura de tempo, de inter-relação de modos de observação e estágios do relacionamento primário. Se olharmos para a sequência em Lockwood e Nelly Dean, se olharmos para as relações constantemente abertas entre os modos de observação que Lockwood e Nelly Dean podem estabelecer como narradores e, portanto, os modos de experiência com que aqueles que eles observam estão estruturalmente envolvidos, diretamente ou através das gerações, encontraremos algo muito mais complexo na forma e na estrutura toda da experiência do que aquilo que pode ser representado pela expressão única da subjetividade intensa. De fato, encontraremos tanto a subjetividade quanto o processo de seu deslocamento, e creio que não devamos tomá-los como valores separados. Quando Cathy diz: "Se tudo perecesse e ele permanecesse, eu ainda continuaria a existir", ela faz uma das afirmações clássicas de um sentido de identidade e de um sentido de relação (identidade na relação), e isso, acredito eu, é uma das respostas mais profundas à cultura efetiva da década de 1840, embora ela não seja visível em nenhum plano político ou social: "Se tudo perecesse e ele permanecesse, eu ainda continuaria a existir". E, contudo, é precisamente em relação direta com essa afirmação que Nellie Dean pode dizer: "Perdi a paciência com a sua tolice". Nesse momento, dentro de uma forma deliberada, temos de considerar a possibilidade da verdade dessa observação;

não que seja tolo acreditar nisso, mas que seja tolo assumi-lo, como Cathy faz naquele momento da ação. Ela assume que, por ter um relacionamento necessário, esse relacionamento é permanente. O que quero dizer é que, dentro de uma estrutura desse tipo, não se pede, como se supõe que deva ser pedido na narrativa da ficção realista burguesa, que nos identifiquemos com um único ponto de vista da experiência. As chances de um olhar muito complexo, tanto em uma situação dada quanto no tempo em que se desenrola a situação, são construídas na forma do romance. E estou tomando apenas um exemplo dentro de um trio facilmente associado de romances subjetivos.

Se nos voltarmos para *A feira das vaidades*, veremos de imediato quão distintas são essas formas emergentes. Embora bastante poderoso, o romance adota uma posição mais antiga e muito mais disponível em sua narrativa. O prefácio é escrito pelo diretor da atuação e, em um sentido importante, esse é o lugar do leitor. O narrador/diretor pode intervir diretamente em uma relação variável com o leitor. "Como veremos muito Amélia, não há mal em dizer no início", ele observa, distanciando-se ao mesmo tempo da relação com o leitor. A escrita move narrativa e comentário, dentro e fora da cena, em direção à última colocação: "Venham, crianças, vamos fechar a caixa e as marionetes, porque a peça está sendo encenada lá fora". Essa é uma colocação consciente do que é, na realidade, uma perspectiva crítico-social notável em um tom meio jocoso, meio gerenciador de uma forma ficcional antiga. O que me interessa é que a história contada em geral sobre o realismo burguês do século XIX é a de uma personagem que descobre em vários momentos, enquanto percorre classes da sociedade, certos fatos gerais não admitidos sobre essa sociedade. Essa história é tomada como a perspectiva do realismo crítico. O romance inglês que corresponde mais claramente a esse modelo é *A feira das vaidades*, embora, quando o vemos de dentro, percebemos que ele não pode ser interpretado nos termos desse modelo. O delineamento

FORMAS DA FICÇÃO INGLESA EM 1848

de Becky não é o de uma sociedade, mas o de uma "personagem", e essa é uma forma fundamental muito mais antiga.

Direi apenas algumas palavras sobre os outros romances, porque gostaria de avançar para aspectos mais gerais. Em *Shirley*, Charlotte Brontë se desloca para um modo social mais emergente. "Se acha [...] que um romance está sendo preparado para você, leitor, você não poderia estar mais enganado. Você antecipa 'isso e isso', e espera 'aquilo e aquilo'? Acalme suas expectativas [...] você está diante de algo real, frio e sólido". Mas o "algo real, frio e sólido" – não que *Shirley* seja fria – está muito mais próximo das mudanças que pressagiam o realismo burguês em sentido estrito. Caracteristicamente, ele se passa no tempo passado. "A história foi contada. Creio ver agora o leitor prudente colocando seus óculos para procurar a moral. Seria um insulto a sua sagacidade dar direções." Essa é uma consciência específica da relação com o leitor: a moral está lá, mas eu, o narrador, não devo mostrá-la; o narrador pode assumir leitores de bom-senso e julgamento. Nesse sentido, o romance é diferente – anterior – ao romance realista, mas possui essa ambição.

Mary Barton é um romance comumente visto como um exemplo clássico de narrativa objetiva que esconde o fato da narração. Obviamente, há longos trechos nos quais isso ocorre; contudo, o lugar do posicionamento crucial da narradora é mais complexo do que isso. Em um momento importante, quando a narradora descreve a caminhada pelo campo, ela admite que tem um conhecimento parcial de sua motivação; talvez porque eles estejam de férias ou: "Não sei se foi por outra razão". Essa informação próxima, mas limitada, é de fato a relação formal crucial da narrativa. Há um acesso deliberadamente próximo, mas limitado, à escrita que era feita pela classe sobre a qual Elizabeth Gaskell escrevia, como a confiança que ela deposita em Bamford ou a inclusão do dialeto em uma forma deliberadamente associativa, mas aparentemente explicativa. Lembro-me de que a primeira coisa que me chamou a atenção em *Mary*

Barton foi que, logo na segunda página, um trecho em um dialeto cuidadosamente reproduzido é explicado em uma nota de rodapé. É evidente que se trata, a um só tempo, de uma relação formal e social. Ela está determinada a não deturpar a vida e a fala das pessoas sobre as quais ela escreve; ela não as assimilará a outro modelo; essa é a ênfase fundamental de Elizabeth Gaskell. Ao mesmo tempo, ao tentar impor essa ênfase em uma cultura tão profundamente dividida em classes como era a dela, sobretudo na questão do alfabetismo e do aprendizado por meio dos livros, ela sabe que a maioria de seus leitores serão de outro tipo. Logo, ela tem de incluir notas sobre a vida reproduzida ali. Esse paradoxo no plano formal pode ser relacionado à história bem conhecida da transição do *John Barton* concebido de início – uma aderência imaginativa – ao *Mary Barton* real, próximo, mas profundamente específico.

Em *Dombey and Son*, o narrador é geral e até mesmo controlador. Contudo, quanto mais reflito sobre Dickens, menos me parece que "narrativa", no sentido usual, seja uma boa forma de descrever o modo utilizado por ele. A palavra que sugere insistentemente a si mesma é "apresentação". Há uma *mobilidade* incomum nesse narrador. Ele se move de um lugar a outro e da perspectiva de uma personagem à de outra com muito mais diversidade do que qualquer outro romancista da época. Ele vai de um estilo a outro com a mesma segurança móvel: que ele pode estabelecer um novo modo em uma ruptura. Não há nada nele da uniformidade da narrativa do texto realista clássico. E há algo para o qual não sei se temos o termo correto, mas que eu gostaria de examinar porque introduz uma variável fundamental na questão da ficção realista e, especificamente, da função que desempenhava em 1848. Podemos dizer que grande parte do modo narrativo da forma-romance emergente era predominantemente *indicativo*. Era – ou se oferecia como – um relato do que havia acontecido e do que estava acontecendo. Se tomarmos "indicativo" como essa descrição, então podemos falar – é claro

FORMAS DA FICÇÃO INGLESA EM 1848   213

que o termo não é plenamente satisfatório – de um elemento da escrita de Dickens que é *subjuntivo*, claramente "e se", "seria isso" ou "suponhamos que". Em outros termos, ele introduz uma perspectiva que não está social ou politicamente disponível. Trata-se de uma hipótese de perspectiva, sentimento ou força, que ele sabia que não estava presente no balanço de forças que estava ali para ser observado. A noção do subjuntivo dentro do romance usualmente realista pode suscitar mais discussões. Considera-se em geral que a perspectiva realista exclui a possibilidade de uma alteração de forças. A queixa clássica contra o naturalismo é que ele simplesmente reproduz as forças que são notoriamente operativas e dá um grande conhecimento, mas não uma maior capacidade de ação. O modo subjuntivo dentro desse tipo de narrativa realista, sempre difícil de ser estendido ou mantido, é frequentemente encontrado nos finais dos romances. Um bom exemplo dele está no final de *Dombey*. Ou nas intervenções características de Dickens, quando ele invoca, além dos termos do texto realista, a noção de uma perspectiva diferente, mas possível, pela qual podemos ver de outro modo as forças e as relações; em *Dombey*, isso ocorre no famoso capítulo 47. A presença desse modo subjuntivo me parece crucial; é precisamente o sentido em que Dickens conectava as coisas que estavam muito além dele.

Até aqui, tomei exemplos da forma como posição, ou da forma como modo, no nível mais simples. Mas é possível investigar se não há, sob essas diferenças, formas que poderiam ser identificadas como formas ideológicas profundas. Já mencionei uma, de passagem. Trata-se do diagnóstico lukacsiano clássico do herói do século XIX como um homem que deseja viver uma vida mais plena, mas descobre, pela experiência, as limitações da sociedade: não apenas o obstáculo à própria plenitude, mas um limite geral que pode ser uma perspectiva social alternativa. Ele descobre, no ponto em que não pode realizar plenamente a própria vida, os limites sociais objetivos que impedem qualquer um de realizar plenamente sua vida. Mas esse é um modelo derivado sobretudo da ficção francesa e russa, que está cheia de exemplos desse tipo. Penso que na Inglaterra não há muitos exemplos que sejam propriamente desse tipo e, de qualquer forma, a questão que deve ser colocada aqui – uma questão que se apoia, evidentemente, em *Jane Eyre*, em *O morro dos ventos uivantes* e, de certa forma, em toda a obra de Dickens – é que tudo depende de algo que aquela descrição da forma profunda obscurece: a questão do valor no momento da descoberta dos limites. Para tomar um exemplo que não é de nosso período, mas é teoricamente muito mais claro, poderíamos comparar *Felix Holt* e *Judas, o obscuro* à fórmula lukacsiana da descoberta dos limites objetivos, uma descoberta geral. Mas seríamos bastante tolos se parássemos por aqui, pois o ponto alto em *Felix Holt* é precisamente a descoberta dos limites de um modo *resignado*, a descoberta de certos limites "verdadeiros" sobre a capacidade humana de entender e agir, ao passo que em *Judas, o obscuro* a descoberta dos limites – embora sejam tão mais destrutivos que parece não sobrar absolutamente nada – subverte profundamente a estrutura limitadora que bloqueou o personagem central. A diferença de peso é estrutural. Não se trata simplesmente do que é dito no fim. É algo que pode ser traçado em toda a organização da obra.

Agora, se pensarmos mais uma vez nos termos do que podemos chamar de intensidade subjetivista, o que é indubitavelmente uma característica dos novos romances de 1848 em uma de suas associações, podemos descobrir rapidamente quais são esses "limites". Vimos que há limites estruturais na relação estabelecida que devem ser circunscritos antes da intensidade poder ser expressa e realizada plenamente. Há também, qualificando de certa forma o desafio desse novo subjetivismo, a possibilidade de um subjetivismo em outro modo. A introdução de Charlotte Brontë de um modo em que é difícil considerar os sentimentos ou mesmo a situação das personagens, salvo nos termos dominantes dos sentimentos do narrador, torna-se, ao

FORMAS DA FICÇÃO INGLESA EM 1848   215

final, o que chamei de ficção de apelo especial. Em certo momento, o subjetivismo tomado nesse sentido torna-se um projeto de eliminação de outros seres, a não ser que tenham relação com a intensidade das necessidades percebidas por um único ser (narrado). Esse limite frequentemente expressa a si mesmo no sentimentalismo e em certos tipos de evasão. Podemos ver esses limites, mas eles não me parecem ser os limites dos quais falam Lukács e outros escritores de tradição marxista. Pois, embora haja indubitavelmente fatores significativos na estrutura social que impedem a experiência intensa, que certamente impedem imagens da autonomia do ser e do pensar como distinta do papel social e da função social, embora tais barreiras sejam visíveis, o plano do protesto autêntico parece separável dessas estruturas históricas mais locais. Elas repousam muito profundamente dentro de todo o molde da civilização que está, devido às suas próprias razões profundas e frequentemente negando ser assim, reprimindo intensamente experiências de todo o tipo intensamente realizadas.

Quando olhamos para essas obras – essa é a questão que surge com a outra forma profunda –, é muito difícil distinguir entre o que é a pressão dos limites ideológicos e o que é a área expandida dos limites sociais reais. Além disso, temos de distinguir entre esse tipo de limite e o que é, de fato, um impulso inacabado em direção a algo que, por definição, dentro daquelas estruturas e formas, não pode ser acabado, mas em que *o movimento em direção a sua expressão* tem um valor significativo.

Darei outro exemplo de uma forma profunda e do modo como ela indica e trai, em certo sentido, algumas obras de ficção desse período. É identificável como um fato novo na ficção da década de 1840, e um fato bastante pronunciado em 1848, que ela admite relações de classe, e até conflitos de classe, como material consciente de ficção. Nesse sentido, embora tenha precedentes, ela é bastante nova em sua ênfase e tem relação direta com um período de consciência de classe intensa e aberta.

Agora, de acordo com as formas profundas observadas por alguns, o conflito é aceito justamente porque pode ser reconciliado ou evitado. Creio que essa era uma análise popular, a julgar pela época em que a ouvi. E o exemplo que todos citam é *North and South*, para o qual, a meu ver, a análise não é incorreta; o conflito em *North and South* é criado para ser reconciliado, isto é, ele é assim desde o início. A reconciliação é conduzida nos termos de uma das profundas fugas da natureza do conflito, característica de grande parte da ficção da época: quando a humanidade e a necessidade de lucro colidem, a ficção se desloca para a herança afortunada. É necessário um excesso externo para financiar a humanidade dentro dos termos do comércio. Esse recurso à herança para resolver o que é impossível resolver social e economicamente é disseminado em toda a ficção em torno de 1848; da mesma forma como o recurso do Império como fonte de fortuna ou para onde fugir dos conflitos da sociedade é profundamente característico. Mas essa análise parece inadequada no caso de *Mary Barton* ou de Dickens em termos simplesmente ideológicos. É claro que a noção de reconciliação está lá, mas temos de distinguir precisamente os tipos de reconciliação contemplados. Há o tipo de reconciliação tão frequentemente projetado por Dickens, de pessoas que mudam seus sentimentos e veem suas relações com os outros em um espírito diferente. Ou o tipo de reconciliação projetado por Disraeli, em que o povo e a aristocracia podem se unir contra a burguesia industrial e resolver o conflito de classe triunfando sobre ela – Sybil não é apenas cartista, mas uma aristocrata pobre que se casa com um aristocrata. Essa união comum – "Cartista se casa com aristocrata contra a burguesia industrial" – reconcilia o conflito de classe pela união contra ele e pela superação dele.

Mas também há o tipo de reconciliação que, a meu ver, é profundo em *Mary Barton*. Sua intenção é ser consequência da experiência direta do que foi concebido apenas de forma abstrata: a morte de um filho, perdas reais na família. Há certamente

FORMAS DA FICÇÃO INGLESA EM 1848 217

um ambiente doentio na casa de Barton e uma negociação em torno do morto; mas isso não parece ser o mesmo tipo de reconciliação que temos em *North and South* ou de fantasia política de Disraeli. Em outros termos, creio que está errada a forma profunda sugerida – a de que o conflito é introduzido porque é necessário e porque pode ser evitado com uma falsa reconciliação. Poderíamos citar Marx para argumentar que ela é errada, mas isso não me parece particularmente conclusivo. De fato, ele descreveu uma "esplêndida irmandade de escritores ficcionais" (Dickens, Thackeray, Charlotte Brontë e Elizabeth Gaskell), que publicou "mais verdades políticas e sociais do que todos os políticos, jornalistas e romancistas juntos", em particular porque diagnosticou corretamente todos os setores da classe média. Mas isso não resolve o problema, pois Marx tende a estar tanto "fora" quanto "dentro" em termos literários. Embora haja um sentido peculiarmente inacessível a uma imaginação não histórica de que, quando não conseguimos distinguir entre *tipos* de impulso subjetivo e *tipos* de reconciliação, as formas convencionais mais rasas se revelam formas ideológicas profundas, ao passo que obras escritas com uma tensão entre formas convencionais, formas profundas e tentativas de ir além delas são simplesmente aviltadas e sucumbem.

As questões teóricas envolvidas aqui são fundamentais para todo o problema da produção e reprodução. Está claro que, em certo nível, devemos distinguir precisamente a ficção emergente – por isso comecei com W. H. Smith e Filho – daquilo que a classe média produzia e lia em geral: a verdadeira reprodução das posições burguesas conscientes. E devemos distingui-la não apenas como uma forma mais elevada e mais sofisticada da mesma coisa. Isso é verdadeiro mesmo quando ela possui em comum com a burguesia características cruciais, de modo que seria errado não considerá-la em relação com a forma dominante, não levar em conta os abundantes elementos da simples reprodução nesses novos romances. Mas o que, em minha opinião, seria errado e muito mais prejudicial seria não reconhecer a abertura significativa de certos impulsos novos; a inclusão de certas realidades da situação e do conflito de classe; o avanço de certas intensidades, por mais difíceis que fossem. Pois estes, como novo conteúdo e novas formas do conteúdo, são elementos genuinamente emergentes: produção, produção significativa, tentando ao mesmo tempo erguer certas barreiras, em uma produção plenamente estendida, suportando todo o peso das pressões e dos limites em modos que as formas simples, os conteúdos simples da mera reprodução ideológica nunca atingem. É claro que hoje sabemos mais do que os escritores de 1848 sobre as pressões e os limites – as relações e os conflitos sociais profundos e decisivos – do que agora é, para nós, um período, uma data. Mas à medida que os conhecemos mais substancialmente – não indiferentemente, não como mero "conhecimento" – temos de reconhecer que parte significativa dessa compreensão é que os conhecemos; conhecemos o que começou na luta, e parcialmente, a emergir.

O LEITOR EM *TEMPOS DIFÍCEIS*

O que podemos dizer de um romance poderoso e persuasivo que, ao fazer soar sua "tônica", faz uma afirmação geral que é desmentida por seu próprio modo de caracterização e narração? A afirmação geral, em *Tempos difíceis*, é feita na descrição memorável de Coketown, no capítulo intitulado "A tônica" (I, V):

> Ela tinha muitas ruas largas, todas iguais umas às outras, e muitas ruas estreitas ainda mais parecidas umas às outras, *habitadas por pessoas igualmente parecidas umas às outras*, que saíam e entravam todas na mesma hora, com o mesmo som sobre o mesmo pavimento, para realizar o mesmo trabalho, e para quem todos os dias eram iguais ao ontem e ao amanhã, *e todos os anos eram a contraparte do anterior e do seguinte*.

Sublinhei as frases que são desmentidas mais adiante. O que é descrito aqui é a uniformidade e a monotonia do novo tipo de cidade industrial do século XIX e do novo processo de trabalho sistemático que ela encarnava. O delineamento persiste, como o tema principal do romance. Mas os habitantes de Coketown, "pessoas igualmente parecidas umas às outras": Stephen Blackpool e seus colegas de trabalho, com os quais ele não pode concordar em se filiar ao sindicato, a esposa alcoólatra de Stephen Blackpool e a dedicada Rachael, Louisa Gradgrind, Tom Gradgrind e Bitzer, Thomas Gradgrind e Josiah Bounderby, ou os círculos externos de Harthouse e a senhora Sparsit, Slackbridge, a senhora Pegler, Sissy Jupe e o senhor Sleary, são "pessoas igualmente parecidas umas às outras"? Como quase sempre acontece na ficção de Dickens, essas personagens se revelam muito diferentes umas das outras. Podemos dizer que as diversas personagens do círculo externo influenciam Coketown, ou são arrastadas para ela de outras esferas sociais. Mas as personagens que se encontram no sistema são igualmente diferentes umas das outras: tanto em termos de classe social, como mais amplamente entre Bounderby e Blackpool, mas também, e de maneira deliberada, no interior das classes, em que as diferenças de personalidade são mostradas como a origem, ou a origem parcial, de histórias pessoais e reações morais diferentes. De fato, a diferenciação explícita é um dos principais modos do romance.

Se a uniformidade indicada pela "tônica" é desmentida pela caracterização deliberadamente individualizante e contrastante, a monotonia e a continuidade repetitiva – "todos os anos eram a contraparte do anterior e do seguinte" – é também, e de igual maneira, deliberadamente desmentida pela narrativa real. O romance narra toda uma série de mudanças radicais na vida de cada personagem, e os relacionamentos no fim do romance são bastante diferentes daqueles no início. Dickens direciona a atenção do leitor para a fonte óbvia dessas transformações:

O tempo passava em Coketown como sua própria maquinaria; tanto metal moldado, tanto combustível consumido, tanta energia utilizada, tanto dinheiro feito. Menos inexorável do que o ferro, o aço e o bronze, porém, ele levou suas várias estações até para aquele deserto de fumaça e tijolos, e praticou a única oposição jamais praticada contra sua assustadora uniformidade. (I, XIV)

O LEITOR EM *TEMPOS DIFÍCEIS* 221

É o "tempo" como ciclo natural de estações, mas outro aspecto desse "tempo" é introduzido, o do crescimento humano: "O tempo [...] tornou o jovem Thomas trinta centímetros mais alto". Tudo é comparado ao "tempo" imposto em Coketown: um sistema de produção regulado e mensurável. Mas há ainda outro "tempo" fundamental para a narrativa: o tempo como sequência e consequência – os estágios e os efeitos das ações pessoais; as interações, as pressões e os distúrbios complexos de uma história social ativa. A realidade do tempo nesse sentido – o tempo narrado – é decisiva no romance, e o último capítulo – as sequências e consequências posteriores – é caracteristicamente extrapolado em um "futuro possível".

O que dizer, então, quando observamos um modo de caracterização específico e deliberado e um modo de narração também específico e deliberado que desmente o que foi oferecido tão deliberadamente como "tônica"? Poderíamos ficar tentados a inverter a pergunta. Esse tipo de caracterização individualizante e contrastante e esse tipo de narrativa sequencial e consequencial são tão comuns na ficção que seria mais fácil isolar a "tônica" como algo contraditório. Será que Dickens, uma vez que se lançou nessa apresentação espetacular de Coketown – "uma cidade de um vermelho e um negro artificiais, como o rosto pintado de um selvagem" –, foi levado pela força de sua retórica a essas afirmações falsas e generalizadoras sobre as pessoas e os anos? Essa poderia ser a resposta da crítica literária ortodoxa, que também poderia analisar, de um modo igualmente local, as tensões entre as imagens das "intermináveis serpentes de fumaça", a "cabeça de um elefante em estado de loucura melancólica", o "rosto pintado de um selvagem" e as descrições discursivas "um triunfo do fato" e "nada [...] salvo o que foi realizado com um trabalho rigoroso". Essas são passagens, dentro de uma descrição generalizadora única, entre imagens permanentes do exótico e uma afirmação contínua da exclusão da "imaginação" pelo "fato". Na realidade, não é fácil separar a afirmação de um sistema severamente limitado e uniforme das respostas do narrador a esse sistema nas imagens exóticas que fazem esse sistema "racional" parecer "selvagem", mas que ainda são parte de sua apresentação física direta. Mas a crítica literária, anotando essas questões, compilando seus exemplos e avaliando seus efeitos por um critério imputado de "escrita bem-sucedida", logo alcança seus limites, e no caso de *Tempos difíceis* isso acontece particularmente cedo. Pois parece nítido nessas questões e exemplos, e no caso mais amplo da contradição entre a "tônica" e a caracterização e a narrativa geral, que para encontrar as respostas temos de nos deslocar para um plano muito mais profundo e formativo.

É tentador chamar esse plano de "ideológico", porque há, de fato, romances ideológicos, nos quais a ficção é orientada de modo mais ou menos coerente por uma visão sistemática subjacente dos homens e do mundo. E, a princípio, não há nenhum grande problema em chamar *Tempos difíceis* de romance ideológico. Ele oferece uma interpretação generalizante de um modo de vida particular em termos de valores deliberadamente contrastados. Ele privilegia a voz do narrador para orientar essa interpretação e, de fato, termina com uma alocução ideológica específica, que ultrapassa deliberadamente o texto. "Caro leitor! Depende de você e de mim se, em nossos dois campos de ação, coisas semelhantes ocorrerão ou não" (III, IX). Um desses "campos de ação" é nitidamente o do escritor compondo esse tipo de texto, com esse tipo de propósito. Não se trataria então de um caso de violação da integridade do texto com alguma consideração *externa*.

Contudo, logo se torna claro que "ideologia", no sentido comum do termo – uma visão sistemática subjacente dos homens e do mundo –, é uma forma improvável de negociar um texto em que alguns problemas se definiram como contradições e tensões. É verdade que a "ideologia", apesar de ser sempre sistemática, não precisa ser singular. De fato, é característico de algumas ideologias que sejam projetadas precisamente para reconciliar

O LEITOR EM *TEMPOS DIFÍCEIS* 223

ou desconsiderar tensões e contradições reais e fixas. Contudo, quando são projetadas desse modo, elas são, ao menos em seus próprios termos, relativamente coerentes. O grande interesse de *Tempos difíceis*, para além de seus elementos ideológicos prontamente reconhecidos e deliberadamente oferecidos, é que ele não é coerente em um plano mais profundo, e boa parte de seu interesse – o interesse geral, mas também as relações específicas com muitos de seus leitores – resulta desse fato.

Em seu plano mais profundo e formativo, *Tempos difíceis* é composto a partir de duas posições ideológicas incompatíveis, tomadas de forma desigual tanto por Dickens quanto por muitos de seus leitores mais interessados. Em termos amplos, essas posições são: em primeiro lugar, o ambiente influencia e, em alguns casos, determina o caráter; em segundo lugar, alguns vícios e virtudes são originais e não só triunfam sobre o meio, como, em alguns casos, podem alterá-lo. Em suas formas extremas, essas posições são bastante distintas. No pensamento inglês, Godwin e Owen defenderam a primeira e muitos cristãos a segunda. Os problemas intelectuais de cada posição são difíceis, e não se trata de introduzir outra posição que as supere. Pois o que é imediatamente relevante para a ficção do século XIX é que cada posição ideológica corresponde a modos formativos e interpretativos potentes. A premissa das virtudes e vícios originais ou, de modo mais geral, de um caráter moral diferenciado e inerente é obviamente muito mais antiga na literatura; ela está profundamente ligada a sistemas diversos de pensamento religioso. A afirmação de que o meio pode determinar o caráter é mais conscientemente moderna e talvez não seja anterior, como modo ficcional na Inglaterra, a Godwin, Bage, Inchbald e Holcroft – os romancistas "jacobinos" da década de 1790. O "meio" é ainda essencialmente definido como instituições morais e a consequente educação moral. Não se trata ainda do "meio" no sentido do romance plenamente naturalista, em que um mundo inteiramente social, material e físico é visto como influente ou determinante. Os modos ficcionais que resultam dessas versões de "meio" são igualmente distintos. O modo mais recente é a ficção da educação moral: encarnações da formação do caráter, bom ou mal, pela natureza de um meio imediato (familiar ou educacional), e da reforma ou corrupção do caráter por mudanças deliberadas nesse ambiente. O modo naturalista, ao contrário, em seu desenvolvimento final, representa um conjunto de circunstâncias sociais, materiais e físicas que forma e deforma o caráter de maneiras específicas e, de fato, sistemáticas. Mudanças deliberadas na família e na educação não são excluídas, mas a família e a educação são vistas, elas mesmas, como influenciadas ou determinadas pelo ambiente moral geral, que, se possível, deve ser muito mais amplamente mudado. Nas ficções reais, ambos os modos podem ser modificados por elementos de uma posição bastante alternativa: a de que, embora as "circunstâncias" possam afetar radicalmente a *história* de uma personagem, sua verdadeira formação se baseia em outra coisa, e a capacidade para a mudança, seja em um indivíduo, seja nas "circunstâncias" gerais, está enraizada em qualidades pessoais primárias, ligadas com frequência a uma fonte mais ampla, em geral religiosa. Nos planos ideológicos mais explícitos, essas posições diferentes são categoricamente afirmadas como o contraste entre a crença de que a reforma educacional e social é necessária para produzir indivíduos melhores e a crença de que os indivíduos devem primeiro mudar (a "mudança dos sentimentos") para que outras reformas sejam possíveis. Contudo, em muitos romances em que as posições subjacentes não são completamente conscientes, as posições são mais moduladas e qualificadas, bem como implícitas, embora o efeito formativo profundo (decidir começar, por exemplo, por uma caracterização individual, *ou* por uma família e uma educação moldável, *ou* por uma situação social e material decisiva) seja em geral bastante evidente.

O que é notável em *Tempos difíceis* é que nele encontramos mais do que essa modulação ou qualificação usual de uma ou

O LEITOR EM *TEMPOS DIFÍCEIS*   225

outra posição formativa. O que de fato encontramos simultaneamente, porém desigualmente, é a presença poderosa de *cada uma* dessas posições. A versão godwiniana de um meio moldável na família e, mais especificamente, na educação está desde o início na filosofia de Gradgrind e na escola de M'Choakumchild. Outra versão de meio moldável, intelectualmente próxima à posição naturalista, apesar de depender mais da apresentação generalizada do que do modo plenamente naturalista do detalhe trabalhado de perto, é poderosamente visível na descrição de Coketown e de seu sistema. É essa versão que permite a transição das ruas "todas iguais umas às outras" às pessoas "igualmente parecidas umas às outras". Mas, ao mesmo tempo, casos simples da posição alternativa – personagens principais não determinadas, de certa forma nem mesmo influenciadas, por seu meio sistemático, embora evidentemente o sofram e suportem – são no mínimo igualmente importantes: mais obviamente, Stephen e Rachael.

O que então poderíamos dizer? Poderíamos dizer simplesmente, como Stephen Blackpool, que "é tudo uma bagunça"? Ou poderíamos dizer – essa é uma conclusão familiar e reconfortante – que a "vida" é assim, "vida" contraditória e paradoxal, que evidentemente escapa a qualquer ideologia redutora? Não é bem assim, ou não é de forma alguma assim. Pois as ideologias em questão não são, nem mesmo primeiramente, aquelas que são introduzidas (como a filosofia de Gradgrind), satiricamente interpretadas e mostradas como se a experiência as tivesse refutado. As posições ideológicas relevantes são as que moldam o romance: os efeitos comprovados de um meio educacional e de um meio social; o movimento oposto de algumas virtudes e vícios originais. Há uma grande ênfase nos dois caminhos que levam para fora dessa situação: o caminho do amor de Sissy Jupe, o caminho encontrado por Louisa ou mesmo, em parte, por Gradgrind, o caminho do sofrimento de Rachael (o "sentimento" e a "mudança de sentimentos"); mas também o caminho da reforma do sistema educacional – que ensine tanto a "imaginação" quanto o "fato" – e do sistema econômico e social – que se desloque do interesse individual para o dever mútuo e a comunidade. Essa composição altamente específica, mantendo essas posições e mesmo esses preceitos em suas relações tão particulares, não deve ser reduzida a um conceito indiferenciado de "vida". A questão da "bagunça" é mais difícil. Há um modo de redução exegética e analítica que depende da pressuposição de estruturas simples e coerentes: ideologias ou formas. Esse é com frequência um modo poderoso, mas corre mais riscos quando descobre o que pode ser incoerência ou complexidade. Depende de um modelo clássico de formas integrais e, por extensão, de ideologias integrais. Por isso não pode tratar daquelas várias obras que são ou radicalmente perturbadas pela presença simultânea, se não desigual, de posições e modos incompatíveis (há muitos casos desse tipo na ficção inglesa do século XIX; George Eliot é um exemplo ilustre), ou (o que de imediato distancia os casos) tornadas radicalmente incoerentes por eles. No entanto, a consequente distinção entre complexidade e incoerência está longe de ser direta em exemplos particulares. Além disso, há certo perigo na escolha da "complexidade", uma vez que, em seu sentido meramente laudatório, ela pode fazer as dificuldades desaparecerem como que por encanto.

Tempos difíceis, como eu disse, não é coerente, mas também não é "uma bagunça". A passividade resignada da conclusão de Blackpool sobre o sistema social não poderia estar mais distante do envolvimento urgente e, por vezes, ansioso de Dickens. Mas esse envolvimento, justamente por ser um envolvimento, não pode ser plenamente descrito em termos crítico-literários. A voz autoral privilegiada, dirigindo as percepções e as respostas do leitor; a trama deliberada, amalgamando consequência e coincidência para frisar a revelação plena; os tons emotivos amplos e sinceros, desde o desdém e o escárnio até a compaixão e a reverência: tudo isso é identificável no texto. Mas é (apenas) a

O LEITOR EM TEMPOS DIFÍCEIS 227

composição que os controla. Em termos formais, é difícil *compô-los* a fim de gerar coerência, como tem sido frequentemente observado em relação a Dickens. Isso leva a descrições de sua escrita como um oportunismo que utiliza qualquer recurso para atingir efeitos meramente locais ou, em uma visão mais favorável, como simples entretenimento, sem preocupações com os problemas mais profundos da coerência. Nesse último julgamento, *Tempos difíceis* é um dos romances menos considerados; é muito "sério" ou "diagramático". No primeiro, "oportunismo" é uma versão mais grosseira de "bagunça" e pode ser rejeitado, em termos, pela mesma razão geral: o que quer que Dickens pretenda em *Tempos difíceis*, está claro que ele não procura apenas uma série de efeitos locais; ele procura um efeito geral.

Mas que efeito geral, dadas as contradições e incompatibilidades inequívocas? Essa pergunta nos leva para além do texto: não tanto para o contexto ou pano de fundo social geral – embora possamos aprender muito por esse tipo de investigação sociológica, quando lemos *Tempos difíceis* –, mas para as relações sociais dessa composição específica. Podemos ver o que isso significa por meio de uma analogia. Como vimos, Dickens descreveu Coketown sistematicamente, e então descreveu seus habitantes – "pessoas igualmente parecidas umas às outras" – em seus termos. Há então, digamos, um "coketownense", que é idealmente apresentado antes de as variações individuais serem introduzidas. Refletindo sobre isso, analisando a verdade parcial e imperfeita, poderíamos acabar refletindo também sobre outra presença ideal, igualmente relacionada a um sistema, que tem ao menos a mesma relação com o texto, embora esteja presente apenas na forma de alocução? "Caro leitor! Caro leitor! Depende de você e de mim se, em nossos dois campos de ação, coisas semelhantes ocorrerão ou não." "Coisas semelhantes": eventos e consequências como esses que foram narrados. "Nossos dois campos de ação": não campos separados e variáveis, e portanto múltiplos, mas *dois* campos, dos quais apenas um, o do escritor, é plenamente definido. Pois certamente não é como "leitor", como apenas leitor, que tal responsabilidade pode ser cumprida. Ou é? Essa é a questão real por trás da presença ideal. Enquanto o segundo campo for apenas o do "leitor", certa coerência está assegurada. O escritor escreveu; o leitor tem apenas de ler, e o assunto estará encerrado. Mas, ao mesmo tempo, a referência é deliberadamente externa: não essa ficção, mas essas realidades; que realidades similares "ocorram ou não". E, obviamente, nesse momento, o "leitor" ideal se dissolve ou corre o risco de se dissolver. Qualquer leitor real, entre os leitores contemporâneos do texto, pode ser a contrapartida real de Stephen Blackpool ou Thomas Gradgrind, de Louisa ou Rachael, de Sissy Jupe ou do senhor Sleary... Mas essa lista é interminável? Nas possibilidades abstratas do público leitor, é evidente que sim. O romance pode ser lido por um industrial capitalista, por um membro do parlamento, por um trabalhador ou trabalhadora, por uma esposa, por um sindicalista, por um conservador, por um radical... Essa lista é tanto interminável quanto imprevisível, e é evidente de imediato que a vontade e a capacidade, sem contar os meios e os recursos, de indivíduos tão variados para decidir se "coisas semelhantes ocorrerão ou não" são altamente diferenciadas. Mas essas diferenças individuais do desejo humano e da intenção social, tanto quanto da capacidade, são *textualmente* superadas e compostas. Um "caro leitor" necessário, composto em modos específicos, está implícito no texto e o completa; ele é, por uma estratégia de composição, *produzido*, projetado para ser produzido pelo texto.

Talvez esta seja a chave para as contradições e incompatibilidades: a produção de um leitor geral que é também uma resposta generalizada. Não *qualquer* leitor geral. Simpatia, indignação, preocupação: tudo isso está escrito na caracterização desse leitor. Ele deve ser socialmente diverso, embora não universal; instituições organizadas – parlamento, sindicatos e até capelas e escolas – são menosprezadas ou evitadas, pois esse leitor é, acima de tudo, um indivíduo. Todos os conflitos econômicos e

O LEITOR EM TEMPOS DIFÍCEIS 229

políticos fundamentais são mediados em um modo específico. O empregador capitalista confronta o trabalhador, mas como um Bounderby particularizado (do qual muitos trabalhadores poderão se distanciar) contra o humilde Blackpool, ele próprio afastado dos trabalhadores anônimos (mal) conduzidos por Slackbridge. A economia capitalista é atacada, mas em uma associação tão próxima do radicalismo filosófico que o que sobra para opor a ela (dada a ordem das exclusões gerais) não é identificado com facilidade, de modo que pode dividir o leitor ideal. Suas afirmações mais positivas são qualificadas linguisticamente pela estranheza da ortografia dos dialetos (Blackpool nos capítulos II e V) ou por uma dificuldade de pronúncia (Sleary, nos capítulos III e IV). Dessa forma, o leitor pode se mover, em vários pontos críticos, *dentro* da resposta geral de indignação e simpatia. O que devemos fazer para decidir se "coisas semelhantes ocorrerão ou não" fica sem definição dentro da resposta, porque as especificações fraturariam a composição ideal.

Tempos difíceis é, portanto, um momento, um momento ideal, de uma inquietação generalizada. Por meio de seu modo específico, o romance atualiza sentimentos amplos e diversos de choque e preocupação em uma situação histórica específica e complexa. Ele renova a atenção que se dá a eles, impõe seu reconhecimento, toca na esperança e no desespero. É uma expressão incomumente precisa não de uma ideologia, mas de uma estrutura de sentimento: a mais generosa, a mais indignada, mas, justamente por essas qualidades, a mais ansiosa e a mais incerta em um tempo dividido.

PARTE
4

INGLÊS DE CAMBRIDGE, PASSADO E PRESENTE

Houve, de fato, um "Inglês de Cambridge"? Não como o "Inglês de Oxford", que, em seu uso mais geral, é um modo de falar, mas no sentido herdado de um curso e um método de estudo distinto e coerente. Há um *tripos* em Inglês em Cambridge desde 1917 e uma faculdade e um *tripos* independente desde 1926 (*tripos* é o termo usado em Cambridge para "bacharelado"). Percebi recentemente, observando essas datas, que estive em contato com o Inglês de Cambridge durante dois terços de sua história, uma vez que lá cheguei como estudante universitário em 1939. Além disso, nos últimos vinte anos ou coisa assim, estive próximo de seu centro de discussões, às vezes de modo problemático. À primeira vista, portanto, é curioso que eu ainda olhe para o chamado "Inglês de Cambridge" como um fenômeno histórico: como algo que acontece a certa distância. É fácil encontrar uma razão. Por um acaso do tempo ou de temperamento, sempre chego um pouco atrasado à época áurea. Uma das primeiras coisas que ouvi em Cambridge – eu que cresci no que me parecia uma cultura rural significativa – foi que a cultura rural significativa havia desaparecido alguns anos antes de eu nascer. E, de novo, o heroico ou infame período do comunismo de Cambridge, na década de 1930, estava desaparecendo nas novas circunstâncias da guerra quando lá cheguei. O mesmo acontecia com o Inglês de Cambridge. O que Basil Willey, com o apoio de Muriel Bradbrook e outros, chamou de época heroica ou áurea estendeu-se de 1928 até um ponto qualquer da década de 1930. Tillyard viu estreitamento e declínio a partir de mais ou menos 1930. F. R. Leavis, em 1943, elaborou o esboço de uma Escola de Inglês com o intuito de tornar realidade os valores essenciais da iniciativa do Inglês de Cambridge, por meio de um contraste explícito com boa parte do que estava acontecendo de fato. A partir dessas autoridades, que conheciam diretamente o primeiro terço da história, é fácil ver que o Inglês de Cambridge é uma questão do passado ou do futuro; de qualquer modo, não é algo que se encontre na rua, enquanto se caminha contra o vento forte.

No início, isso não me preocupou. De fato, eu tinha bem pouca consciência, entre 1939 e 1941, quando deixei o Exército, de que estava fazendo, ou talvez estivesse fazendo desde o período anterior, ou talvez ainda esteja fazendo, com certo redirecionamento necessário, um curso distinto e inovador. A primeira parte do *tripos* era uma ampliação e consolidação pouco surpreendente do que eu já havia feito em uma escola preparatória rural galesa. Foi apenas quando retornei, em 1945, não apenas para terminar a segunda parte do curso, mas também para ouvir, vindas de todos os lados, as controvérsias sobre Leavis e as descrições conflitantes daquela intricada história, que tomei consciência da disputa em torno do "Inglês de Cambridge" e, ao mesmo tempo, de novos tipos de trabalho e desafios no que parecia ser, a uma distância respeitável, um curso acadêmico relativamente objetivo, que ocupava apenas uma parte limitada da vida e dos interesses de alguém. Quando retornei em 1961, como professor, a situação geral era notavelmente similar: tão disputada, tão intricada, tão problemática e ainda não resolvida.

Na realidade, desde 1946, a uma boa distância de Cambridge, eu havia tentado encontrar um caminho próprio a partir

INGLÊS DE CAMBRIDGE, PASSADO E PRESENTE   235

de questões definidas por minha experiência do pós-guerra. O resultado específico foi *Cultura e sociedade*, que creio também ter dado ocasião para o meu retorno. Mas não quero seguir essa linha; ela já foi detalhadamente discutida alhures. Gostaria, partindo tanto de uma posição anterior quanto de uma posterior, de considerar novamente a ideia geral do "Inglês de Cambridge": ao que de fato foi e não foi, às forças que o moldaram e atravessaram, ao que aconteceu e ainda acontece em suas diversas fases. É sinal de um certo deslocamento – um deslocamento vivido de um modo diferente – que eu tenha começado com uma questão pouco familiar e distante: houve, de fato, um "Inglês de Cambridge"?

Uma das poucas certezas que existem é que ele é tardio. Cambridge foi uma das últimas universidades britânicas a oferecer condições apropriadas para os estudos ingleses. Isso não deveria nos surpreender. Como Oxford, mas nesse caso de forma ainda mais rígida, Cambridge resistiu firmemente à introdução de qualquer curso que fosse além dos tradicionais Estudos Clássicos e Matemática. No fim do século XIX, entre os novos *triposes* disponíveis, as Ciências Naturais e a História eram das menos estimadas. Uma maioria convencional poderia ser mobilizada em favor do *status quo* por autoridades estabelecidas e preconceituosas. A primeira introdução limitada do Inglês ocorreu, ironicamente, por meio do Inglês Antigo, e depois pela Filologia. Contudo, podemos dizer que, fora do circuito e como parte de um novo *tripos* em Línguas Modernas e Medievais, novas atividades começaram a ser desenvolvidas. Nesse período relativamente sem recursos, foi publicado *Cambridge History of English Literature* e homens com outros compromissos formais davam palestras sobre escritores. O curso pequeno, contudo, mesmo depois de várias correções, vinculou o estudo de certa Literatura Inglesa a um corpo principal de obras em Língua e Filosofia.

A inovação principal dessa fase, que se iniciou em 1917, pode ser vista de maneira positiva ou negativa. Por meio de uma

236 RAYMOND WILLIAMS

série de mudanças, o curso se tornou o primeiro a permitir uma separação prática entre os estudos literários e os linguísticos. Esse fato tem sido descrito com tanta frequência como uma libertação, uma emancipação, uma quebra das amarras, que parecerá falta de compaixão analisá-lo. Certamente, as explicações do trabalho linguístico, em Filologia e Morfologia Comparada, indicam boas razões para essa impaciência. Contudo, se voltarmos nosso olhar para o momento de ruptura que levou à situação presente, na qual a distância entre os estudos literários e os estudos linguísticos é um problema central – e na qual, aliás, a Linguística moderna tem ocupado apenas uma posição marginal em Cambridge –, há questões sérias que devem ser levantadas.

É claro que era um absurdo não existir um estudo organizado da escrita inglesa em seus aspectos mais gerais. O movimento em direção aos Estudos Ingleses, embora sempre ameaçado pela Filologia e pelo anglo-saxonismo nacionalista do século XIX, foi em geral amplo e humanista. Os interesses que haviam sido definidos como estéticos e culturais, ou anteriormente como espirituais e históricos, transformaram-se rapidamente em obras valiosas. Foram de fato esses interesses que produziram a nova noção de literatura no século XIX: um corpo de escrita criativa que representava essas qualidades humanas mais gerais. Por trás disso, havia ainda a noção do século XVIII de uma literatura *inglesa*, uma literatura *nacional*, distinta das ênfases anteriores clássicas e europeias. Os estudos ingleses nas escolas do século XIX incluíam tanto a história e a geografia quanto a literatura e a linguagem dessa *nação* consciente de si mesma e deliberadamente ensinada.

Nas universidades, os principais interesses humanistas ainda eram satisfeitos pelos Estudos Clássicos, que também possuíam disciplinas linguísticas estritas circulando nas universidades privadas. O Inglês, naquele contexto universitário, poderia ser mais facilmente reconhecido, em um primeiro momento, como uma disciplina linguística desse mesmo tipo sobre o Inglês

INGLÊS DE CAMBRIDGE, PASSADO E PRESENTE 237

Antigo e suas relações. Mas a ênfase e a demanda da literatura estavam crescendo em outros setores da sociedade. As novas universidades admitiam provisoriamente essa ênfase, mas havia também duas forças sociais, hoje frequentemente desconsideradas, no novo movimento de educação para adultos e mulheres. A Literatura Inglesa era requisitada em toda parte pelos novos cursos de extensão universitária, e pessoas com uma formação diferente – como Churton Collins argumentou em Oxford, e cujo *Study of English Literature* foi descrito por Tillyard[1] como um texto a favor dos princípios sobre os quais o *tripos* em Inglês de Cambridge foi fundado em 1917 – eram necessárias para ministrá-los. Havia também um grande interesse nesse tipo de estudo literário por parte das mulheres: um interesse direto; um interesse específico, entre professores de Estudos Ingleses nas escolas; mas também um interesse definido pela posição de exclusão das mulheres naquela fase da cultura, uma exclusão superada com mais frequência na leitura e na escrita da literatura precisamente. Assim, quando lemos sobre o insuficiente "rigor" dos Estudos Ingleses – um entre tantos termos masculinos – ou sobre o Inglês como "um assunto para mulheres", devemos ao menos chamar isso de fanfarronice. Foi em áreas de inteligência ativa e frustrada, fora da cultura estreita, classista e discriminatória da universidade do século XIX que essas novas formas de aprendizado foram primeiramente buscadas e encontradas. Talvez seja significativo que, somente após a guerra, os jovens, ao voltar das trincheiras, tenham podido lutar com coragem e vigor contra um pedantismo fechado. Eles puderam, como Tillyard, na linguagem significativa e contraditória da exclusão, falar do "direito ao desfruto em cada clareira e pasto verdejante"; a um só tempo uma nova afirmação de *direitos* e um contexto de vago pastoralismo edwardiano.

---

1 Tillyard, E. M. W., *The muse unchained*, p.32, Cambridge, 1958.

Foi nesse espírito que surgiu o chamado "Inglês de Cambridge". Contudo, ele conheceu quase de imediato as marcas da experiência da exclusão. Na realidade, foi por acaso que ele se separou tão rapidamente dos estudos linguísticos. O professor de Anglo-Saxão, que começou como Clássico, achava que o Inglês Moderno se tornaria, como de fato se tornou, o novo centro da educação humanista, portanto não se opôs ao fim compulsório do Inglês Antigo. Os seis filólogos, por sua vez, incluíam dois alemães e três mulheres: uma falange improvável, naquele momento, contra a nova campanha. De fato, o preconceito com que Tillyard escreve sobre os alemães e as mulheres é, ainda hoje, surpreendente. Mas o que estava a caminho trazia sua própria bagagem cultural, nos difíceis conceitos de Literatura e *Englishness* [o ser inglês]. Houve um nacionalismo anglo-saxão, e um homem o descreveu significativamente como uma "reversão da Renascença". O que aconteceu, de modo bastante complexo, foi uma redefinição do "verdadeiro inglês", em parte sob o véu da separação da Filologia. A classe dominante inglesa já havia traçado, muito tempo antes, sua ascendência real no mundo clássico, e especialmente em Roma, como distinta de seus ancestrais físicos reais. Culturalmente – e com muitas razões evidentes – podia-se identificar uma ascendência real comparável. Isso foi facilitado pelo fato de que, entre 1917 e 1926, o inglês foi planejado como a segunda parte, em geral depois de uma primeira parte clássica. Mas as razões eram tanto seculares quanto conjunturais. A tragédia – que por acaso era ensinada, de Ésquilo a Ibsen, como um curso universitário em Leeds em 1907 – fazia sentido como matéria em Cambridge porque podia ir do drama grego e romano até Shakespeare. Os últimos moralistas ingleses eram guiados por Platão, Aristóteles, Paulo e Agostinho.

O que estava sendo traçado, evidentemente, era uma ascendência genuína de pensamento e forma, com conexões linguísticas assumidas a partir das tendências das escolas privadas.

INGLÊS DE CAMBRIDGE, PASSADO E PRESENTE   239

Não é tanto essa *conexão* cultural que conta; é o longo intervalo, na cultura, na história e na língua dessas ilhas, no qual a formulação persuasiva simplesmente deu um salto. "Deveríamos conhecer os poetas de nossa própria terra", mas não Taliesin ou Dafydd ap Gwilym. "De nosso próprio povo", mas não o autor de *Beowulf*. Essa é uma questão complexa porque, ao recuperar a ênfase clássica e europeia, como na vigorosa inclusão da literatura comparada, especialmente da francesa e da italiana, o curso de Cambridge estava na realidade evitando o que era chamado, naquele momento, de limitação "provincial". Contudo, sua própria província, embora cheia de recursos, foi definida de modos preconceituosos para com a cultura e a história de sua própria terra e povos. Os portadores de uma tradição literária, agora plenamente reconhecida como autônoma no Inglês Moderno, estavam, nessa mesma função, deliberadamente distantes de sua cultura real e diversamente letrada. Se tudo que foi excluído fosse uma morfologia estreita o caso seria diferente, mas na definição final do Inglês de Cambridge como portador da cultura de uma minoria consciente há algo muito mais importante do que uma vingança de Beowulf; há a semente, dentro da liberação, de grande parte dos conflitos subsequentes e hoje notórios.

Em geral, não vemos isso em conexão com a distância subsequente dos estudos linguísticos e culturais porque, nos experimentais e inovadores anos 1920, duas iniciativas significativas foram realizadas e tiveram grande influência. Foram, em primeiro lugar, o equivalente a uma redefinição da crítica e, em segundo lugar, uma ênfase nova e vigorosa no que, dentro da nova província autônoma, foi definido como "vida e pensamento". Essa formulação, aliás, deriva das conferências de Língua Moderna, embora houvesse variações, como em 1917: "Literatura, vida e pensamento" da Renascença; "Vida, literatura e pensamento" da Idade Média. Cada tendência era tão forte, e produziu obras tão notáveis, que parece fácil fornecer, a partir delas, uma definição positiva para o Inglês de Cambridge.

Contudo, ao final, o que realmente importava eram as relações entre estas duas tendências: uma história da unificação desejada e o conflito real e às vezes amargo. É irônico que a redefinição da crítica tenha ocorrido sobretudo por intervenção – mais uma vez, em termos locais, quase acidental – de um tipo bastante diverso de pensamento, tirado da Filosofia, da Psicologia e da Fisiologia. Sem Richards, e com a exceção bastante diferente de Leavis, há poucas evidências para supormos que a nova escola fosse mais do que uma extensão da apreciação humanista e erudita que em outros lugares já vinha ganhando terreno nos estudos ingleses. Houve as mudanças de tom, interesse e vocabulário que costumam ocorrer entre as gerações, mas mesmo depois de Richards e Leavis – e parece em geral que houve um longo caminho depois deles – não está claro que houvesse uma descontinuidade radical entre a maior parte da obra da Escola Inglesa de Cambridge, com suas virtudes e tudo o mais, e os críticos e acadêmicos humanistas que trabalhavam em outras universidades antes de 1917. Contudo, por um tempo decisivo, Richards estava lá. Ainda acredito que sua principal realização tenha sido ver o elemento de conivência justamente nessa tradição da apreciação: o discurso informado, seguro e familiar de pessoas conversando entre si sobre obras que, de uma posição social compartilhada, elas haviam tido o privilégio de conhecer. Há um elemento de brutalidade nos famosos protocolos de Richards, nos quais uma competência e um gosto seguro foram desafiados pela ausência de informação e dicas. E diz muito sobre a geração que compartilhou as experiências com ele que resultados devastadores tenham sido aceitos, lições tenham sido aprendidas e uma nova ênfase tenha sido estimulada em uma leitura atenta, precisa e particularmente desafiadora. Essa ênfase notável é, sob qualquer critério, uma contribuição educacional fundamental.

Contudo, ela foi chamada de Crítica Prática, e houve então dois problemas. "Prática", para começar, porque havia também

INGLÊS DE CAMBRIDGE, PASSADO E PRESENTE

a teoria: ambas, na obra de Richard, são não apenas ligadas, mas também inseparáveis. Como acontece em geral, há boas razões para rejeitarmos as teorias de Richards, mas teoricamente, e não passando para a "prática" como algo não apenas autossuficiente, mas educacional e até moralmente superior. Isso aconteceu com o passar dos anos e, até mais do que o fato de que parte do trabalho se reduziu a rotinas escolares, explica a insatisfação a partir dos anos 1960 com o que ainda é, em seus melhores termos, o elemento mais importante do curso de Inglês de Cambridge. A retomada da teoria, segundo a escala de Richards – ou seja, não apenas a teoria da literatura ou da crítica, mas a dos processos fundamentais da linguagem, do significado, da composição e da comunicação –, foi recebida com gritos de "forasteiro", "extraliterário", metacrítico", "sociológico", "marxista", "estruturalista", e só Deus sabe o que mais. Esses foram os gritos que o Inglês de Cambridge ouviu de outras fontes nos anos 1920 e rejeitou algum tempo. A teoria e a prática, trabalhando juntas, davam exemplos poderosos da leitura necessária se a Literatura – o ponto de referência comum – quisesse sobreviver como ela mesma.

Mas foi essa formulação inocente – "sobreviver como ela mesma" – que ocultou problemas e tendências mais fundamentais. A "crítica prática" ocultou – e continua a ocultar – dois métodos e intenções bastante diferentes: em primeiro lugar, como Richards reconheceu formalmente, a análise de uma obra para descobrir sua organização verbal real – o processo de leitura; em segundo lugar, o que foi chamado de "avaliação" de uma obra – a descoberta do que era usualmente chamado de "mérito". Hoje, é evidente que a contribuição efetiva de Richard se deu no primeiro caso – na análise – e que é nesse sentido que Richards se vincula ao trabalho posterior na Linguística e na Teoria da Comunicação. Essa foi sua trajetória real, pois o que ele fundou em Cambridge ele também decidiu abandonar: "decidiu", como ele mesmo afirmou, "afastar-se completamente da Literatura como uma matéria".[2] Mas ao mesmo tempo, invocando métodos de análise e conectando-os a sua própria versão de avaliação, houve a confusão da "crítica".

É fácil ver que ambas foram concebidas originalmente para aderir uma à outra. A Teoria da Linguagem e da Leitura de Richard era baseada em uma noção de competência individual que podia ser aprendida e tinha o efeito desejável de ordenar e harmonizar os impulsos mentais. Ao mesmo tempo, a versão de Literatura que ele compartilhava com outros era não apenas nos termos de um "depósito de valores registrados", mas indicava, sobretudo, "quando a limitação habitual dos interesses ou a desorientação confusa são substituídos por uma compostura intricadamente trabalhada". Poderíamos considerar, então, que a análise do "intrincadamente trabalhado" estava necessariamente integrada ao esclarecimento da resposta que era a "compostura", que, por sua vez, estava no centro da teoria do valor.

Esse é um tipo plausível de racionalismo liberal, que foi especificamente empregado em uma crise conhecida da cultura e da crença e oferecia "os valores da Literatura" como, literalmente, uma forma de nos salvar. Ironicamente, contudo, o que emergiu daí não foi, exceto intermitente e seletivamente, a Literatura, mas sim a Crítica. Pois ler as obras correntes da literatura é encontrar muito mais do que a "compostura intrincadamente trabalhada"; é encontrar, nos termos dos valores inerentes ou transferíveis, todo tipo de posição e avaliação, de crença e descrença, de resolução e distúrbio, de organização, conflito e desordem. Ou seja, a literatura como "ela mesma", mas obviamente essa era a razão daquela formulação singular: mascarar a diversidade real em proveito de um novo absoluto secular. Havia mais possibilidade de uma posição única da crítica, mas apenas se a abstração correspondente do "leitor criterioso e treinado" fosse mudada e ensinada em seu lugar: o indivíduo desenvolvido que foi além

---

2 Richards, I. A. *Essays in His Honor*, p.29, New York, 1973.

INGLÊS DE CAMBRIDGE, PASSADO E PRESENTE   243

de todas as outras condições e experiências e alcançou essa clareza e compostura econômica. Obviamente, isso não poderia durar muito, embora a pretensão tenha durado. As virtudes desse tipo de análise genuinamente esclarecedora eram confusas e frequentemente dominadas por uma nova instância na qual a crítica literária era oferecida – e muito localmente tida – como a principal atividade em qualquer julgamento humano. É por isso que, posteriormente, houve tanta resistência a atividades que mostrassem diversidade e conflitos nas condições sociais tanto da escrita quanto da leitura, bem como a obras que questionassem, com base na Linguística, a autonomia simples do texto e, com base na Psicologia, a subjetividade organizada do leitor individual. Por outro lado, com esse papel claro definido pela suposta unidade da análise e da avaliação – agora não apenas literária, mas o tipo mais geral de descoberta de valores –, não surpreende que um homem de grande capacidade e convicção o tenha assumido, embora tenha precipitado a longa crise do Inglês de Cambridge. Leavis realmente acreditava, de um modo que o levou a romper com Richards justamente nesse ponto central, que a leitura e a análise atenta da literatura eram a descoberta e a vitalidade dos valores humanos mais centrais e, a partir dessa posição, desenvolveu não uma "compostura intricadamente trabalhada", mas uma discriminação drástica e um assalto militante ao campo da cultura e da sociedade. É evidente que ele pôde fazer isso apenas convertendo o "depósito de valores" em uma "grande tradição" altamente seletiva, com uma literatura agora mais especializada, recusando categoricamente obras literárias que não serviam a esse propósito. Mas o que foi tão negativo na oposição de Cambridge a Leavis foi que este, embora de modo ainda bastante específico, estava tomando a proposição original com a seriedade e o engajamento que foram sempre formalmente exigidos, mas que na prática – quando expostos de maneira clara e plena – eram nitidamente nocivos aos hábitos mais brandos da leitura meticulosa e da compostura solitária ou intimamente compartilhada que sempre foram o resultado acadêmico mais provável.

Poderíamos reduzir isso a: aprender a ler as obras literárias pela análise cuidadosa nos envolvia em um assalto a todo um sistema de valores sociais, culturais e acadêmicos? É claro que não, concluiu a maioria dos professores de Cambridge, e indiretamente eles estavam certos. Mas com a suposta unidade da análise e da avaliação sob o título de Crítica Prática, tão cruamente demonstrada por um crítico que, ao contrário, era convincente e bem colocado, eles puderam, graças a uma adequação intelectual, ou avançar na direção de novas posições, ou retornar e desatar os nós tão bem atados nos anos 1920. Houve algumas tentativas, mas a época áurea – a época daquela identidade ilusória – havia terminado, de todo modo, e o que veio depois foi, em grande parte, mais sólido e mais modesto: desenvolver um curso relativamente ortodoxo na história e crítica da literatura inglesa, apoiado em um novo profissionalismo do comentário e do conhecimento crítico. Nesses termos reduzidos, houve uma produção de obras sólidas, respeitáveis e bem consideradas. O curso continuou a atrair e formar um grande número de estudantes capazes. Na realidade, o problema mais preocupante, de 1930 a 1960, foi a coexistência desse sucesso justo e constante com as graves discórdias internas e as contínuas brigas públicas que restaram de problemas não resolvidos e iniciativas corajosas do período experimental, e que bastaram, quando somadas a desconfianças antigas em relação à matéria, para que a universidade restringisse seus recursos de ensino ao amplo corpo de obras com as quais já trabalhava. Portanto, não nos surpreende encontrar uma preocupação com problemas de administração e recursos localmente justificada em um período em que, em um nível mais profundo, o que realmente necessitava de atenção eram os problemas intelectuais mais fundamentais.

De fato, o que primeiro seduziu o estágio seguinte da controvérsia não foi a questão da iniciativa analítica e crítica, mas a de

INGLÊS DE CAMBRIDGE, PASSADO E PRESENTE 245

uma iniciativa igualmente precoce no que foi chamado de "vida e pensamento". Podemos observar que, nos anos 1920, na transição supostamente direta da análise competente para as mentes claras e os valores humanistas, essa iniciativa gerou poucos problemas contemporâneos. Richards, embora tenha escolhido seus exemplos em um âmbito histórico amplo, sempre foi essencialmente sincrônico em seus métodos: a leitura clara e a escrita clara eram valores absolutamente supra-históricos, como em sua versão do platonismo. Ao mesmo tempo, uma vez que não havia professores de Estudos Ingleses em número suficiente, professores de História e de Estudos Clássicos ministravam o curso e, com seus colegas, punham a História ao lado da Literatura de modo empírico e direto. Houve um desenvolvimento notável da história intelectual, por Willey, em obras que mostram seu pleno valor, mas é necessário dizer duas coisas a respeito delas. Em primeiro lugar, elas estabeleceram, até mesmo nos títulos, uma versão fraca das relações complexas e dinâmicas envolvidas em qualquer engajamento consistente com "a literatura, a vida e o pensamento". O que era chamado cada vez mais de "pano de fundo" conviveu em harmonia, e com seus próprios tipos de esclarecimento, com o significado que se supunha que "Literatura" tivesse na prática – o "depósito de valores" – e, agora, com o filosófico ao lado do literato: modestamente ao lado, apenas um pano de fundo sempre que "a literatura como ela mesma" ganhava relevância na ênfase da Escola. Em segundo lugar, essas obras se interromperam significativamente no século XIX: no período em que estabeleceu conexões bastante explícitas com as formações sociais, culturais e intelectuais que eram atuantes e combativas na sociedade contemporânea urbana, industrial e, de certo modo, democrática. Willey levou seus profundos e conexos interesses religiosos para o século XIX, a continuação de certa atenção que ele havia dado a períodos anteriores. Mas a vida e o pensamento do período após a Revolução Industrial estavam em dimensão, e foi então que teve início a crise da formulação.

Nos anos 1920, surgiu uma outra versão aparentemente simples da formulação. Grande parte do trabalho crítico tinha uma relação íntima com um novo modernismo na escrita contemporânea e, sobretudo, com uma versão cultural e pseudo-histórica desse modernismo em Eliot: a "dissociação da sensibilidade" e a queda subsequente a partir do século XVII. Na prática dominante da crítica, uma nova história literária, dos metafísicos aos modernistas, foi vigorosamente defendida, sobretudo porque a seleção correspondia perfeitamente aos tipos mais provocativos de leitura e análise. Seguiu-se uma história cultural que, tanto em suas versões gerais fracas quanto em suas versões particulares fortes em Leavis, ratificava a posição da escola: a melhor literatura do passado *contra* um presente desordenado e destrutivo; assim, uma escola crítico-literária assumia um status minoritário, mas carregava os valores do passado e de um presente possivelmente emergente no papel de guardiães e testemunhas da literatura significativa. Em sua versão fraca, essa história cultural prosseguiu sem ser intelectualmente incomodada, porque, até bem pouco tempo atrás, esse papel específico se adequou muito bem à ideia de uma universidade humanista necessária e privilegiada; uma ideia que, vendo ameaça apenas de radicais e igualitaristas, viria finalmente encontrar sua premissa de privilégio em uma ordem social tradicional que foi degradada pela ordem social real que emergira não tanto do século XVII, mas do século XIX: o mundo da luta visível entre as classes, inclusive na educação, e das prioridades ferozes do capitalismo industrial, com ideias bastante diversas dos objetivos da universidade.

Assim, a formulação "vida e pensamento" dependia, na prática, de posições bastante simples e transitórias: as estabilidades implicadas na noção de "pano de fundo", com ideias e ordens sociais sucedendo-se calmamente umas às outras e escritores realizando o trabalho realmente importante, criando literatura a partir deles; e a convicção de que eram uma minoria virtuosa, contra o comercialismo – termo preferível a capitalismo –,

INGLÊS DE CAMBRIDGE, PASSADO E PRESENTE 247

mas também contra o "gosto popular" e o que Richards, naqueles primeiros anos, chamou de "as potencialidades mais sinistras do cinema e do autofalante".[3] A história real tinha cada vez menos influência. As posições mais identificáveis de Cambridge tornaram-se, como em F. R. e Q. D. Leavis, um tipo de história cultural que traçava a longa queda e ratificava a nova minoria – uma doutrina persuasiva e, com o tempo, popular, mas também uma doutrina que iniciou tipos de análise da cultura popular que acabaram seguindo direções muito diferentes. Contudo, pouco a pouco, como uma posição ativa, ela pareceu ter, para a maioria, muito pouco a ver com o estudo real da literatura. A posição geral poderia ser assumida, mas o trabalho real deveria estar diretamente vinculado aos estudos literários.

Exceto pelo fato de que havia, ainda, naquelas regras herdadas, o caminho para "a vida e o pensamento". Como fazer isso, perguntaram estudantes e outros, se já temos um número de autores mais que suficiente para trabalhar, às vezes um por semana? Era tudo muito vago. O pensamento talvez – ele estava nos textos –, mas a vida?

De fato, não havia um caminho através dessas questões, desde a posição que foi atribuída à Literatura, em sentido agora especializado. Pois foi ali que a longa separação dos estudos linguísticos teve suas consequências mais sérias. Teoricamente e concretamente, é evidente que é na linguagem que as práticas e as relações concebidas como "literatura", "vida" e "pensamento" são reais e perceptíveis. Por um lado, se partirmos das concepções, chegaremos ao conceito artificial de "linguagem literária" ou simplesmente às formas de pensar sobre "vida e pensamento" ou "sociedade" que se desenvolvem quando a prática da linguagem e sua composição ativa são reduzidas a uma qualidade estética representacional ou marginal.

---

3 Richards. *Principles of Literary Criticism*, p.36, 1926.

248 RAYMOND WILLIAMS

Houve trabalhos em Cambridge que apontaram para direções mais ativas. Leavis, em oposição a Richards, estendeu – a seu modo, é claro – a análise dos exemplos textuais a uma dimensão histórica: uma prática que ficou conhecida como "datação", quando entendida como um exercício, e foi descrita por um veterano como um jogo de salão; significativamente, acabou sendo retirada da crítica prática. Essa não é a única forma, mas sua ênfase era correta. A obra de Muriel Bradbrook sobre as convenções e as instituições do drama inglês renascentista forneceu a base para uma análise genuinamente histórica e linguística da composição das peças: um tipo diferente de leitura dessas formas orais e multivocais, de sua diversidade linguística e de suas regras ainda em formação e transformação, que está sendo novamente desenvolvido. Dessas duas iniciativas partiram caminhos para uma investigação plena e fundamentada, exigida e desafiada pela formulação "literatura, vida e pensamento". Mas tanto a distância dos estudos linguísticos modernos, que começavam a oferecer formas de análise mais precisas e variadas, quanto o bloco teórico representado por uma concepção de literatura como uma série de autores para os quais deve – *deve* – haver uma "resposta avaliativa pessoal", ou uma imitação disponível, impediu ou, na melhor das hipóteses, adiou corpos de conhecimento e formas de ver e pensar que poderiam ao menos oferecer aos Estudos *Ingleses* um alcance muito mais amplo e profundo – mais bem fundamentado e mais próximo dos interesses reais – do que as rotinas profissionais amplamente reprodutivas da crítica e da história literária antiga que temos hoje.

A linguagem na história: um campo vasto. Mas, mesmo dentro de uma ênfase mais especializada, linguagem produzida em obras por meio de convenções e instituições que, quando examinadas de maneira adequada, são a sociedade realmente ativa. Não um pano de fundo produzido para anotações quando parece relevante e necessário em uma leitura privada – o leitor nu diante do texto nu. Ao contrário, trata-se do tipo de leitura

INGLÊS DE CAMBRIDGE, PASSADO E PRESENTE   249

em que as condições de produção, em seu sentido mais pleno, podem ser entendidas tanto em relação ao escritor quanto ao leitor, a escrita real e a leitura real. Um sentido social ativo de escrita e leitura, mediado pela realidade histórica social e material da linguagem, em um mundo em que se sabe íntima e exatamente, em cada ato de escrita e leitura, que essas práticas se conectam e são inseparáveis de todo um conjunto de práticas e relações sociais que definem os escritores e os leitores como seres humanos ativos, distintos dos "autores" e "leitores treinados" que assumem flutuar, em um privilégio velado, sobre o mundo rude, dividido e diverso do qual, contudo, por alguma alquimia, eles possuem o segredo essencial.

Posso ver, olhando para trás, que desafiar a noção de segredo essencial, insistir que mesmo as rotinas profissionais mais ortodoxas estavam reduzindo ou obscurecendo os vários sentidos de sua linguagem ativa, que foi sempre muito mais do que uma Literatura especializada, seria, na melhor das hipóteses, ser mal compreendido, marcado para uma exportação precoce para a Sociologia, a História ou outras regiões mais quentes; e, na pior das hipóteses, ser visto como uma ameaça, um barbarismo – e, na realidade, era outra linguagem que estava sendo falada. O que mais me estimula hoje é que, apesar da ameaça de punição, grande parte desse trabalho começou a ser feito em Cambridge e por pessoas que deixaram Cambridge, e, além do mais, de maneira interessante, variada e audaciosa. Rejeitando, como fez, muitas das posições específicas do Inglês de Cambridge nos anos 1920 – e, compreensivelmente, sendo rejeitado por ele –, esse trabalho foi, como continuo a acreditar, uma resposta em seu tom e em suas intenções amplamente experimentais. O problema real não está aqui, mas no fato de que duas das iniciativas mais importantes – análise atenta e "vida e pensamento" – não apenas encontraram dificuldades em seu desenvolvimento posterior, como também, por essa e outras razões, não puderam ser inseridas em uma relação coerente uma com a outra – o que teria significado uma mudança e um fortalecimento para ambas. Assim, houve muitas iniciativas em obras valiosas, e mesmo com compromissos precários – repetitivamente rompidos e resolvidos à força – havia uma abertura e uma diversidade real, como demonstraram do modo mais prático as dissertações defendidas com tanta dificuldade pelos estudantes. Mesmo na graduação, até bem pouco tempo atrás, as coisas eram assim, embora todo o sistema de pesquisa regulado e isolador tenha sempre tentado limitá-lo.

Contudo, o que não estava lá, porque em sentido pleno nunca esteve lá, foi um "Inglês de Cambridge": um curso e um método de estudo distintivos *e coerentes*. A época áurea foi áurea apenas no início, em sua busca, experimentação e investigação aberta, com liberdade de expressão e, durante alguns anos, tolerância. Não preciso enfatizar a distância social e intelectual que me separava dela. Muitos de meus amigos me disseram que nunca me distanciei o suficiente, mas estavam errados. A distância é total, os conflitos intelectuais são absolutos. A única comunidade e herança que tenho em Cambridge se encontram em algumas das questões levantadas na época, na energia e na seriedade empregadas nelas. Hoje, quando são evitadas, desconsideradas mesmo quando são nominalmente honradas, sua grandeza de espírito merece ser lembrada. E lembro-me, ao lado disso, das intervenções eminentes, por parte da Associação Inglesa de Oxford, para tentar parar a criança briguenta em seu caminho. Não seria homenagear os que tentaram implantar um "Inglês de Cambridge" sério dizer que essas autoridades não tinham por que se preocupar, que de todo modo a criança ia crescer e se tornar igual a elas. Mas essa não é a última palavra.

CRISE NOS ESTUDOS INGLESES

Eventos recentes em Cambridge, sobre alguns dos quais vocês devem ter ouvido falar, persuadiram-me a apresentar um material que eu estava preparando para um ciclo de palestras que será realizado no outono. Uma vez que o material foi originalmente concebido para essa escala, a perspectiva de apresentá-lo em uma hora pode ser considerada assustadora. Mas parece-me importante estabelecermos uma nova posição aqui, em vez de deixarmos essas questões no ar até que possam ser examinadas com cuidado. Meu propósito inicial é identificar e explicar brevemente algumas posições polêmicas, para além dos rótulos que têm sido vagamente atribuídos a elas; tenho um argumento bastante diferente, que me parece ir ao cerne da polêmica. Dentro do marxismo e do estruturalismo, há diversas tendências, e a diversidade é ainda maior em tendências influenciadas em parte por eles. Muitas dessas tendências estão em oposição gritante entre si. Isso deve ser enfatizado não apenas para evitarmos rótulos redutores, mas também pelo motivo positivo de que algumas dessas tendências são compatíveis com o paradigma dominante dos estudos literários, ao passo que outras são incompatíveis e durante alguns anos desafiaram esse paradigma – e, portanto, a profissão.

Estou usando "paradigma" no sentido dado por Kuhn: uma definição prática de um campo observado de conhecimento, um *objeto do conhecimento* baseado em certas hipóteses fundamentais, e que carrega definições de métodos apropriados para a descoberta e o estabelecimento desse conhecimento. O caso da Literatura parece se enquadrar perfeitamente nesse paradigma. Além disso, como Kuhn argumentou, esses paradigmas nunca são simplesmente abandonados. Ao contrário, acumulam anomalias até que haja um ponto de ruptura, e então são feitos esforços para mudar e substituir a hipótese fundamental, suas definições e o que é, nesse estágio, os padrões profissionais e os métodos de investigação estabelecidos. O momento que estamos vivendo é, evidentemente, um momento de crise. Acredito que é o pé em que estamos hoje, embora em um estágio relativamente precoce, nos estudos literários de Cambridge.

É claro que, de certo modo, a definição de um objeto observado de conhecimento se torna desesperadamente confusa em qualquer paradigma dominante quando o conhecimento deve ser adquirido pelo objeto. Isso é nítido, hoje, em alguns usos do termo "literatura", que afinal não é, em seu sentido mais comum, *produzida* por departamentos de Literatura, mas é ainda considerada, de certa forma, algo que deve ser apropriado ou defendido. Isso toma formas variáveis. Assim, dizem que nossa missão é ensinar "o cânone da Literatura Inglesa". O uso de "cânone", emprestado dos estudos bíblicos, em que significa uma lista de escritos sagrados aceitos como autênticos, é significativo. Pois, evidentemente, o "cânone da Literatura Inglesa" não é dado: é produzido. Ele é extremamente seletivo e, na prática, resselecionado. Em sua versão mais simples, foi questionado por Richards em suas experiências com a crítica prática. Richards mostrou que mesmo estudantes altamente treinados podiam aprender o cânone, mas a maioria não conseguia produzir avaliações implícitas por si mesma. De fato, com frequência eles preferiam textos muito distantes do cânone.

CRISE NOS ESTUDOS INGLESES   253

Essas descobertas levaram à redefinição moderna mais efetiva do
paradigma, embora não o tenha substituído. Nessa redefinição,
a Literatura foi assimilada à Crítica. Desde então, em contraste
com os estudos bíblicos, o conhecimento acadêmico não podia
mais *estabelecer* ele mesmo o cânone literário (embora pudesse
fazer uma verificação local dentro dele); um novo processo – o
julgamento crítico – teve de ser ensinado como condição para a
retenção da ideia definidora de Literatura.

Literatura significou, ao menos até o início do século XIX,
um corpo de textos impressos; esse sentido neutro sobrevive em
contextos como "suplemento de literário" ou "*literature stall*"
[banca de livros]. É claro que esse uso teve como consequência
uma especialização do material impresso, o que em geral foi
bastante apropriado para o período entre o século XVII e o
início do século XX, mas com certas anomalias. Havia o drama,
que era escrito não para ser lido, mas para ser encenado. Havia
o que foi chamado, desde cedo, de "literatura oral" – uma classificação estranha e com frequência enganosa. Havia, por fim,
o status problemático da escrita em formas modernas, como a
radiodifusão, os filmes e a produção oral recuperada. Mas havia
cada vez mais pelo século XX adentro uma maior especialização
do termo, baseada no que é hoje, evidentemente, categorias
anômalas. Literatura acabou significando, sobretudo, a "escrita
imaginativa" dos romances e poemas, em uma separação difícil
da escrita "factual" ou "discursiva". Não se trata apenas do fato
de isso tender a esconder o elemento da *escrita*, a composição
linguística de fatos e argumentos nas áreas excluídas ("discursiva" ou "factual"); trata-se também do fato de que as relações
presumidas entre "imaginação" e "fatos" para os outros casos
"literários" são, embora às vezes óbvias, o próprio problema
que deve ser analisado. Isso já era suficientemente difícil. Mas
houve então uma especialização posterior, em que, por assim
dizer, a categoria "literatura" censurou a si mesma. Nem toda
literatura – romances, poemas e peças teatrais – era Literatura

com letra maiúscula. A maioria dos romances, poemas e peças não era vista como parte da Literatura, que, na prática, era uma categoria seletiva e, portanto, o "cânone" estabelecido e herdado da crítica.

Assim, se alguém disser hoje: "A Literatura é mais importante do que todos os 'ismos'", isso pode parecer convincente quando os "ismos" são, por exemplo, aqueles estranhos: marxismo e estruturalismo. Mas um "ismo" não é mencionado com muita frequência: *criticism* [crítica], que, por aquela redefinição do paradigma, foi incorporado à própria "Literatura" (de fato, é o que a define e pode vir a dominá-la). Há então o paradoxo de que aquilo que a maioria das pessoas faz nos departamentos de Literatura é crítica ou academicismo crítico, e isso é visto como atividade propriamente literária, embora seja muito diferente do que os outros – romancistas, poetas ou dramaturgos – fazem, sempre longe dali.

Temos, na sequência, primeiro uma restrição dos textos impressos, depois uma limitação das chamadas obras "imaginativas" e, por fim, uma delimitação de uma minoria de textos "canônicos" criticamente estabelecidos. Mas houve também, ao lado disso, uma especialização que com frequência se mostrou mais potente: não apenas a Literatura, mas a Literatura Inglesa. Essa é uma construção historicamente tardia, uma vez que ela é claramente incerta na escrita medieval, ao menos até o século XVII. O "inglês" era a língua ou o país? Se era a língua, havia quinze séculos de escrita nativa em outras línguas: latim, galês, irlandês, inglês antigo, francês normando. Se não era a língua, mas o país, era apenas a "Inglaterra" ou era também a Irlanda, o País de Gales, a Escócia, a América do Norte, as antigas e novas "Commonwealths" ["Comunidades"]?

A ideia de uma "literatura nacional" é uma produção histórica de grande importância para determinado período. O termo *Nationalliteratur* surgiu na Alemanha na década de 1780, e histórias das "literaturas nacionais", com perspectivas e ênfases

CRISE NOS ESTUDOS INGLESES 255

novas em relação a ideias mais antigas e gerais sobre as "letras", eram escritas em alemão, francês e inglês no mesmo período, quando houve uma mudança crucial na ideia de "nação" e "nacionalidade cultural". Desenvolvimentos históricos subsequentes, sobretudo em nosso próprio século, tornaram vagas essas especializações "nacionais" e criaram anomalias que devem ser ajustadas ano após ano pelo exame das denominações etc. "Para os objetivos deste ensaio, *inglês* deve ser tomado como...". Na realidade, essa é uma anomalia poderosa, uma vez que a questão do "*Englishness*" [a identidade intrínseca do inglês], tantas vezes apresentada nos estudos literários ingleses, é hoje, por razões sociais e políticas óbvias, muito crítica, cheia de tensões e problemas profundamente afetivos com relação à identidade tradicional e à ameaça contemporânea. Consideremos algumas atitudes contemporâneas com relação a obras novas, "francesas" ou "à moda parisiense". Esses termos não são apenas descritivos, mas são usados deliberadamente em sentido restritivo. Parece que aquilo que se defende com frequência não é apenas um corpo de textos, mas uma projeção significativa dele, na qual obras muito diversas de escritores que escrevem em inglês são compostas dentro de uma identidade nacional – a mais vigorosa, porque é amplamente do passado – na qual um disposição, um temperamento, um estilo ou um conjunto de "princípios" imediatos (que podem ser contrastados não apenas com a "teoria", mas com todas as outras formas de raciocínio) são celebrados, ensinados e – quando possível – administrativamente impostos. É um longo caminho desde a literatura no sentido de uma escrita ativa e diversa. Trata-se sobretudo de um posto, de um último reduto, de onde muitas noções gerais do *Englishness*, dos valores e da tradição são defendidas dos recém-chegados; a ponto de mesmo os dissidentes (para não mencionar os estrangeiros) serem vistos não apenas como diferentes, mas como estranhos – falam não a nossa língua, mas um jargão incompreensível. Não se trata, no que diz respeito ao inglês, do modo como a maioria sente e pensa diante dos problemas relacionados à identidade, à ênfase e à mudança. Mas entre aqueles que podem ser chamados, com precisão, de intelectuais ingleses tradicionais da literatura, ela não é apenas uma profissão: é – e soa como – um apelo, uma campanha. Em seu próprio campo, ela é congruente com os reflexos e as campanhas muito mais gerais da classe dominante inglesa, cujo discurso e propagação da "herança" cresce proporcionalmente a seus fracassos práticos.

Por várias razões, tanto o marxismo quanto o estruturalismo, cada um a sua maneira, afetaram diretamente o paradigma e suas anomalias. O surpreendente é que, em muitas de suas tendências, eles foram acomodados, ou se acomodaram, ao paradigma, no qual podem ser vistos apenas como abordagens diversas do mesmo objeto de conhecimento. Portanto, podem ser vistos como os convidados, embora às vezes desleixados e indisciplinados, de um pluralismo apropriado. Contudo, outras tendências não são tão assimiláveis e, na realidade, são bastante incongruentes com a definição herdada. São elas que estão envolvidas, não sem poeira e afetação, na crise contemporânea. Pois essa crise é, acima de tudo, uma crise do paradigma dominante e de seus padrões e métodos profissionais. Contudo, dadas as razões anteriores, ela adquire uma ressonância que vai muito além dos termos de uma disputa profissional. Trata-se, no sentido mais pleno, de uma das áreas centrais nas quais a própria crise cultural geral se define e afirma.

Vou descrever brevemente as tendências principais e bastante diversas do marxismo, do formalismo e do estruturalismo, na medida em que pressionam o que, pelo hábito herdado, chamamos de estudos literários. O conhecimento adequado de qualquer uma delas exige muito estudo, mas quero ao menos identificá-las e indicar resumidamente, pois esse é o ponto crucial, quais são compatíveis com o paradigma – e, portanto, com os arranjos profissionais estabelecidos – e quais, em minha opinião, não o são.

CRISE NOS ESTUDOS INGLESES 257

No marxismo, a primeira área que devemos explorar está centrada na ideia de "reflexo", em si mesma uma noção bastante complexa e usada de modos diversos dentro da tradição marxista. Ela representa historicamente a aplicação mais precoce do marxismo aos estudos literários, mas de três modos curiosamente diferentes.

Em primeiro lugar, há a proposição mais geral no marxismo: todo o movimento da sociedade é governado por certas disposições dos meios de produção e, quando essas disposições (forças e relações em um modo de produção) se alteram por obra de suas próprias leis e tendências, formas de consciência e formas de produção intelectual e artística (cujo lugar na definição marxista ortodoxa é como uma "superestrutura") também se alteram. Algumas mudam de maneira relativamente direta, como a política e as leis; outras, de modo distante e muitas vezes indireto – os exemplos tradicionais são a religião, a filosofia e a estética. De acordo com essa versão marxista da história da arte e do pensamento, mudanças nos planos mais básicos da ordem social repercutem nas áreas mais distantes à medida que pessoas tomam consciência desses conflitos e os enfrentam de diversas maneiras.

Essa proposição tem sido infinitamente debatida, sobretudo dentro da própria tradição marxista. Mas, em sua relação com os estudos literários, podemos distinguir duas versões: uma um pouco crua, embora ainda largamente conhecida (com frequência a única conhecida) como marxismo nos estudos literários; a outra bem mais sofisticada, ou aparentemente mais sofisticada. A primeira versão é a seguinte: se é verdade que a produção literária e intelectual é, em seu sentido mais amplo, um reflexo de conflitos fundamentais na ordem social, então a tarefa dos marxistas engajados em tais estudos é identificar as formas conflitantes e distinguir (como se fez usualmente nos anos 1930) os tipos de escrita progressistas e reacionários, tomar posição diante deles e, sobretudo (pois se dava mais a ênfase à produção do que à crítica), encontrar formas de produzir novos tipos de escrita que correspondessem às necessidades do conflito fundamental.

Essa é – e não apenas caricaturalmente – uma posição bastante simples. Em suas versões mais fracas, limita-se a rotular certos tipos de literatura como bons ou ruins, conforme a tendência política ou histórica presumida. De modo mais geral, o argumento literário é visto como dependente de uma posição total ou de uma perspectiva de classe presumida. Além disso, essas verdades gerais são concebidas como primárias, e então demonstradas e ilustradas na literatura. Não surpreende que, quando essa variante da interpretação marxista encontrou uma análise literária mais cuidadosa nos anos 1930, por exemplo, em Leavis (ele mesmo engajado e enredado em discriminações morais e culturais na literatura), ela sofreu uma derrota decisiva e foi vista como crua e reducionista ou, na melhor das hipóteses, como dogmaticamente seletiva.

Contudo, devemos acrescentar que nenhum marxista, não importa quanto ele ou ela redefina os termos da proposição geral da determinação social, não pode abandoná-la sem abandonar a tradição marxista. As formas mais modernas desse argumento dispensam a ideia de reflexo. Pois mesmo depois que se reconheceu que existem distâncias, que existem defasagens no tempo e tudo mais, é nítido que se assumiu uma correspondência bastante próxima, direta e apriorística entre o que poderia ser historicamente identificado como algo que acontecia na ordem social e a produção literária real. Assim, em vez de procurar as conexões diretas e óbvias que poderiam sustentar a simples rotulação das obras como politicamente boas ou ruins, ou como representantes de uma ou outra tendência ou classe, manteve--se a posição geral, embora com uma redefinição radical do que realmente são os processos variáveis literários e estéticos. Em um estágio posterior, essa posição se tornou bastante complexa; mas mencionei primeiro a versão mais antiga porque é a mais

CRISE NOS ESTUDOS INGLESES 259

conhecida e também porque, tendo formas cruas e outras mais refinadas, é mais difícil e desafiadora.

A segunda posição que se construiu em torno da ideia de reflexo é muito mais simples. Revelou-se uma das tendências inteiramente compatíveis, baseando-se em uma longa tradição dentro do pensamento literário, da ideia geral de reflexo e da versão mais ampla e passiva de mimese. (Há um sentido bastante diferente e ativo de *mimese*, que não é reflexo, mas um processo de apreensão, interpretação e mudança.) Essa tendência define a literatura de valor como uma literatura que reflete a realidade social, e seu método favorito é o realismo: julgando obras de arte pela fidelidade ou esclarecimento de uma realidade social observável. E se esse é o critério, não pode haver uma rotulação externa de obras progressistas ou reacionárias. Como Marx observou a respeito de Balzac (um homem que politicamente era seu oposto): Balzac é importante precisamente porque representa as realidades da sociedade francesa. Ele seria um escritor muito inferior se tivesse tentado direcionar essa representação realista para o que Marx e Engels atacaram continuamente como uma "literatura tendenciosa", que, em vez de refletir a realidade, tenta orientá-la para uma pressuposição política própria do escritor. Portanto, era crucial nessa tendência que a obra refletisse a realidade – a realidade como ela era, mesmo que desagradável.

Mas temos de levar em consideração o fato de que o marxismo, como uma posição geral, defende percepções únicas na natureza dessa realidade, ou melhor, de suas leis fundamentais. Isso pode ser diferir muito, na prática, da ideia de reflexo de qualquer "realidade" que venha a existir de tempos em tempos. Contudo, essa diferença tende a envolver primeiramente questões de argumento *histórico*. O método da análise literária – a demonstração de um reflexo de um estado ou processo definido como sua base, contexto ou pano de fundo – continua compatível, pois afinal essa é uma posição familiar em todos os estudos literários. As pessoas sempre se perguntam, de modo mais ou menos sofisticado, como um ou outro romance se relaciona com a realidade observável. De fato, isso é parte substancial da pesquisa crítica e acadêmica mais ortodoxa. Assim, uma posição "marxista" defendida em suas próprias bases é, na prática, quase sempre compatível com métodos muito mais amplamente aprovados e justificados.

Creio que esse é também o caso da terceira versão da teoria do reflexo, que é particularmente patente na obra de Lukács – as fases anteriores são representadas sobretudo por Plekhanov. Lukács argumentou que podemos assumir uma perspectiva enganosamente simples das relações entre a obra de arte e a realidade porque o reflexo da realidade *em sua forma imediatamente apreensível* talvez seja insuficiente ou mesmo ilusório. Daí a definição de realismo que Lukács acabou abraçando: de certo modo uma definição mais difícil de defender teoricamente do que as posições anteriores, porque dizia que a tarefa do escritor é refletir *movimentos* subjacentes. É aqui que o argumento anterior sobre as percepções privilegiadas do marxismo se sobressai, uma vez que o "movimento subjacente" tende a fazer parte das "leis", da análise privilegiada, e, portanto, parece muito diferente da citação do detalhe empírico dentro de uma perspectiva marxista ou qualquer outra. Contudo, trata-se também de um esforço para ir além das simplicidades empíricas, um esforço relacionado de certa forma com outros cuja intenção é mostrar uma relação indireta, penetrante ou ideal entre "o que aconteceu" e o que os escritores "fizeram com isso". Daí o ataque de Lukács ao naturalismo, que (dizia-se) simplesmente reflete a aparência das coisas como elas são, a realidade imediatamente acessível. A alternativa ao naturalismo é um *realismo* que, embora seja fiel à realidade contemporânea que constitui seu tema, está preocupado, acima de tudo, em discernir os movimentos subjacentes a ela. Há então uma grande ênfase no realismo como uma categoria não estática, mas *dinâmica*. As descrições de Lukács do

CRISE NOS ESTUDOS INGLESES 261

romance histórico ou das formas em transformação do drama são moldadas nesses termos. Curiosamente, contudo, quando tipos bastante diferentes de escrita foram desenvolvidos no século XX para representar precisamente o movimento dinâmico – como, por exemplo, em Brecht –, Lukács os atacou; na verdade, ele tendeu a permanecer profundamente ligado àquela versão antiga do realismo como reflexo e iluminação da realidade geral e normalmente cognoscível.

Por um longo período, a contribuição marxista aos estudos literários – ao menos nas obras disponíveis em inglês – foi representada pela teoria do reflexo. Mas, desde a década de 1920, desenvolvia-se dentro do marxismo uma definição bastante diferente da produção literária e de suas relações sociais. Ela não era centrada no "reflexo", mas no que parece ser o conceito bastante diverso de "mediação". O primeiro sentido de "mediação", porém, não vai muito além de um reconhecimento dos sentidos mais refinados de "reflexo". Admite que é ilusório procurar na literatura o "reflexo da realidade". Necessariamente, por sua construção como literatura, a realidade se torna mediada de certo modo definido. Mais uma vez, essa é uma proposição absolutamente familiar e até ortodoxa dentro dos estudos literários. Ela não está distante da noção de Eliot de um "objetivo correlativo", embora parta do outro extremo do processo. Mas ela está interessada, acima de tudo, na refutação das versões redutoras das fases anteriores, nas quais poderíamos procurar conteúdos inalterados. Significativamente, os grandes argumentos sobre a "mediação" surgiram em relação a Kafka. Havia nele um tipo de escrita que deveria ou ser rejeitada no que diz respeito às premissas mais simples da teoria do reflexo – "as fantasias doentias de uma classe decadente", "as lucubrações pessimistas e subjetivistas, muito distantes da vida ativa e dinâmica das pessoas" –, ou *interpretada* por versões diferentes da ideia de mediação. Devo resistir à tentação de oferecer exemplos detalhados das diferentes leituras de Kafka – como ficção da alienação, da burocracia, do imperialismo em declínio, da judeidade na diáspora, do complexo de Édipo, da doença fatal, e assim por diante – que surgiram dessas diferentes versões de mediação, mas estão registrados. Todavia, o sentido mais antigo de mediação é apenas um refinamento da ideia de reflexo, e devo mencionar brevemente três outros sentidos.

Em primeiro lugar, há a noção muito interessante desenvolvida por Walter Benjamin na década de 1930: a ideia de *correspondências*. Essa foi uma mudança decisiva, já que Benjamin não afirma que uma obra literária é a transformação literária de um elemento da realidade. Ao contrário, há uma "correspondência" observável entre certos tipos de escrita e certas práticas sociais e econômicas contemporâneas. O exemplo mais famoso é a longa análise que ele faz de Baudelaire, em que argumenta que certas condições novas na cidade, conduzindo a novas formas da "multidão" e, dentro delas, a uma redefinição do "indivíduo", produziram várias formas novas de escrita, inclusive a de Baudelaire. Aqui, a referência não é uma realidade social existente e observável que a literatura "reflete" ou mesmo "medeia", mas uma correspondência observada entre a natureza e a forma da atividade literária e a natureza e a forma de outras práticas contemporâneas mais gerais.

Benjamin aproximou-se de ideias importantes da Escola de Frankfurt, embora justamente nesse ponto tenha discordado de Adorno, que foi muito mais longe no uso da ideia de mediação. Adorno dizia que as correspondências do *conteúdo*, e mais ainda os reflexos ou as mediações do conteúdo, são basicamente irrelevantes para a arte. A presença dessas correspondências ou reflexos é quase uma garantia de que a arte não é autêntica. A arte é produzida – e essa foi sua contribuição ao argumento sobre Kafka – por um processo que ele chamou de descoberta das "imagens dialéticas", que não poderiam ser descobertas ou expressas de nenhuma outra forma. A "imagem dialética" emerge do processo da arte e, quando é criada, embora possa ser

CRISE NOS ESTUDOS INGLESES 263

relacionada pela análise à estrutura dentro da qual foi formada, nunca está aberta ou diretamente relacionada a ela. Na realidade, a condição de seu sucesso como arte é que alcance uma existência *autônoma*. Esse é um sentido de mediação que, no fim das contas, está ligado às formas do estruturalismo literário. Lucien Goldmann, em estudos sobre o drama clássico francês, em particular Racine, e em obras sobre o romance dos séculos XIX e XX, desenvolveu uma posição que ampliou ainda mais a categoria da mediação: a correspondência não é nunca uma relação de conteúdo, mas sempre de *forma*. Disse, mais tarde, que é apenas em uma literatura secundária ou inferior que os sociólogos vulgares, como ele tendia a chamá-los, procuram e encontram relações simples entre literatura e sociedade ou realidade. Ao contrário, argumentou, o que é refletido nessas obras é apenas a consciência contraditória e *irrealizada* da época. A consciência profunda da época é realizada apenas em certas obras fundamentais e alcançada na forma, e não no conteúdo. Esse é todo o móbil de sua análise de Racine, embora eu deva dizer que ele nem sempre se atém a suas próprias prescrições. Ainda assim, ele propõe que a correspondência – a mediação – é inteiramente uma questão da *forma*. Há sempre certa disposição das relações humanas, como a consciência mais profunda de uma época específica, e essa disposição é homóloga a uma ordem específica dos elementos em uma obra literária. Goldmann chamou essa posição de "estruturalismo genético". Era uma oposição deliberada ao estruturalismo ortodoxo, porque, segundo ele, se quisermos entender tais formas, devemos entendê-las em seu processo de construção, estabilização e ruptura; ao passo que, em outras tendências do estruturalismo, houve uma rejeição a qualquer noção desse tipo de gênese e dissolução *histórica*.

Seria conveniente passarmos agora para o estruturalismo literário, mas da história real do caso devemos fazer um desvio pelo formalismo. Pois não há dúvida de que o formalismo – tanto a obra inicial dos formalistas russos quanto os desenvolvimentos posteriores que imigraram para os Estados Unidos e depois para a França – teve um efeito mais concreto nos estudos literários que hoje são amplamente agrupados como "estruturalistas" do que o estruturalismo mais geral que agia em outras disciplinas, sobretudo na Antropologia. O tempo curto é particularmente limitante, mas o passo fundamental dos formalistas foi uma nova definição de *literariedade*. De fato, eles reagiram precisamente contra os modos de estudo, ou a maioria dos modos de estudo, que descrevi anteriormente. De início, reagiram dentro de um contexto especificamente russo, no qual essas teorias, marxistas e afins, eram bastante ativas e correntes. Os formalistas diziam: vocês estão cometendo uma omissão crucial, que é a da qualidade que torna uma obra *literária*. Essa qualidade não é encontrada no que vocês estão investigando, isto é, a relação da obra com outra coisa qualquer. A questão central é, necessariamente, o que torna literária uma obra específica. Foram os formalistas que começaram a usar então, com uma nova ênfase, a noção de *linguagem literária*, que até hoje ouvimos com tanta frequência.

Não ajuda a esclarecer o problema o fato de que existem, é claro, conceitos anteriores de "linguagem literária": seja um tipo de linguagem apropriado aos processos elevados da literatura, seja um padrão de correção pelo qual todos os outros usos possam ser julgados. Essas posições são antigas e, com frequência, conservadoras. Além disso, a primeira, nos modos fixos em que tendeu a se assentar, foi cada vez mais questionada e muitas vezes descartada por escritores que, em certos períodos, rejeitaram conscientemente a dicção "literária" a "poética" que herdaram e tentaram reatar relações com a "língua viva" e popular. Temos sempre de olhar, na prática, para a evidência histórica dos modos de escrita reais e em transformação, e suas relações sociais também em transformação, se quisermos ir adiante com a noção de uma "linguagem literária" distinta dos usos mais

CRISE NOS ESTUDOS INGLESES 265

gerais da língua. Esse pode ser o problema das relações entre fala e texto impresso, ou entre formas elevadas e populares, ou pode ainda ser um problema inerente aos modos de qualquer composição consciente. A ênfase formalista tinha muito pouco a ver com as posições mais familiares de conservação e elevação. Ao contrário, o que ela propôs foi uma ruptura revolucionária como condição para qualquer literatura autêntica (a posição mais influente) ou condição necessária em sua própria época, quando os modos "clássicos" entraram em colapso. Esses dois argumentos ainda precisam ser nitidamente distinguidos, mas o que os primeiros formalistas propuseram foi um estranhamento consciente na linguagem, uma ruptura deliberada com seu uso comum. É isso que, na prática, sempre ocorre quando uma obra anuncia a si mesma como literária. Ela realiza o salto para a literatura, para o "literário", seja no uso mais específico das palavras, seja em ruptura com as convenções e perspectivas a partir das quais um tema em particular é visto. A tarefa do analista é identificar com precisão as rupturas que constituem a literariedade da obra.

Essa posição é muito produtiva. Acredito que o debate entre formalistas e marxistas mais tradicionais foi muito importante. Além disso, desde em torno de 1925, houve um desenvolvimento menos conhecido do formalismo que levou o argumento a um novo estágio. Em comparação com as pessoas que entendem o formalismo como obra inicial de Eichenbaum, Chklovski e outros, há muito menos pessoas familiarizadas com Volosinov, Bakhtin ou Mukarovsky. Mas foi a obra desses formalistas tardios, com suas investigações sobre a "literariedade" geral ou universal, que mudou todo o argumento sobre o estudo da literatura e, portanto, o status do próprio paradigma. Esse estágio posterior foi um formalismo social e histórico, porque estava interessado não apenas na definição geral de literariedade, mas nas condições mutáveis em que a "literariedade" – agora um conceito dinâmico – é realizada por escritores específicos, assim como nos processos muito mais amplos do desenvolvimento histórico e social.

Tomemos Volosinov, por exemplo. Sua obra ficou quase esquecida durante cinquenta anos (ele escreveu no fim dos anos 1920, e muitos acreditam que era um pseudônimo de Bakhtin). Embora fosse profundamente influenciado pela nova escola da Linguística estruturalista e aceitasse a análise da linguagem como a análise de um sistema de signos, Volosinov insistia em que a linguagem é um sistema de signos e, ao mesmo tempo, um sistema *socialmente produzido* de signos. Argumentou posteriormente que os signos verbais são sempre "multiacentuados". Pôde rejeitar assim as concepções de "sistema" que eram oferecidas pela Linguística estrutural – e também pela Psicanálise – nas quais certas regras do sistema produzem significados e formas. Pois na vida social e histórica real há uma produção sistemática e constante que é também uma produção constantemente aberta. Portanto, é possível situar a "literariedade" dentro do potencial aberto de uma língua, disponível tanto geral quanto especificamente.

Essa é uma ruptura decisiva com o formalismo anterior. Apesar de enfatizar o que os formalistas indicaram como distintivo na linguagem literária, ela não restringe a geração e regeneração linguística às obras literárias. O próprio processo da linguagem é uma possibilidade contínua de troca, mudança e iniciação de significados, e essa gama de possibilidades está inserida nas "regras" tanto do sistema linguístico quanto do social. A própria obra de Bakhtin, sobretudo seu estudo sobre Rabelais, indicou o início de certo tipo de literariedade – uma literariedade *histórica* – pela observação da interação e da superação criativa tanto dos modos da literatura folclórica, que estavam tradicionalmente presentes, quanto da literatura refinada, que havia surgido de uma tradição social mais limitada e conservadora. Foi precisamente na inter--relação dessas tradições herdadas e diferentes que se formou uma nova indicação do que seria o literário.

CRISE NOS ESTUDOS INGLESES 267

Tudo isso é bastante distinto dos primeiros formalistas, com sua ênfase mais local no que produz a linguagem literária, como o uso de "artifícios". Trata-se de uma indicação histórica de como tipos específicos de literariedade surgem na prática social. Veio então Mukarovsky, que é talvez o mais sério revisor das posições formalistas originais; de fato, seu trabalho prevê alguns dos tipos de análise mais incongruentes e incompatíveis. Mukarovsky argumentou avassaladoramente (embora ao final não leve o argumento adiante) que a qualidade estética não é nem mesmo produzida essencialmente *dentro* de uma obra de arte. Ele se afastou do formalismo estético, que procurava indicações dentro da obra de que ela era literária ou se destinava a uma resposta estética. Ao contrário, disse que as indicações estéticas, portanto as normas e os valores estéticos, são sempre produzidas *socialmente*. Há indicações mutáveis do que deve e não deve ser considerado arte e do que deve e não deve ser considerado arte de certo tipo. Embora se apoiem na organização interna da obra, essas indicações são sempre muito mais amplamente operativas e possuem uma história.

É significativo que desde o fim dos anos 1950, nos Estados Unidos e na França, o corpo de obras que foi traduzido primeiro e se tornou influente foi o dos primeiros formalistas, e o trabalho posterior, mais social e histórico, era comparativamente pouco conhecido até bem mais tarde. Isso teve sérias consequências na forma como certas posições formalistas foram desenvolvidas na análise literária. O tipo mais limitado de análise formalista (embora, em termos locais, ainda impressionante) se tornou a forma dominante que se acreditava corresponder, na literatura, ao que era chamado naquele momento de metodologia "estruturalista" na Antropologia, na Linguística e na Psicanálise. É por isso que ainda é difícil entender as relações entre o estruturalismo, em seu sentido geral pleno, e o que são muitas vezes posições literárias muito mais locais. Contudo, havia conexões, é claro.

Uma das tendências mais comuns no estruturalismo, de valor inestimável para a Antropologia e a Linguística, é a recusa de interpretar um evento em seus próprios termos isolados ou forma de apresentação imediata. Ele procura, ao contrário, situar um evento, uma relação ou um signo dentro de um sistema significante total. Tais sistemas são governados por suas próprias regras *internas*: uma posição inicialmente alcançada como uma solução criativa para os problemas do estudo das linguagens organizadas por meio de noções sintáticas bastante diversas daquelas disponíveis na tradição indo-europeia. Em vez de eventos novos serem assimilados a um sistema já conhecido, há um esforço para encontrar seu significado dentro de um sistema estrutural específico: na prática, pelas relações de uma unidade com outras unidades e, portanto, pela descoberta de regras gerais internas do sistema específico.

O que tal procedimento implica nos estudos literários? Em primeiro lugar, há a possibilidade de uma transferência direta da Linguística estruturalista. De fato, isso estimulou certas técnicas refinadas de análise que são cada vez mais praticadas, embora sejam ainda suspeitas para os departamentos de Literatura mais antigos. Há a estilística, por exemplo, mas muito mais importante é a análise do discurso, em geral a uma distância evidente da linguagem da análise literária, mas que muitas vezes também comanda um vocabulário mais preciso na análise das formas sintáticas ou na identificação do narrador ou do falante e na relação entre os falantes. Alguma coisa disso passou para os estudos literários há muitos anos e está disponível, como mais uma técnica, em procedimentos bastante comuns da análise literária.

Geralmente, contudo, a noção de um sistema interno governado por regras era facilmente aplicável; de certa forma, era congruente com uma posição que já havia sido alcançada, sem referência ao estruturalismo, dentro dos próprios estudos literários. Quando essa tendência no estruturalismo literário apareceu como uma tendência importada da França nos anos

CRISE NOS ESTUDOS INGLESES   269

1960, arrisquei dizer que ela parecia estranha apenas porque era um primo distante que havia emigrado de Cambridge no fim dos anos 1920 e começo dos 1930. Essa não era a única fonte. Existe ao menos uma herança indireta do pensamento que Richards desenvolveu sobre a organização interna e isolada de um poema. E isso é especialmente patente quando olhamos para onde foi o primo: a nova crítica norte-americana. O que aconteceu em Cambridge foi, em comparação, uma associação confusa, mas notável, de julgamento moral e normativo com essas técnicas de análise interna e isolada. Isso foi considerado uma impureza infeliz e um desvio da única disciplina relevante, que é a análise de uma organização verbal específica; o objeto como ele de fato é em si mesmo, um eco irônico nesse contexto. De qualquer forma, as técnicas locais eram, ou se tornaram rapidamente, familiares na análise literária, na qual foram direcionadas, constitucional e muito respeitavelmente, para a análise da organização interna *do* texto, *do* poema.

Esse tipo de estruturalismo literário não é apenas congruente com o paradigma que descrevi no início deste texto. É o próprio paradigma em sua forma moderna mais influente. E saber se ele é genuinamente estruturalista é uma questão necessária. Em suas formas usuais, é tão obstinadamente local e técnico, tão pouco interessado em propriedades sistêmicas amplas ou gerais, que mal merece o título. O que pode ser chamado mais razoavelmente de "estruturalista" nos estudos culturais é o estudo que analisa a organização interna não como um fim em si mesmo – a aquisição da competência na leitura –, mas como o modo necessário de analisar e, portanto, distinguir *formas* específicas ou sistêmicas. Assim, a obra de Goldmann sobre as formas dramáticas, e muitas pesquisas contemporâneas sobre as formas narrativas, são um esforço para descobrir as regras – as regras estruturais – das formas gerais específicas do drama ou da ficção. Isso é muito diferente da análise técnica mais local, emprestada da Linguística. Essa análise é uma aplicação da ideia estruturalista fundamental a problemas de forma que têm sido profundamente negligenciados nos estudos literários. No caso de Goldmann, essa análise é a um só tempo formal e histórica – há historicamente formas em mutação. Contudo, em muitas outras intervenções fundamentalmente estruturalistas, acredita-se, como as teorias mais antigas dos gêneros literários, que é possível descobrir as regras da organização literária geral: da "narrativa" como tal, do "drama" como tal, e assim por diante. Esse é um projeto importante, mas une com frequência um tecnicismo extremamente local de análise interna com categorias extremamente amplas – que são deliberadamente a-históricas e abrangem abstrações estéticas ou psicológicas – como as "estruturas" com as quais todos os detalhes se relacionam.

Um terceiro tipo de "estruturalismo literário" é a pesquisa influenciada pelos argumentos amplamente filosóficos de Louis Althusser. Ele chegou à análise literária pelas mãos de seu aluno Pierre Macherey, e é representado na Inglaterra, por exemplo, pelo livro de Terry Eagleton, *Criticism and Ideology*. Essa é uma tendência bastante diferente. Ela diz: não há dúvida de que a sociedade, a ordem social, é um sistema governado por regras, mas é, acima de tudo, um sistema de sistemas, determinado em última instância pela economia. Dentro dessa determinação geral, cada prática – como a escrita – possui uma autonomia relativa importante. Contudo, é ainda uma parte, e deve ser percebida como uma parte, de um sistema mais amplo, ao qual não pode ser reduzida, mas ao qual deve ser relacionada, em última instância. Como essa relação é conduzida e demonstrada na prática? Por meio daquilo que é visto como a força de união de todo sistema: a ideologia. A ideologia aqui é muito mais do que ideias e crenças de classes ou grupos específicos. Ela é, com raras exceções, condição para toda vida consciente. Assim, a área a que muitos estudantes de Literatura reportam sua leitura e seu julgamento, a área resumida no termo decisivo de "experiência",

CRISE NOS ESTUDOS INGLESES 271

tem de ser vista dentro da esfera da ideologia. A experiência é vista como a forma mais comum de ideologia. É nela que as estruturas profundas da sociedade reproduzem a si próprias como vida consciente. A ideologia é tão onipresente e impenetrável nessa versão que nos perguntamos quem poderá analisá-la. Mas, apesar de tudo, existe um precedente no inconsciente, com o qual ela possui conexões a analogias próximas. Existe um inconsciente absoluto, diz a Psicanálise, mas também podemos descobrir técnicas de penetração e entendimento. No caso de Althusser, a técnica principal de análise é a teoria. Apenas a teoria pode escapar totalmente da ideologia. Mas há também, no caso da literatura, uma situação relativamente privilegiada. A literatura não é apenas portadora de ideologia, como em muitas formas de teoria do reflexo; ela é inescapavelmente ideológica, mas sua autonomia relativa específica é que ela é uma forma de escrita e prática em que a ideologia tanto existe quanto é, ou pode ser, internamente afastada e questionada. Assim, o valor da literatura é precisamente que ela é uma das áreas em que a pressão da ideologia é ou pode ser reduzida porque, embora ela não possa escapar da construção ideológica, sua literariedade se questiona internamente e continuamente. Assim, temos leituras que são muito semelhantes a certas leituras semióticas recentes, em que podemos construir um texto e um subtexto, em que podemos dizer: "É isso que é reproduzido a partir da ideologia", mas também: "É isso que está acontecendo incongruentemente no texto que a mina, questiona ou, em certos casos, subverte completamente". Esse método tem sido usado em análises bastante detalhadas e interessantes.

Há, por fim, uma tendência que sem dúvida tem certa relação com o estruturalismo, e decerto com o estruturalismo linguístico, mas nega – com razão, em minha opinião – que seja um estruturalismo. Trata-se do que hoje é chamado de Semiótica. A Semiótica é, sem dúvida, filha natural do estruturalismo. É a ciência dos signos e dos sistemas de signos (não confinados à linguagem).

Significados são construídos não por seu conteúdo aparente, mas por suas relações dentro de um sistema geral de significação. Na Semiótica recente, esse tipo de análise tem se estendido com vigor para a publicidade, o cinema, o fotojornalismo e, no caso de Barthes, a moda. Se mantivermos esse procedimento fundamental de leitura de um sistema de signos – no qual os significados não se revelam de modo simples, mas têm de ser construídos pela compreensão de seu lugar em um sistema que nunca se revela, mas tem sempre de ser *lido* –, então temos algo que, embora comece no estruturalismo, pode se separar dele, em um momento posterior. Assim, em vez de ver as obras literárias como *produzidas* por um sistema de signos, como enfatiza o estruturalismo mais ortodoxo, essa Semiótica tardia insiste, ao contrário, em que os sistemas produtivos têm sempre de ser constituídos e reconstituídos, e que por isso há uma batalha perpétua no que tange ao caráter fixo do signo e aos sistemas que usualmente trazemos para sua produção e interpretação. Um efeito dessa mudança é um novo sentido de "desconstrução": não a análise técnica de uma organização interna para mostrar de onde vieram todas as partes ou componentes, mas um processo muito mais aberto e ativo que desmonta continuamente exemplos como forma de desmontar seus *sistemas*. Nesse sentido, trata-se claramente de uma tendência muito mais explosiva do que qualquer outra tendência dentro do estruturalismo. Ela não demonstra simplesmente a operação de regras sistêmicas em formas que podem se acomodar como competências dentro do paradigma. Ao contrário, pouco importa se está analisando literatura, televisão ou representação física, essa tendência não procura um sistema academicamente explanatório, mas o sistema como um modo de formação que, ao se tornar visível, pode ser questionado ou pode, de modo bastante prático, ser rejeitado. Nesse sentido, o impulso dessa Semiótica radical é bastante diferente da versão estruturalista da produção e reprodução que é muito mais influente – e mais bem-vinda e em casa – nos estudos literários.

CRISE NOS ESTUDOS INGLESES 273

Gostaria de dizer que nos últimos anos houve um movimento visível de aproximação de duas posições que começaram, há muito tempo, separadas. Talvez eu possa ilustrá-lo melhor com meu próprio caso. Boa parte da atividade literária que realizei, talvez com duas ou três exceções, pode ser lida como compatível com o que chamei inicialmente de paradigma literário dominante. Ou seja, trata-se de uma obra que aborda a análise e o julgamento da literatura com uma consciência extremamente forte dos determinantes sociais sobre ela, mas cujo centro ainda é a atenção literária, e cujos procedimentos são o julgamento, a explicação, a verificação em termos de explicação histórica, e assim por diante. Contudo, isso não é verdade em *O campo e a cidade*, que está bem próximo da primeira posição marxista que descrevi por ter como objetivo identificar certas formas características de escrita sobre o campo e a cidade e, portanto, insiste em colocá-las não apenas em seu pano de fundo histórico – que está dentro do paradigma –, mas dentro de um processo histórico ativo e conflituoso, no qual as próprias formas são criadas por relações sociais que são ora evidentes, ora ocultas. Trata-se, em qualquer leitura, de uma ruptura.

Mas é evidente que há outra obra, sobretudo se voltarmos a *The Long Revolution*, que não foi vista de forma alguma como parte dos estudos literários, mas que pode ser vista hoje como uma mudança de ênfase que teve como desfecho a rejeição do paradigma dominante. Penso, sobretudo, no estudo da história social dos escritores ingleses, da história das formas dramáticas, do florescimento do inglês padrão e das novas posições sobre o que é necessário na análise da cultura. Uma mudança posterior é visível em meus estudos sobre as comunicações, a televisão, as tecnologias e formas culturais e a sociologia da cultura, embora também tenham sido vistos como um interesse alheio aos estudos ingleses ou literários. Tudo isso se uniu, para mim, por volta de 1970 e, a partir dessa época, desenvolvi uma posição teórica mais explícita que acabei descrevendo em *Marxismo e literatura* como "materialismo cultural". É óbvio que essa posição foge completamente do paradigma, mas não se afastou do interesse definitivo: as obras por meio das quais se pode adquirir conhecimento. Ela se moveu muito mais amplamente do que a literatura em seu sentido paradigmático, mas ainda inclui, de modo central, essas formas principais de escrita que agora são lidas juntamente com outras obras, em uma perspectiva diferente. O materialismo cultural é a análise de todas as formas de significação, inclusive a escrita dentro de seus meios e condições reais de produção.

Foi aqui, talvez para nossa surpresa mútua, que minha obra encontrou novos pontos de contato com certas obras semióticas mais recentes. Ainda havia diferenças radicais em formas particulares, sobretudo por sua confiança na Linguística e na Psicanálise estruturais; mas lembro-me de ter dito que uma Semiótica plenamente histórica seria igual ao materialismo cultural, e fiquei feliz ao ver certas tendências nessa direção, distintas de alguns dos deslocamentos estruturalistas mais estreitos da história. Pude ver também que algumas das posições mais simples da Linguística estrutural inicial poderiam ser modificadas com novas ênfases na produção social e histórica de sistemas de significado, como em Volosinov e nos formalistas sociais. Mantinha-se o problema das bases na Psicanálise, na qual havia ainda diferenças radicais, mas, por outro lado, eu sabia que o marxismo tinha sido fraco em geral na área dos problemas da subjetividade, e agora poderia haver uma nova dimensão radical da pesquisa, testando a evidência e as proposições nessa área tão importante para a produção de significados e valores. Assim, na prática, dois tipos diferentes de estudo se relacionavam um com o outro e estavam se desenvolvendo, em alguns casos, de modo bastante construtivo. Talvez estivéssemos tão envolvidos com isso em Cambridge que nos esquecemos de que, enquanto avançávamos por esse caminho, o antigo paradigma ainda estava lá e era institucionalmente poderoso, embora naquele momento

CRISE NOS ESTUDOS INGLESES   275

as anomalias o estivessem desestruturando até mesmo nos níveis mais práticos. Novos estudos eram incluídos para encobrir as anomalias, mas o resultado foi incoerente em muitos aspectos. Assim, volto finalmente ao meu argumento original. Embora localmente desconhecidas ou cruamente identificadas como estranhas e partidárias, muitas tendências marxistas e estruturalistas são e têm sido compatíveis ou mesmo congruentes, em sentido amplo, com o paradigma ortodoxo, sobretudo em sua forma imprecisa na prática e ecleticamente incoerente. Outras, contudo, não o são; sobretudo aquela primeira posição no marxismo que, em vez de privilegiar a literatura generalizada como uma fonte independente de valores, insiste em relacionar a variedade real da literatura aos processos históricos nos quais *conflitos* fundamentais necessariamente ocorreram e ainda ocorrem. Esse é o sentido e o desafio de *O campo e a cidade*. As posições não compatíveis com o paradigma e sua organização profissional são o materialismo cultural e a semiótica radical. Pois elas incluem necessariamente o próprio paradigma como material para análise, em vez de vê-lo como uma definição que rege o objeto do conhecimento.

É necessário insistir nessas distinções. Talvez seja muito cedo para dizermos quais serão as suas consequências institucionais. Em algumas outras universidades, e em algumas das novas instituições de educação superior, a mudança para além do paradigma antigo já ocorreu total ou parcialmente. Contudo, ainda é de grande interesse o que acontece nas instituições mais antigas e mais estabelecidas. Em Cambridge, em especial, temos de fazer uma pergunta difícil: poderia ainda um estudo radicalmente diferente ser conduzido sob um único título ou departamento quando há não apenas diversidade de abordagens, mas diferenças mais sérias e fundamentais quanto ao objeto de conhecimento (apesar das sobreposições do material de estudo)? Ou deveria haver uma reorganização mais ampla das divisões herdadas das humanidades e das ciências humanas em arranjos mais recentemente definidos e colaborativos? É isso que devemos enfrentar, hoje, no que é também, por outras razões, um clima gélido – na realidade, congelante. Tudo o que podemos estar certos de poder e dever fazer é esclarecer, muito francamente, as principais questões intelectuais subjacentes.

ALÉM DO INGLÊS DE CAMBRIDGE

Dizem com frequência que a literatura inglesa tem mais de seis séculos. Não dizem com frequência que a alfabetização inglesa tem menos de dois séculos. É claro que "inglês", nessas afirmações, possui um significado diferente. A primeira se refere essencialmente à língua, a segunda às pessoas. É, portanto, a relação usualmente não examinada entre esses significados que pode se revelar um problema crucial nos Estudos Ingleses. A ideia de literatura esteve sempre tão intimamente conectada com a condição de alfabetismo que não se pode dizer que essa relação profunda necessite ser forçada. Convenções sociais e culturais poderosas controlam e deslocam o que é, sob outros aspectos, uma conexão óbvia. O que é, então, "o alfabetismo inglês" para estudantes e professores de Inglês? É sua própria condição e de pessoas semelhantes a eles, aplicada retrospectiva e correntemente? Ou são as condições diversas e em transformação de todo o povo? Abordar dois séculos de alfabetismo inglês significa restringir nossa conta a uma escassa maioria. O alfabetismo generalizado tem pouco mais de um século e, dentro dele, muitos ainda estão em desvantagem. Em relação ao que se entende por "nossa" literatura, onde se situam estudantes e professores?

Formei uma posição desajeitada para mim mesmo. Pela história da minha educação, pertenço aos letrados e literatos. Pela minha ascendência, e ainda por filiação, pertenço a uma maioria analfabeta ou relativamente analfabeta. Dizem que quando a sociedade toda se desenvolve, e ela tem se desenvolvido no último século, esses problemas e contradições herdados se resolvem por si mesmos. Não creio que isso seja verdade. Além de nossas histórias locais e diversas, há questões intelectuais decisivas, absolutamente objetivas, que precisam ser traçadas com relação a essa desigualdade entre literatura e alfabetismo geral. Por trás delas, há sempre os complexos problemas gerais da linguagem; e é na forma como esses problemas serão tratados nos próximos anos que o sucesso ou o fracasso dos Estudos Ingleses será, em minha opinião, decidido.

É estranho que muitas pessoas ainda pensem que a "língua" é, obviamente, uma "matéria" separada da "literatura". Há razões para a forma como a própria "literatura" veio a ser entendida: não tanto como uma escrita ativa, mas como um corpo singular da experiência criativa, do recurso moral ou simplesmente do registro humano que exploramos por meio de "sua" linguagem. Mas há razões tão fortes quanto essas na forma como a "língua" tem sido definida e estudada. É interessante que o significado mais antigo de "filologia" em inglês tenha sido o "estudo da literatura". Tanto a "gramática" quanto a "retórica" estavam originalmente associadas, de modo íntimo, ao estudo dos textos escritos exemplares. Apenas muito depois, a filologia e a gramática adquiriram sentidos mais especializados e autônomos e foram incorporadas a uma "linguística" autônoma. Isso foi tão longe, em desenvolvimentos que podiam ser vistos de ambos os lados, que o "Inglês de Cambridge" foi descrito por Tillyard como "um esforço para fazer a Filologia se curvar à Literatura", e Churton Collins argumentou que "a Literatura deve ser salva de sua degradante vassalagem atual à Filologia". Essas frases deveriam ser citadas quando alguns sugerem hoje reintroduzir a

ALÉM DO INGLÊS DE CAMBRIDGE 279

Filologia ou a Retórica no curso de Inglês. É óbvio que nenhuma delas é uma matéria ou método não problemático. Contudo, a segurança daquele discurso de "salvar" ou "se curvar" precisa ser lembrada com muito cuidado. As especializações e autonomias linguísticas tiveram o apoio de um dos grandes períodos de todo o aprendizado e investigação humanos: a erudição maciça da Filologia Histórica; a análise profundamente inovadora da Linguística. Nenhuma pessoa séria pode olhar para os métodos e os resultados desse corpo de obras e imaginar que a educação humanística pode ignorá-los. A não ser que olhe em outra direção: o que poderia ser entendido hoje como um corpo de literatura inglesa – peças teatrais, poemas e romances – que constituiu claramente, em si mesmo, uma "matéria" importante. Era uma questão de decisão institucional: separações e combinações, equilíbrios e opções e, é claro, comitês, influência e poder. Não há dúvida de que isso se repetirá, mas são as difíceis questões intelectuais, nem sempre (para não dizermos o contrário) claras ou mesmo conscientes de seus procedimentos, que devem ser examinadas com mais urgência.

Compartilhei muitos anos desse argumento, e foi sempre difícil decidir se devia enfatizar mudanças locais e de curto prazo, que poderiam ser adotadas dentro de amplos arranjos já existentes, ou se devia falar apenas da reconstrução radical, intelectualmente necessária, e assim me colocar – ou ser colocado – além dos limites do discurso existente. No Inglês de Cambridge, essa era uma escolha particularmente difícil, uma vez que muitas coisas em suas atividades e aspirações iniciais, e também nas definições formais que sobreviveram, davam razões para termos esperança. Penso, por exemplo, no esboço de F. R. Leavis para uma Escola de Inglês e, sobretudo, sua proposta de uma Parte II do século XVII, que incluía não apenas sua conhecida ênfase na crítica prática e sua premissa subjacente da natureza da transição ou queda do século XVII para o século XX, mas também a proposta de apresentação de ensaios como alternativa aos exames formais, em tópicos tão diversos quanto a emergência do capitalismo, as causas da Guerra Civil e "a evidência com referência à cultura popular". Com propostas desse escopo, era difícil acreditar que o Inglês de Cambridge era uma causa perdida, mas, embora muitos digam hoje que esse período dos estudos literários foram dominados por Leavis – e isso vale no sentido cultural mais amplo –, na prática ele estava isolado e derrotado na faculdade, tanto que seus amigos e alunos viam a si próprios como uma faculdade alternativa, embora com o passar dos anos com alguns resultados surpreendentes. Uma forma comum de evitar argumentos radicais é personalizá-los em uma discordância individual; podemos contar com os hábitos fáceis de uma cultura saturada de descrédito pessoal para abafar as questões. Isso aconteceu novamente no fim dos anos 1960, no fim dos anos 1970 e no início dos anos 1980, mas, enquanto isso, os problemas subjacentes reais se mantiveram.

Esses problemas derivaram, sobretudo em Leavis talvez, da crença de que todo esse trabalho necessário – a análise e o entendimento colaborativo de uma cultura – poderia ser feito a partir da base central da crítica literária. Contudo, está claro desde a década de 1930, e é óbvio desde o fim da de 1950, que devemos recorrer a muitos tipos de conhecimento e análise se quisermos que realizar um trabalho de forma adequada e que, em vez de investidas relativamente isoladas a partir de um centro presumido e cada vez mais especializado, deve haver uma convergência mais aberta e em pé de igualdade entre disciplinas independentes, que procure unir as evidências e as questões em uma investigação comum. Quando não se faz essa mudança de ênfase – e fazê-la é ir decididamente além dos termos breves e estreitos da referência às autoridades existentes – o que parece acontecer na prática, e de fato está acontecendo cada vez mais rápido nos últimos vinte anos, é que os problemas e as contradições das formulações existentes são suprimidos ou, na melhor das hipóteses, fossilizados, e o que é oferecido em seu lugar, agora

ALÉM DO INGLÊS DE CAMBRIDGE 281

com o apoio de toda uma profissão especializada, não é tanto um curso exploratório, mas um curso de instrução e exame: necessariamente, tendo em vista o assunto rico, de grande interesse e valor, mas também necessariamente, como se pode ver quando os olhos se erguem, como devem se erguer, da série de textos e ensaios que são incapazes – profundamente incapazes – de encontrar os interesses ativos dos estudantes, inclusive os interesses derivados de um amor à escrita e de uma preocupação humana com todas as suas condições, materiais e possibilidades. É a partir desses interesses ativos que uma nova convergência está sendo proposta. Como questões não formadas ou, na realidade, não fundamentadas a princípio, elas podem ser facilmente desconsideradas por qualquer autoridade acadêmica, com as observações usuais sobre a ignorância e os sarcasmos sobre sua relevância. Mas esse artifício só pode se transformar na ignorância da própria autoridade sobre o trabalho das disciplinas vizinhas, nas quais as questões e a evidência que se entrelaçam com essas questões e evidência se tornaram precisas, substanciais e, de fato, convergentes. Vou dar alguns exemplos de trabalhos que me parecem convergir.

Nos Estudos Ingleses, eu poderia identificar duas tendências e uma terceira possível. Em primeiro lugar, há aquela análise histórica cuidadosa da linguagem e das convenções de peças, poemas, romances e argumentos que um dia foi parte integrante do que era chamado de "crítica prática". Ela foi sempre relativamente fraca na análise das convenções. E foi usualmente abafada pelo impulso e pelo hábito da "avaliação" supra-histórica ou a-histórica, no interesse de uma "crítica" universalista e subjetivista que, na prática, rejeitava frequentemente o exercício limitante, embora útil, da "datação". Mas é ainda, potencialmente e em sua melhor forma, um modo de convergência importante e prático. Em segundo lugar, podemos contar ainda com a prática intensa da leitura e da análise minuciosa, que tem sido limitada mais por seu relativo isolamento de outros tipos de investigação do que por um elemento qualquer em seus próprios métodos. De fato, os tipos de leitura minuciosa que são praticados hoje, inclusive os que reintroduziram a análise sintática, parecem-me indispensáveis. Além disso, certos métodos aqui aprendidos têm sido estendidos e adaptados para a análise agora igualmente necessária da fala e da escrita com imagens, em uma análise cuidadosa do cinema e da televisão. Aqui, há uma convergência não tanto com outras matérias, mas com uma parte crucial da cultura prática de todos os estudantes contemporâneos.

A terceira tendência possível é aquela que identifiquei com frequência no passado, mas acabei redefinindo: o estudo descrito em geral como "sobre o público leitor". Como estudo empírico, ele é importante, mas é caracteristicamente limitado por sua incapacidade de reconhecer o desnível entre literatura e alfabetismo ou, ainda pior, por sua racionalização. Há muitos períodos, inclusive os mais dominados pela imprensa, em que a atenção com o "público não leitor" é igualmente necessária. Alguns tipos de escrita, e algumas formas importantes, precisam ser entendidos tanto a partir das relações limitantes que o desnível impõe quanto a partir das relações ratificadoras mantidas por um público efetivamente organizado. Além disso, trata-se sempre de um problema tanto de "público" quanto "de públicos leitores". As interações complexas das formas escritas, orais e escritas para o oral que permeiam nossa história cultural – centrais antes do século XVII e novamente centrais na segunda metade do século XX, significativas em seus próprios deslocamentos e dificuldades nos séculos intermediários de dominação relativa, dentro de um alfabetismo limitado, da imprensa – não podem ser reduzidas a uma forma privilegiada. As condições e relações da produção real, visíveis e evidentes em peças, poemas e romances reais, devem sempre ser um elemento importante dos Estudos Ingleses. Mas é significativo que a tolerância concedida, talvez com certo desdém, aos estudos sobre o "público leitor" não costuma ser

ALÉM DO INGLÊS DE CAMBRIDGE 283

estendida aos estudos da economia e da política da escrita, às análises comparativas de obras impressas e orais (com frequência orais coletivas) ou às obras sobre a história material da escrita, da imprensa, da produção de livros, do teatro, do cinema e da radiodifusão, dentro das quais – e, com frequência, modificadas em parte por elas – composições reais têm sido realizadas de modo variável.

O pior que acontece hoje nos Estudos Ingleses é que o estudo continuado desse último tipo é identificado para a exportação precoce para outro departamento qualquer: História, Sociologia ou aquele departamento universitário mais efetivo, embora talvez com menos fundos, que é o submundo voluntário. Pois o que devemos dizer também é que terá de haver mudanças igualmente significativas na História, na Sociologia e em outros departamentos para que as melhores possibilidades desse estudo se concretizem. É verdade que o método e a teoria sociológica podem aperfeiçoar imediatamente, com frequência além de qualquer reconhecimento, os estudos sobre os públicos leitores e as instituições culturais. Também é verdade que a História dá uma evidência mais geral e mais plena ao que são em geral narrativas extrapoladas ou privilegiadas da história literária e, sobretudo, da história da crítica. Mas as questões que alguns tipos de leitura de peças, poemas e romances sugerem são questões que também deveriam ser centrais na própria História e na Sociologia, mas que seus métodos mais ortodoxos não conseguem identificar. Por exemplo, o estado da língua em um momento específico – que é indicado com frequência, mas não é plenamente visível em seus textos mais duradouros – é claramente uma questão histórica importante. A extraordinária diversidade histórica do drama renascentista inglês, tão marcado pela comparação com o que houve antes e depois dele, e tão intricadamente conectado às relações sociais e às interações mutáveis entre a alta erudição e uma cultura oral excepcionalmente desenvolvida, pode ser encontrada em todos os seus complexos detalhes nas peças de teatro. Mas deve ser relacionada a um outro corpo de evidência disponível, na educação, nos registros orais e nas relações sociais mais gerais. Já vimos um número suficiente de obras para saber que essa é uma convergência inteiramente prática, mas há outras áreas em que ainda há obstáculos teóricos.

Trabalhei algum tempo com o problema do discurso direto no romance, uma vez que ele está relacionado, de modo complexo, com as convenções literárias, a fala efetiva de períodos, regiões e classes e a linguagem tipicamente controladora e fechada da narrativa e da análise. Para esse estudo, fiz alguns contatos úteis com historiadores, e houve um desenvolvimento particularmente encorajador, dentro da História, com estudos da tradição oral, da evidência oral e das formas até então negligenciadas, tais como as autobiografias não publicadas de trabalhadores e trabalhadoras. Mas quando se argumenta, como deve ser, que o entendimento dessas questões depende não apenas da evidência histórica da fala efetiva, mas também das convenções literárias de sua representação, que são muito evidentes (a assimilação da fala à linguagem formal da narrativa e da análise nos romances elegantes, ou o caso grosseiro da "ortografia convencional do iletrado", na qual diversidades de classe e região são representadas por erros de ortografia, como se o inglês possuísse esse tipo de norma ortodoxa), há em geral uma perda de contato entre ambas, como se a história ou as convenções literárias decidissem o assunto. Toda a questão está na interação entre ambas, e até mesmo na evidência do fracasso dessa interação. Novamente, na Sociologia, é no fino detalhe da representação literária das figuras sociais e das relações locais que a convergência com uma Sociologia mais geral se torna necessária e desejável, mas com frequência essa convergência é teoricamente impedida, como se a convenção literária não fosse também um fato histórico e sociológico, ao mesmo tempo que – e precisamente porque – é uma convenção literária em funcionamento.

ALÉM DO INGLÊS DE CAMBRIDGE 285

Contudo, é nessa área tão nova da convergência geral que os problemas da identificação significativa são hoje mais agudos. Os estudos literários perderam contato, em uma medida extraordinária, até mesmo com os estudos na história empírica da língua. Mas os problemas de contato com o que se generalizou recentemente como Linguística são mais sutis, se não mais urgentes. Houve uma pequena correria na crítica literária, por razões ideológicas locais, a áreas de Linguística teórica que tinham muito a contribuir com os estudos das humanidades, mas comparativamente pouco com qualquer convergência prática. Por outro lado, os desenvolvimentos genuinamente convergentes – na análise do discurso, na Sociolinguística e mesmo em certa Estilística – eram alicerçados com frequência em bases bastante limitadas. Fazia-se análise de textos compostos para análise em um momento em que havia todo um mundo de discursos reais, no qual a literatura se incluía. Havia a limitação de premissas a-históricas de normas e desvios. Havia pressuposições simplistas de um "estilo" destacável e identificável. Em cada uma dessas áreas, de uma forma incrivelmente interessante, há desenvolvimentos que fazem parte da convergência e que, muito provavelmente, fariam parte dela se as questões e a evidência também estivessem rumando para essa convergência, vindo de outra direção. Por exemplo, temos de realizar a abstração do discurso por meio das especificidades de formas orais e impressas altamente variáveis. No conceito de diálogo, digamos, temos uma diversidade extraordinária, que se estende do diálogo filosófico até pelo menos os três tipos principais de diálogo dramático, em obras que estão nos picos mais elevados da cultura europeia, mas que, justamente por isso, requerem algo mais do que apreciação e interpretação: requerem a análise de suas *formas* constitutivas, que são simultaneamente, em seu sentido mais amplo, sociais e culturais e, no entanto, em seu sentido mais estrito, podem ser analisadas por novos tipos de marcadores linguísticos. Na Sociolinguística, para nos colocar ao lado do necessário trabalho de campo, existe um amplo leque de composições orais e escritas sobre um período histórico vasto o suficiente para sugerir perguntas e respostas, em algumas das relações sociais mais profundas, em interações dinâmicas e complexas entre o que chamamos de linguagem do dia a dia e os inúmeros e variáveis níveis da composição formal. Outros nos fornecerão outros exemplos, mas o que devemos enfatizar é que tal estudo já é prático e está em curso; e, como um estudo ativo, está tendo de enfrentar em muitas sociedades, além de seus problemas formidáveis, os problemas relativamente triviais, mas igualmente formidáveis na prática, de sua relação com as "disciplinas" e instituições existentes e entronizadas.

Acontece que estou em contato com esse estudo em muitas partes do mundo, em especial na América do Norte e no restante da Europa Ocidental. É realmente difícil, com esse trabalho o tempo todo em minha mesa, olhar pela janela e imaginar, como fariam os devotos, que Cambridge ainda é um modelo. Certamente, estudos realizados aqui contribuíram para a convergência, mas os modelos dominantes são muito diferentes. Pois, em contraste com o que tem sido feito nas ciências naturais, das quais depende essencialmente a reputação intelectual moderna, Cambridge não tem alcançado, ou nem tem tentado alcançar, nas humanidades e nas ciências sociais, o tipo de contato e movimento entre disciplinas vizinhas que é condição para qualquer convergência séria. Em outros lugares, como aqui mesmo nas ciências naturais, há escolas e grupos além das faculdades. Há cursos que permitem combinações de estudo bastante extensivas e variáveis, todas feitas de sua própria base, que encontram interesses variáveis e permitem, em sua melhor forma, novos desenvolvimentos e interações do conhecimento e da investigação. Nos difíceis anos que virão, Cambridge precisará, acima de tudo, de uma Escola de Humanidades para a qual o Inglês, entre outros, tirando todo o partido dos *triposes* e das trocas entre eles, teria muito a contribuir. Se Cambridge

ALÉM DO INGLÊS DE CAMBRIDGE   287

terá ou não essa escola é algo que não deve ser julgado apenas por posições e reações correntes. Imaginem como deve ter sido a proposta de um *tripos* de Inglês em 1890 ou 1910, contra uma maioria compacta e confiante. Ou essa comparação é adequada para o período anterior? Há em geral certa inércia e apatia, uma falta de vontade de realizar qualquer mudança. Uma coisa que as instituições acadêmicas fazem muito bem é a reprodução precisa, e elas possuem meios próprios – às vezes drásticos – para controlar e selecionar a partir de seu reservatório genético. Além disso, uma universidade cada vez mais centrada no exame pode encontrar uma grande dificuldade para reconhecer que pode haver diferenças cruciais entre seus padrões internos e os padrões da comunidade intelectual internacional, sobretudo no caso de novos tipos de estudo.

Mas, em particular no Inglês, há outros níveis do problema. A ênfase nos padrões e a preocupação com a ordem sempre foram elementos centrais no Inglês de Cambridge, mas podem seguir qualquer um destes dois caminhos: a busca e a descoberta compartilhada – a ênfase de Richards e do primeiro *Scrutiny* – ou a apropriação, por meio do controle prático, de um corpo de conhecimento. Creio que essas direções profundamente alternativas ainda são matéria para uma disputa complexa. A situação de toda a sociedade, boa parte dela confusa e perplexa diante da escala e do ritmo da mudança e do declínio, está destinada a afetar até mesmo as diferenças locais. Hoje, há um esforço tão grande para restabelecer formas de ordem e disciplina baseadas em projeções de um passado glorioso e, sobretudo, de um *Englishness* grandioso que seria surpreendente se certas tendências inerentes à constituição da Literatura Inglesa como disciplina fechada não fossem congruentes com essa asserção da ordem por intermédio de uma versão da tradição – e se não fossem ativamente recrutadas e contribuíssem para ela.

Bem, creio que, quando se cria essa situação, ela deve ser combatida. Em suas piores formas, ela pode ser rápida e confiantemente enfrentada. Mas para podermos entendê-la plenamente, como resposta dominante e privilegiada que é, temos de olhar para condições mais profundas, frequentemente contrapostas a um tradicionalismo muito simples. Temos de olhar para as principais formulações intelectuais por meio das quais foi vivido, mediado ou racionalizado o desnível do alfabetismo e do aprendizado, ou seja, as formulações que são conhecidas como modernismo.

É notável, quando analisamos essa questão, como a teoria e a prática – tanto as estabelecidas quanto as inovadoras – dependem hoje dessa formulação relativamente não examinada. Ela se tornou dominante nos estudos literários, não apenas na ênfase fundamental de obras reunidas por ela, de James e Conrad a Beckett, mas também na extensão dos interesses e dos métodos desenvolvidos a partir dela para outros tipos de escrita. Mais uma vez, em um grau extraordinário, as posições teóricas decisivas que são trazidas para esse estudo e outros relacionados a ele são elementos centrais da formulação. O formalismo na análise literária; a ruptura epistemológica que se diz distinguir do marxismo; a ruptura e a inovação da Psicanálise; a ruptura e a inovação da Linguística teórica a partir de Saussure; o estruturalismo na Antropologia e na Sociologia: isso, como forma de pensamento e na prática cultural que as acompanha, compõe o "modernismo". Não estou oferecendo uma lista de erros e acertos. Estou interessado na formação, no mapa. É típico que cada um desses desenvolvimentos ofereça os termos de sua própria interpretação, e que seja difícil, em qualquer campo particular, avançar além deles. Isso vale tanto para o modernismo, como visto na literatura, quanto para qualquer uma das posições teóricas mais evidentes e controversas. Caracteristicamente, cada um desses desenvolvimentos – e o primeiro "Inglês de Cambridge" com os outros – alcança o predomínio em áreas mais amplas do que a deles. Eles são rupturas e inovações que estendem sua luz a toda parte. Com frequência, a luz é real; não a estou

ALÉM DO INGLÊS DE CAMBRIDGE   289

questionando. O que tenho a dizer é outra coisa: devemos ver esses desenvolvimentos como uma formação cultural específica, que é uma resposta a um desnível subjacente e decisivo do alfabetismo e do aprendizado e é ao mesmo tempo governada por ele: trata-se especificamente do desnível de uma sociedade de classe em um estágio crítico e definido.

Seria muito mais fácil ver isso se os impulsos centrais do modernismo não fossem precisamente uma série de rupturas com as representações e formas de pensamento mais ortodoxas de uma sociedade de classe estabelecida. É a realidade dessa série de rupturas que torna impossível retornarmos a uma posição estável que possa ser oferecida como "tradição" ou "senso comum". Essa tentativa impossível foi a decadência do "Inglês de Cambridge" em seu sentido mais preciso. Ele encontrou suas orientações mais significativas no modernismo, abandonando muita coisa que poderia sustentar uma continuidade mais ortodoxa, embora em certo estágio – refiro-me especialmente a Leavis – ele tenha recusado seu desenvolvimento posterior e tentado recuperar, a partir de materiais limitados, uma tradição baseada no senso comum. O desnível subjacente do alfabetismo e do aprendizado, ao qual o modernismo foi uma resposta inovadora, foi aceito e racionalizado como condição para um trabalho necessário e privilegiado: como portadores minoritários de uma tradição comum, um *"Englishness"* da literatura erigido a *"Englishness"* de um povo.

Isso tornou mais difícil ver o modernismo como ele é. Sempre houve esse beco sem saída cheio de vida para apontar. Mas, em qualquer perspectiva mais ampla, as questões são claras. O fator comum entre as diferentes teorias e práticas que se reúnem como modernismo é um estranhamento – um senso tanto de distanciamento quanto de novidade – que está relacionado, em seus próprios termos, com uma categorização mais ampla do "mundo moderno", mas que é, na realidade, a resposta de uma formação – escritores, artistas e intelectuais – conturbada e sujeita a condições que impediam suas atividades mais significativas. A realidade do estranhamento surgiu em culturas que não conseguiam oferecer condições para um trabalho sério: em culturas tradicionais residuais, em que as restrições dogmáticas foram vividas como um provincianismo paralisante; em culturas comerciais prósperas, em que a arte e o pensamento pagos se baseavam na falsa representação lisonjeira; e no desespero e na revolta que cresciam nas zonas mais escondidas e sombrias dessas sociedades. Houve, então, dois tipos de rejeição. Muitos dos primeiros modernistas romperam não apenas com as instituições culturais, mas também com suas próprias culturas práticas. Na literatura, por exemplo, Conrad, James, Apollinaire, Joyce, Eliot, Pound e Beckett realizaram, de diferentes maneiras, essa manobra necessária. O que estava em questão tanto na escrita quanto na pintura era a necessidade de encontrar, dentro da própria prática, novos tipos de significado quando os sistemas locais e herdados falharam e foram abandonados. Essa é a explicação ortodoxa e, até onde alcança, ainda exata.

O que interessa agora é o que essa explicação deixa de fora. Pois a prática nunca foi exclusivamente técnica, para ser endereçada em seus próprios termos isoladores. A condição decisiva da prática era a disponibilidade, dentro de um novo tipo de formação social, de relações sociais que correspondessem, afinal, às iniciativas práticas. Elas foram encontradas na nova forma social da metrópole: tipicamente a metrópole imperial de Paris, Londres e, por fim, Nova York. Uma quantidade extraordinária de inovadores era formada não exatamente por exilados e emigrados, embora eles tenham partido dessa condição, mas por imigrantes, que foi como se criaram as condições de sua prática. Afastados de sua cultura natal, mas ainda preocupados com ela, consideraram seu próprio material de trabalho – a língua, que os escritores haviam partilhado plenamente com os outros; os signos e as representações visuais, que haviam sido trazidos por modos de vida partilhados – insuficiente, embora produtivo, de uma maneira que foi crucial: escritores, artistas e intelectuais

ALÉM DO INGLÊS DE CAMBRIDGE 291

poderiam partilhar com os outros esse senso de estranhamento realizando seu próprio tipo de atividade, ainda que partissem de familiaridades muito diversas. Do estranhamento inicial criou-se uma forma específica de uma universalidade estética possível, mas isso não teria ganhado terreno sozinho. Foi o predomínio crescente da civilização metropolitana, sua emergência como um tipo de sociedade cada vez mais deslocada e móvel, que impulsionou as versões da universalidade artística e intelectual – tanto as reduções quanto as descobertas – que foram originalmente as experiências do estranhamento e da exposição. No desenvolvimento fundamental das velhas e novas tecnologias culturais, desde a produção de livros até o cinema e a radiodifusão – tecnologias que se tornariam essenciais na nova cultura, mas que uma academia presa à impressão dificilmente poderia reconhecer, mesmo quando se tornavam arte –, esses centros políticos e econômicos adquiriram um domínio prático sobre toda a produção e distribuição cultural, em um âmbito que se estendia da nova cultura popular comercial aos grupos de intelectuais e artistas contemporâneos, agora decisivos. O que se iniciara no isolamento e na exposição acabou se tornando, em muitos níveis, uma instituição: uma cultura decisiva de um mundo capitalista internacional, que poderia negociar tanto as formas originais quanto as adaptadas.

Parte dessa instituição tornou-se, afinal, um novo tipo de vida para os intelectuais – nas universidades –, mas sempre em menor intensidade para escritores e artistas. Mas isso não teria acontecido, nas formas como aconteceu, se não tivesse havido um movimento inteiramente conexo dos assuntos, disciplinas e teorias que se formaram dentro da mesma perspectiva decisiva. Um novo sentido da objetividade dos sistemas, e dessa objetividade como algo que necessitava ser esclarecido por novas formas de análise, que não tomassem as coisas como aparecessem, mas procurassem formas e estruturas mais profundas com os olhos de um estrangeiro, surgiu de um campo a outro: na Linguística, na Antropologia, na Economia, na Sociologia, na Estética, na Psicanálise. Formas profundas e forças modeladoras – formas e forças sem agentes reconhecíveis no dia a dia – foram poderosa e reveladoramente identificadas. Poucas histórias e experiências específicas poderiam se erguer contra elas; nenhuma, na realidade, poderia substituí-las. Todo texto deveria ser lido sem data e sem autor: essa era a nova e necessária disciplina.

Pela história da minha educação, pertenço a esses desenvolvimentos e, nesses termos, respeito-os. Mas, em toda a minha vida social, continuo a olhar para eles com os olhos de um estrangeiro. O que vejo então não é apenas o que eles conquistaram, mas suas formas profundas. Posso sentir o frio revigorante de suas distâncias e impessoalidades inerentes e, no entanto, devo continuar a dizer que, na realidade, elas são congelantes. Vejo, na prática e na teoria, as consequências alienadoras da premissa geral – tão ativa na literatura modernista quanto na Linguística teórica e no estruturalismo marxista – de que os sistemas de signos estão em geral dentro dos próprios sistemas, e pensar de outra forma é um erro humanístico. Há, então, um paradoxo: que esses sistemas, como são revelados pelas análises sistemáticas, possuem um grande poder de explicação, mas a forma e a linguagem de suas explicações estão a uma distância extraordinária das vidas e das relações a que eles se endereçam, de modo que o que mais se aproxima da vida comum tem o modo de um estrangeiro, e até a profissão de um estrangeiro.

Isso é evidente em muitas disciplinas, mas é particularmente claro na própria linguagem. Há poucas contradições maiores do que as da literatura modernista e, sobretudo, a contradição hoje expressa como "linguagem literária". As pessoas ainda se afastam dos estudos da linguagem até se certificar precipitadamente – e ilusoriamente – de que o que está sendo proposto é um estudo da linguagem da literatura – da linguagem literária. Mas ela tem uma história, não apenas no detalhe, mas no próprio conceito. O que a "linguagem literária" um dia significou, dentro das ideias

ALÉM DO INGLÊS DE CAMBRIDGE 293

renascentistas do decoro, foi uma linguagem adequadamente elevada: uma formalidade de composição consciente e convencional. Foi uma forma deteriorada disso – como uma linguagem meramente "literária" e "teatral" – que o modernismo enfrentou e substituiu, até mesmo incluindo, em seus experimentos mais inovadores, novas formas de vigor coloquial e referência popular. Contudo, ao mesmo tempo, ele criou – repetindo ironicamente os desenvolvimentos do romantismo – sua própria ideia interna de linguagem literária: um processo de composição centrado inteiramente em um sistema autogerado de signos literários. Ao se tornar mais consciente de seus próprios processos, o modernismo os separou, de forma bastante nova, dos processos sociais gerais da linguagem que estavam lá, em todo o caso, em suas próprias formas ativas, problemáticas e inovadoras, e que ele, em sua melhor forma, estava exemplificando, tanto contra a velha e polida linguagem literária quanto contra as reduzidas narrativas teóricas da linguagem como simples reprodução normatizada.

A forma profunda é novamente evidente. O movimento de conexão mais profunda surge não só isolado, como também isolando a si mesmo. Dirigindo-se à substância mais plena de nosso tempo, ele se encontra – e pode regozijar-se por isso – a uma distância ainda maior de seu povo do que as formas mais rasas e adaptáveis da arte popular comercial, mas também da arte tradicional reproduzida por inércia. Tanto na escrita quanto na teoria o que agora, em substância, é mais vivo e geral está a uma distância inteiramente paradoxal da vida geral.

É claro que a questão é como mudar isso, o que só é possível se partirmos das origens, além da visão simples de uma inovação heroica. O que ocorreu no modernismo foi defensivo em sua raiz: uma resposta intransigente a um fracasso geral, no qual o desnível – o desnível deliberado e dominante – do alfabetismo e do aprendizado foi decisivo. Empurrado para além das fronteiras das ordens sociais e culturais contidas e autoconfirmadoras, o modernismo não teve outra escolha senão o distanciamento, mas caiu em um novo momento de escolha. As contradições inerentes de sua própria prática forçaram uma ou outra posição geral, na qual podemos ver todas as inovações se dividir. Houve a rejeição majoritária de uma ordem social e cultural ortodoxa nos termos de uma opção pelo passado: por aquilo que poderíamos chamar de cultura tradicional dentro da continuidade das práticas, mas também por seus diferentes tipos de ordem, autoridades e privilégios mais claros. Dizia-se que a arte e a cultura eram intrinsecamente aristocráticas, e as mais improváveis pessoas que viviam à margem da sociedade começaram a se comportar, e sobretudo a pensar, de acordo com essa ideia de aristocratas orgulhosos e solitários. A rejeição minoritária seguiu o outro caminho: ideias de revolução absoluta, da nova arte e do pensamento como revolucionários; um processo aparentado ao outro, exceto pelo fato de o parentesco ser mais frequentemente proposto do que mutuamente reconhecido.

Assim, o desnível no qual o modernismo se formou seria ou estabilizado ou finalmente superado. A partir de posições de um relativo privilégio, dentro de um mercado cultural em expansão e das universidades, a tentativa de estabilização continua a fazer mais sentido imediato tanto nos Estudos Ingleses quanto em todos os outros lugares. Em toda a minha obra, tentei ficar do outro lado, mas digo "tentei" porque o êxito implicaria uma transformação além dos poderes de qualquer indivíduo ou pequeno grupo. Contudo, é por isso que agora lanço meu olhar para além do Inglês de Cambridge: para além da inovação notável, mas característica, que estabeleceu a autodefinição de uma instituição importante e privilegiada. Acredito que esteja se iniciando, nos Estudos Ingleses e em outras partes importantes da cultura, o primeiro estágio de um novo projeto de transformação: tomar o que foi aprendido em uma atividade necessariamente difícil e testá-lo em encontros com todos os homens e mulheres com quem se comunicou apenas de modo intermitente e incompleto; aprendendo e ensinando, em um

ALÉM DO INGLÊS DE CAMBRIDGE   295

desnível então perigoso do alfabetismo e do aprendizado, de modo que, em suas consequências diretas e indiretas, aquilo que presumíamos ser, tanto na literatura quanto na educação, normas estáveis, desloca-se radicalmente – um deslocamento que começa a alcançar duramente, mas instrutivamente, os lugares dos antigos privilégios.

Esse novo trabalho está sendo realizado sobretudo na periferia dos sistemas antigos: em algumas universidades novas, em muitas escolas politécnicas, na Universidade Livre e em muitas iniciativas práticas, além das instituições estabelecidas. Felizmente, está sendo realizado também em algumas faculdades de Cambridge. Mas foi assim que os Estudos Ingleses começaram. Os muros mais antigos foram os últimos a ter portões. É tentador supor que a história vai se repetir, ou que, em todo o caso, o extraordinário desenvolvimento internacional desse novo tipo de trabalho – em muitos países que hoje se encontram muito à frente de nós – será finalmente ouvido por alguém que estiver de passagem por eles e voltará com boas notícias, e de confiança.

Mas nenhuma dessas possibilidades é o ponto principal. Quando a perspectiva for de fato alterada, o trabalho poderá ser realizado em qualquer lugar, aceitando e confrontando suas dificuldades com as autoridades estabelecidas. Isso parecerá mais claro se lembrarmos que, no nível mais importante, não estamos falando apenas de cursos e programas. Estamos falando também e sobretudo – como o Inglês de Cambridge fez durante algum tempo – sobre uma crise profunda da cultura e da sociedade: uma crise diversamente definida e diversamente enfrentada, mas, de qualquer forma, muito maior do que um problema acadêmico.

Sejam práticos, é o que nos dizem, pensem nos limites do que pode ser feito. Contudo, a seu próprio modo, o Inglês de Cambridge, especialmente graças a Richards e Leavis, reconheceu o caráter prático central que é frequentemente esquecido hoje: o de que o objetivo de um curso não é reproduzir os instrutores pela transmissão dos hábitos que os tornaram instrutores. Muitos dos que fazem isso seguem carreiras muito diversas, nas quais tipos diferentes de habilidade e conhecimento ativo, testes novos e muito mais rígidos de percepção e valor, são as questões práticas reais. Eles jamais deveriam ser obrigados a contrastar a instrução acadêmica mais sensata com o mundo das escolhas reais mais urgentes. Ainda nos Estudos Ingleses, e em suas próprias convergências com as outras humanidades e ciências humanas, há tanto conhecimento ativo, tantas habilidades ativas valiosas em si mesmas que eles podem, de fato, se conectar com o mundo da prática, da escolha e da luta. É essa conexão vigorosa – perturbadora, mas profundamente encorajadora tanto nas instituições e nos cursos quanto além deles – que respeito e aguardo no futuro.

PARTE
5

REGIÃO E CLASSE NO ROMANCE

Não estou certo de quando certos romances, ou tipos de romance, começaram a ser chamados de "regionais". Estimo que a distinção começou a ser significativa apenas no século XIX. À primeira vista, parece uma distinção simples; indica um romance "sobre" ou "ambientado em" regiões como Lake District, South Devon ou o Centro do País de Gales. Mas distinção de quê? Há três respostas possíveis, cada uma ideologicamente significativa. Em primeiro lugar, alguns lugares são "regiões", com um caráter local ou provincial reconhecido, e outros não. Em segundo lugar, alguns romances são "regionais" no sentido de que falam sobretudo, ou apenas, desses lugares e da vida neles, e não de uma vida mais geral. Em terceiro lugar, certo tipo de romance é "regional" porque é "sobre" ou "retrata" uma vida social específica, ao contrário dos romances que se dirigem a experiências humanas mais amplas e permanentes.

Podemos olhar mais de perto cada uma dessas respostas. A primeira possui um significado político direto. Uma "região" era, no passado, um domínio, um reino ou um país, no sentido de *regere* = reger, mas também, com a ambiguidade política característica de tais divisões de terra, uma parte específica de uma área dominada mais ampla: uma diocese, um distrito, uma extensão de terra delimitada, no sentido de *regere* = dirigir. O segundo sentido se tornou comum na Inglaterra a partir do século XVI com o governo da Igreja, embora o primeiro, mais absoluto, tenha persistido em descrições naturais e metafóricas. Foi então, obviamente como função de Estados cada vez mais centralizados, com uma nova centralização formalizada do governo e da administração continuamente "delegando" e "transferindo" tipos limitados de autoridade, que "região" ganhou o sentido moderno de "área subordinada", um sentido que, é claro, é compatível com o reconhecimento de suas características "locais" – "regionais".

E o que é notável, na questão da descrição cultural, é a contínua discriminação de certas regiões nesse sentido limitado de "regional", que só pode ser retida se outras regiões não forem vistas dessa forma. Ela é, por sua vez, uma função da centralização cultural, uma forma moderna de discriminação entre o campo e a cidade, e está intimamente vinculada à distinção entre cultura "metropolitana" e "provincial", que se tornou significativa a partir do século XVIII. Contudo, não se trata mais de uma distinção de áreas e tipos de vida; é o que é chamado, com certa educação, de julgamento de valor, mas que é, em termos mais adequados, uma expressão da dominação cultural centralizada.

Uma forma divertida dessa descrição cultural é a expressão "Home Counties" ["condados domésticos"], derivada do registro regional de crimes – o "Home Circuit" –, que se concentra em Londres e ganha uma importância maior no século XIX. Esse ponto pode ser testado se nos perguntarmos se um romance "sobre" ou "ambientado" nas *Home Counties*, ou "sobre" ou "ambientado" em Londres ou em algum distrito de Londres – Chelsea, Hampstead ou Bloomsbury – seria descrito como "regional", do mesmo modo como são descritos romances similares "sobre" ou "ambientados" em Lake District, South Devon ou o Centro do País de Gales – ou, poderíamos dizer, Dorset ou

REGIÃO E CLASSE NO ROMANCE   301

"Wessex"? Nesse plano, a descrição é claramente ideológica. A vida e as pessoas de certas regiões favorecidas são vistas como essencialmente gerais, ou talvez normais, ao passo que a vida e as pessoas de outras regiões específicas, por mais que sejam apresentadas de maneira interessante ou afetuosa, são... bem... regionais. A segunda resposta possível é, na boca de muitos, mera variação da primeira e, por ser menos explícita, mais pretensiosa. A experiência não é, *a priori*, mais geral ou significativa porque se passe em Londres, Paris ou Nova York, em vez de Gwynedd, Carse of Gowrie ou Anatólia. Contudo, em outro plano, há aqui uma questão real: uma distinção que, como veremos, também é importante em considerações sobre "classe" na ficção. Pois há, de fato, um tipo de romance que não apenas se passa em um lugar, mas retrata esse lugar como se não existissem outros. Mas isso é tão provável em romances sobre Nova York, Califórnia ou as *Home Counties* quanto em um tipo de romance mais facilmente reconhecido em que o que acontece, por exemplo, em Lake District (compare os romances de Constance Holm) é visto como se fosse, mesmo no século XX, uma vida essencialmente subsistente, cujas características principais não são influenciadas ou determinadas por relações sociais que se estendem além dela e penetram nela. Certamente os casos mais importantes desse tipo de romance são modalidades particulares da ficção burguesa tardia – o romance *rentier*, o romance de empresa, o romance universal –, na qual a absorção nos detalhes de uma vida essencialmente local depende sobretudo da invisibilidade das relações com uma vida mais geral: o trabalho que está na fonte da renda do rentista; as relações de mercado e de poder que constituem a verdadeira substância das operações internas e das manobras das empresas; e os processos mais amplos de aprendizado, recurso e acesso que constituem um tipo particular de universidade.

Contudo, não há dúvida de que existe uma forma de encapsulamento que é distintamente "regional". Ela é, na verdade, uma forma popular. Grande parte da ficção rural do século XX possui essa qualidade de "mosca presa no âmbar". Sua estratégia essencial é mostrar uma vida calorosa e encantadora, natural e mesmo apaixonada, dirigida internamente por um ritmo próprio, como se a Grã-Bretanha rural, mesmo em seus rincões mais remotos e "imaculados", não tivesse sido constantemente bombardeada pela economia industrial urbana. Ou, como variação dessa versão, a "região" aparece tão estabelecida em modos autônomos que as pressões sobre ela podem ser vistas como inteiramente externas: essa outra vida contra essa região.

Creio que sou particularmente consciente desse encapsulamento porque posso ver que ele captura certos processos sociais reais; a pressão ocorre em grande parte dessa forma. Mas o romance realmente regional, nesse sentido limitado, isolou tanto a região, projetando-a internamente como um todo – "orgânico" –, que se tornou incapaz de reconhecer os complexos processos internos, inclusive as divisões e os conflitos internos, que a conectam factualmente àquelas pressões mais amplas. Sei que escrevi sete vezes *Border Country* [Região na fronteira] até encontrar uma forma alternativa em que esses processos e divisões internas tivessem um peso real, e em *The Fight for Manod* [A luta por Manod] encontrei essa forma de modo muito consciente e explícito, embora ainda seja, deliberadamente, um romance sobre uma região específica. Para colocarmos a questão em termos mais gerais, a ficção em que é preeminente o impulso para explorar e clarificar os problemas do "regionalismo" é a de Hardy. Alguns idiotas das metrópoles ainda veem Hardy como um romancista regional porque escreveu sobre Wessex – aquele lugar estranho e específico –, e não sobre Londres ou as *Home Counties*. Mas, em um nível mais sério, a distinção é muito clara na obra de Hardy, como *Sob a árvore verdejante* e mesmo *Longe da multidão*, que podem ser vistos como regionais em um sentido encapsulante e limitado, ou *The Woodlanders* [Os moradores da floresta] ou *Tess d'Urbervilles*, romances ambientados de

REGIÃO E CLASSE NO ROMANCE 303

modo mesmo mais profundo em uma região, mas que não são, em nenhum sentido limitante, "regionais": o que acontece lá, interna e externamente – essas duas abstrações em um processo conectado –, envolve um conjunto de relações bastante amplo e complexo, plenamente estendido e extensivo. A terceira resposta, em um plano sério, pode ser vinculada a essa questão. Em um plano convencional trivial, é apenas um preconceito burguês tardio: esses romances são "sobre" ou "ambientados" em tipos de vida social; romances são sobre pessoas – indivíduos – que têm uma vida sexual, espiritual e, sobretudo, privada. A própria ideia de um romance que reconheça uma vida social mais ampla é afastada. De fato, é uma sorte – embora "sorte" seja hoje um termo ambíguo – que ele não seja colocado em uma estante separada, como Sociologia. Ao mesmo tempo, porém, temos de distinguir, não nesses termos burgueses tardios, mas de um modo mais geral, um sentido razoável de regionalismo na ficção: um sentido que indica que o romance é mais sobre uma região ou um modo de vida do que sobre as pessoas em relação que o habitam ou constituem.

Não se trata de um problema de simples categorização. Obviamente, a questão das pessoas em relação – seu grau de realização, individualização, espaço e tempo de desenvolvimento – é variável histórica e socialmente, e as únicas distinções relevantes são, por sua vez, históricas ou sociais. O isolamento burguês tardio dos indivíduos privados, cujas vidas podem ser exploradas intimamente, como se não houvesse uma vida social mais ampla, depende da existência social de indivíduos para os quais o poder ou o dinheiro criaram possibilidades de distanciamento e deslocamento *práticos*. Em outras comunidades e classes, não há um distanciamento e um deslocamento tão firmes embora, é claro, possa acontecer de um romance se concentrar de tal maneira nas características mais gerais que seja incapaz de reconhecer – um reconhecimento que envolve a existência simultânea de pressões reais e certo espaço – os indivíduos que encarnam e representam inescapavelmente essas características gerais. De modo mais significativo, pode ser incapaz de reconhecer aquelas áreas reais da experiência e dos relacionamentos que, embora devam coexistir com – e são em geral influenciadas ou às vezes determinadas por – situações e processos mais gerais, ainda não são redutíveis aos termos mais gerais e comuns; por exemplo, podemos citar experiências sexuais e espirituais (para nos ater a essas descrições convencionais) que não são apenas ou "meramente" funções da situação social. "Regional" não é a palavra mais óbvia para os romances que fazem tais reduções, mas o fator de subordinação de certos tipos de experiência ao "modo de vida" mais geral é comum em certos romances de tipo diretamente regional e mais reconhecidamente "documental" ou, em sentido genuinamente especificativo, "sociológico".

É neste ponto que podemos efetuar uma transição produtiva do conceito de "região" para o de "classe" na ficção. Isso é particularmente relevante para a ideia de "romance da classe trabalhadora". Há, é claro, usos dessa descrição que são estritamente comparáveis aos usos da descrição "regional": atribuindo certos romances a uma área deliberadamente limitada; indicando a posição limitada por esse tipo de "limitação" ou pela primazia limitante do "social" sobre a experiência "humana geral". Por outro lado, embora de modo sobreposto, esses romances foram valorizados nos movimentos trabalhistas e socialistas justamente por declararem a sua identidade dessa forma. A negligência indubitável da maior parte da experiência do trabalho e da maior parte das pessoas da classe trabalhadora dentro de uma tradição ficcional burguesa parece justificar essa ênfase contrária. Uma classe inteira, como regiões inteiras, pode ser vista como negligenciada. A implicação dessa marginalidade ou, com frequência, dessa inferioridade de posição ou interesse é rejeitada pela seleção e pela ênfase deliberada. Um programa em defesa da ficção da classe trabalhadora é então proposto em

REGIÃO E CLASSE NO ROMANCE 305

termos que, na realidade, aceitam os elementos da definição "regional", mas com alguns de seus valores transpostos. A questão deve ser considerada em termos históricos. O "romance da classe trabalhadora", no sentido mais amplo de ficção que inclui elementos substanciais da experiência dessa classe, deve ser visto, desde o início, como diferente do romance regional. Assim, os primeiros romances desse tipo – os romances industriais ingleses da década de 1840 – não foram escritos do interior dessas regiões de classe. Pelo contrário, foram escritos por visitantes, observadores solidários ou pessoas com algum acesso especial, embora ainda externo. Isso é muito diferente do romance regional, que é, desde o início, escrito caracteristicamente por nativos. É um fator significativo da história cultural do século XIX que muitos escritores talentosos da classe trabalhadora, com raras exceções, não tenham sido romancistas. Isso teve a ver, em primeiro lugar, com as *formas* disponíveis de romance, centradas sobretudo nos problemas da herança de bens e do casamento como propriedade, assim como em aventuras e relações amorosas relativamente exóticas. Isso dava poucas chances para os escritores da classe trabalhadora, a não ser que abandonassem sua classe e seguissem carreiras individuais por meio de temas convencionais. A maior parte dos escritores da classe trabalhadora se voltou, ao contrário, para a autobiografia e as memórias (além de ensaios, panfletos e jornalismo, diretamente relacionados às causas da classe), ou a poesia popular.

Contudo, um efeito paradoxal da base social desses primeiros romancistas industriais é que, desde o início, as *relações de classe* foram uma questão central. Por todas as manobras e mudanças ideológicas que podemos observar, Elizabeth Gaskell, Dickens, Kingsley, Disraeli, George Eliot e outros estavam contínua e intensamente interessados nas relações ativas entre as classes, bem como dentro delas. Um problema na definição de "classe" se torna assim especialmente relevante. Uma classe pode, de fato, ser vista como uma região: uma área social habitada por pessoas que são de certo tipo e vivem de certo modo. Esse é, de fato, seu sentido descritivo comum. Mas o sentido marxista de classe, apesar de reconhecer essas regiões sociais, carrega a noção de classe – inescapável e, ao final, constitutiva – como uma formação de relações sociais dentro de uma ordem social geral e, portanto, de formações alternativas e tipicamente conflitantes (sempre, inevitavelmente, *em relação*).

Assim, ver uma classe em si mesma, mesmo que intimamente e de perto, expõe-se às mesmas limitações de ver uma região em si mesma, e também a outras limitações, uma vez que certos elementos essenciais de uma classe – o fato de ser formada "em" e "por" certas relações definidas com outras classes – podem ser totalmente negligenciados. Podemos encontrar exemplos na "Cockney School" da ficção, no fim do século XIX, com alguns precedentes em Gissing, em que boa parte da vida real do East End londrino é efetivamente escrita, mas caracteristicamente de modo isolador – e, portanto, com frequência "colorido" e "melodramático". Pois um dos elementos constitutivos da vida do East End era a existência do West End – explorando e pressionando, mas, por definição, invisível local e imediatamente. Sem essa relação, falta uma dimensão decisiva à descrição mais vigorosa das personagens e dos locais específicos.

Isso é fácil de ver, teoricamente, mas não é – como na análise estruturalista – o fim do problema. Pois o que está de fato em questão é a prática e as condições da prática. Elas podem ser observadas, em seu desenvolvimento real e complexo, no século XX.

Na Inglaterra, temos os exemplos bastante diferentes de Tressell e D. H. Lawrence. O que distingue Tressell é que *The Ragged-Trousered Philanthropists* [Os filantropos de calças rotas] é alicerçado, desde o início, em uma perspectiva de *relações* de classe. Todas as suas observações e ficcionalizações da vida da classe trabalhadora são determinadas por essa perspectiva, a ponto de adotar deliberadamente modos caricaturais e retóricos.

REGIÃO E CLASSE NO ROMANCE   307

Em certo sentido, isso está ligado ao modo mais antigo do observador solidário – e a ligação com Dickens é nítida –, mas o modo de observação mudou. O observador participa e se expõe, buscando a transformação, em vez da reconciliação. Contudo, o elemento de externalidade permanece, como pode ser visto pelo contraste estritamente literário com Lawrence, que se tornou, nas condições específicas de sua prática, um escritor típico de pelo menos duas gerações de "escritores da classe trabalhadora". Pois Lawrence nasceu *em* uma família da classe trabalhadora e *em* uma localidade densamente povoada (parece que, em ambos os casos, em contraste com Tressell/Noonan). Desde o início, portanto, a "vida da classe trabalhadora" é mediada pelas experiências da família e da localidade, com seus imediatismos específicos e poderosos. Assim, Lawrence nunca corre o perigo de escrever um romance redutor sobre a vida da classe trabalhadora, uma vez que o que foi materializado primeiro não foi a classe, mas a família, os vizinhos, os amigos, os lugares. É claro que ele acaba vendo algumas relações de classe reais, embora, significativamente, apenas quando já estava se afastando delas – como em *O arco-íris* e *Mulheres apaixonadas*. E, nesse momento, ele já estava interessado – a partir de uma determinação tanto das condições de sua prática quanto de suas predileções pessoais e ideológicas – nos indivíduos que estavam abandonando suas origens. Assim, em sua ficção posterior, tanto a classe trabalhadora quanto o complexo geral das relações de classe são deslocados: a primeira para a experiência da infância e adolescência, sem uma atenção significativa para as condições de continuidade com a vida adulta da classe trabalhadora; o segundo, quase todo, para generalidades de tipo ideológico, em geral ficcionalizadas por uma espécie de formação de base, em figuras ideologicamente "representativas" como Gerald Crich.

Isso é uma análise, não uma crítica. Essas condições particulares da prática continuaram a ser poderosamente determinadas, em especial no que tange à forma ficcional. Assim, a herança direta de Lawrence é uma série de ficções de escape e fuga ou, na melhor das hipóteses, retrospectiva. Contudo, grande parte dessa ficção ainda é representada como uma "ficção da classe trabalhadora" *tout court*. E, no entanto, outras manobras foram possíveis dentro dessas condições. Elas são bem exemplificadas pelo romance industrial galês. Este começou com a obra de Thomas Keating (cf. *The Flower of the Dark* [A flor da escuridão], de 1917), mas com todas as marcas das dificuldades do século XIX. Keating era mineiro e se tornou jornalista. Seus romances contêm algumas das descrições mais refinadas que se têm do trabalho nas minas de carvão, mas em *The Flower of the Dark* ainda estão inseridas em – e são dominadas de fato por – um romance burguês do século XIX de tipo familiar. Foi apenas na década de 1930 que se encontrou a melhor forma do romance da "família da classe trabalhadora", em *Times like These* [Tempos como estes] (1936). Esse romance é muito próximo e convincente, e não apresenta as distâncias (amplamente ideológicas) entre classe e família que desfiguram Lawrence. Por outro lado, como o próprio Gwyn Jones reconheceu, a limitação a uma única família tem certo efeito de fechamento, mesmo quando a ação se passe sob pressões econômicas que rompem e dispersam a família. Contudo, o fato de essa ação social geral poder ser mostrada, como ocorre novamente, e com muito vigor, em *Chwalfa* (1946), de T. Rowland Hughes, é um avanço significativo para além da ficção do escape ou fuga individual (de um escritor individual).

Na década de 1930, há dois exemplos galeses que seguem direções bastante diferentes, cada um tentando ir além da classe como região (família e localidade). Há a obra de Jack Jones, socialmente panorâmica, como em *Rhondda Roundabout* [Rodeio em Rhondda] (1934), e baseada na família, mas que percorre gerações e, portanto, a história, como em *Black Parade* [O desfile negro] (1935). Há também o mundo de Lewis Jones, em *Cwmardy* (1937) e *We live* [Vivemos] (1939), que também

REGIÃO E CLASSE NO ROMANCE   309

se baseia na família, mas com a diferença de que o elemento de classe, e de fato de luta de classe, tem uma presença explícita na experiência da Federação dos Mineiros e do Partido Comunista. É significativo que cada uma dessas novas direções tenha sido encontrada por um escritor da classe trabalhadora, e não por escritores que nasceram na classe trabalhadora e a deixaram. A visão comum desses romances galeses como romances regionais – na realidade, duplamente regionais, do País de Gales e da classe trabalhadora – é, em larga medida, simples preconceito. Contudo, há ainda obstáculos básicos, mesmo nessas novas formas, para qualquer realização plena das relações de classe. Em qualquer classe trabalhadora atual, dentro da localidade a que ela pertence, outras classes são seletivamente e muitas vezes enganadoramente representadas. A classe inimiga costuma ser o gerente ou, de modo mais amplo, a pequena burguesia local. A burguesia dominante é menos visível e, com frequência, no estágio atual do desenvolvimento capitalista, fisicamente ausente. Dessa forma, as relações de classe se materializam de uma maneira muito local (relações internas entre a classe trabalhadora e a pequena burguesia) ou muito geral e inteiramente ideológica. Assim, o atalho pelo partido político para chegar às relações de classe, como em Lewis Jones, apresenta (em termos reais) dificuldades tanto substanciais quanto locais, históricas e políticas. Mesmo nas perspectivas históricas mais refinadas, como em *Black Parade*, o próprio vigor da classe e da localidade rompe com certas forças em movimento em sua própria constituição, uma vez que são afastadas por ser estranhas tanto à ficção quanto, frequentemente, à realidade. É irônico que a melhor ficção histórica sobre a classe trabalhadora galesa tenha sido escrita (embora com suas falhas e limitações) por um observador solidário, que pôde *ler* e vivenciar a história: Alexander Cordell (cf. *The Rape of the Fair Country* [O estupro do belo país], de 1959). A forma faz muito, mas ainda tem conexões significativas e fragilizantes com a novela histórica. O modo como a forma evita algumas dificuldades locais, assim como alguns reconhecimentos locais mais difíceis, pode ser visto em uma comparação com o romance mais importante de toda essa fase, *All Things Betray Thee* [Todas as coisas te traem] (1949), de Gwyn Thomas, que significativamente se concentra no problema de escrever – falar, cantar – essa experiência complexa: a realidade objetiva clara, vivenciada subjetivamente, mas por um sujeito coletivo.

Dadas as gerações de negligência, existe espaço mais do que suficiente para centenas de romances da classe trabalhadora que são ainda, na realidade, romances regionais: de um distrito, de uma indústria, de uma classe fechada. Mas o problema criativo central é ainda encontrar formas para uma ficção da classe trabalhadora, com relações de classe plenamente desenvolvidas. O problema se tornou, de certa forma, objetivamente mais difícil. Tendências posteriores no capitalismo de monopólio afastaram ainda mais os indivíduos, as funções e as instituições decisivas pelos quais a maior parte da vida da classe trabalhadora é formada. Por isso, apreender substancialmente tais relações – como distintas dos modos alternativos de projeção e extrapolação, como ocorre hoje na ficção científica – é particularmente difícil. Mudanças dentro da classe trabalhadora, em tipos de comunidades e em uma mobilidade geral e individual, tanto causam problemas como proporcionam oportunidades. Já é quase impossível, esteja o escritor onde estiver, escrever uma ficção séria delimitada, exceto em um modo retrospectivo e residual. Assim, exatamente como o romance "regional" está deixando de oferecer considerações e possibilidades sérias, nas sociedades capitalistas avançadas o romance da "classe trabalhadora" mostra, ainda com mais clareza, seus limites (embora ainda esteja sendo escrito em sociedades pós-coloniais e imediatas).

Mas ainda precisamos muito dessas obras enraizadas em uma região ou classe, obras que possam alcançar essa substância íntima vivida (em contraste marcante com o que está

REGIÃO E CLASSE NO ROMANCE

agora acontecendo, por estiolamento, na ficção burguesa metropolitana e internacional) e ao mesmo tempo buscar a substância das relações e relacionamentos cuidadosamente desenhados e frequentemente obscurecidos, que com suas pressões e intervenções desafiam, ameaçam, mudam e, no entanto, nas complicações da história, contribuem para a formação dessa classe ou região em sua luta e realização, incluindo sobretudo novas formas de luta e realização.

Os problemas técnicos e formais são muito difíceis para o romancista, mas se estamos procurando uma direção – e não procurá-la, no estado presente da ficção, é incompreensível – esse é nosso melhor caminho ou, mais provavelmente, nosso melhor conjunto de trilhas interligadas. Historicamente, em todo caso qualquer forma, as regiões e as classes apenas são inteiramente constituídas quando declaram plenamente a si mesmas. Os romancistas ainda têm muito com que contribuir para essas declarações decisivas.

OS FILANTROPOS DE BUNDA ROTA

Estamos aqui hoje para celebrar o livro *The Ragged-Arsed Philanthropists* [Os filantropos de bunda rota]. Por três razões. Em primeiro lugar, porque a composição dessas 250 mil palavras por um pintor de placas e paredes, que trabalhava em geral 56,5 horas por semana, ainda impressiona. Em segundo lugar, porque, depois da rejeição mais do que previsível do livro, ele conquistou seu espaço, a princípio no que é chamado com frequência de edição "resumida", embora seja mais apropriado chamá-lo de edição "reduzida", e, graças ao trabalho contínuo e dedicado de Fred Ball, estou feliz em ver aqui, hoje, publicado em termos muito próximos do original. E, em terceiro lugar, porque podemos vê-lo hoje no contexto do corpo crescente da escrita socialista e da classe trabalhadora, o que é um grande êxito e coloca problemas muito novos de análise e contexto.

Mas, inicialmente, a celebração, e vocês notarão que tomei o título – e essa é uma suposição plausível – que teria sido escolhido se não tivesse havido as restrições que Tressell mencionou em seu curto prefácio, no qual ousou escrever de acordo com as convenções da época, mas forneceu uma representação fiel da linguagem da classe trabalhadora. Tenho uma observação dolorosa a fazer a respeito do título: durante muitos anos, evitei ler esse livro extraordinário em edição reduzida porque o tomei, unicamente pelo título, por um daqueles panfletos vitorianos piegas que mostram que, por mais pobres que formos, sempre podemos ajudar os outros, e assumi – creio que não deveria ter feito isso – que se tratava de uma história sentimental de pessoas desafortunadas que ajudam umas às outras, o que era uma das formas comuns de evitar as questões sociais e morais nos textos vitorianos dirigidos aos trabalhadores.

A ironia feroz do título jamais poderia deixar de ser notada se o sentido real do que estava sendo dito – "*bunda* rota" – não estivesse lá e explícito. É claro que não devemos mudar, hoje, o título que Tressell teve de adotar, mas é útil pensarmos um momento na diferença, porque ela levanta o primeiro dos problemas. Um dos problemas sempre presentes é se a classe trabalhadora é um tema apropriado para a ficção. Precisamos, aqui, de certa perspectiva histórica, e é reconfortante ver que, ainda na década de 1830, a classe média se perguntava se era suficientemente interessante para ter um romance escrito sobre ela. Ainda na década de 1830, o material preferido para o romance era ou algo exótico – no sentido literal de aventuras passadas em outras partes do mundo – ou sobre a aristocracia – os amores e as relações amorosas da aristocracia. E isso ainda era estranhamente dominante – embora seja a forma como uma cultura funcione em geral – ao menos um século depois de a ficção da classe média ter começado a ser escrita. Como acreditar, naquele momento, que havia material relevante na vida de pessoas que passavam a maior parte do tempo trabalhando, o que era verdadeiro tanto para aquela nova pequena burguesia quanto foi mais tarde para a classe assalariada que já estava no estágio ficcional seguinte? Essa era a questão. O *trabalho* seria suficientemente interessante, as *lojas* (como, um século mais tarde, Virginia Woolf ainda se perguntava) seriam parte da vida significativa? Com o passar do tempo, é claro, alguns dos principais clássicos

OS FILANTROPOS DE BUNDA ROTA   315

do romance vitoriano saíram da substância diária daquele tipo de
vida de classe média, embora ainda com preocupações antigas
e residuais sobre a herança de bens, o casamento vantajoso, e
assim por diante. Essa nova vida ganhou terreno e, se olharmos
retrospectivamente para o que estamos descobrindo cada vez
mais, o número de homens e mulheres da classe trabalhadora
articulados, cultos, ativos e altamente inteligentes – sempre
foram assim, mas passamos a conhecer mais sobre eles a partir
de meados do século XVIII –, é surpreendente que não se tenha
escrito antes sobre essa área diferente da sociedade, sobretudo
no romance, que era então a forma popular mais disseminada.
Em geral, isso não ocorreu, embora ainda estejamos descobrindo
alguns romances isolados e esquecidos da classe trabalhadora
do século XIX, como se tem descoberto o que os precedeu: um
corpo amplo de poesia da classe trabalhadora a partir de meados
do século XVIII, e ainda autobiografias (e estas devem ser quase
inumeráveis), histórias de vida escritas por homens e mulheres
trabalhadores.

Podemos ver agora que a autobiografia era a forma mais
acessível, porque havia uma carência básica de adequação entre a
condição de vida da classe trabalhadora e as formas herdadas do
romance. Isso é verdadeiro mesmo para a vida da classe média,
porque mesmo lá, e em um grau muito maior na classe operária,
a trama da herança e da instituição e propriedade no casamento, que fornecia de 80% a 90% das estruturas básicas da
trama no romance do século XIX, era amplamente irrelevante.
Assim, havia certa inquietação com relação ao romance. Se o
romance tivesse de tratar de coisas desse tipo, qualquer outro
tipo de material teria, por assim dizer, de ser inserido, descul-
pado e, de alguma forma, transmutado. A autobiografia era
uma forma mais diretamente acessível, mas tinha problemas.
Por um lado, havia uma tradição, bastante disponível para a
classe trabalhadora organizada do século XIX, do testemunho religioso, sobretudo nas igrejas não conformistas, no qual

alguém descrevia sua experiência para justificar suas crenças. Isso passou diretamente para certas formas de escrita política e panfletos, mas também se manteve no nível da autobiografia, como em Samuel Bamford. Essa é uma escrita que depende da tradição do testemunho – "Sou assim porque vivi assim" – e na descrição do "vivi assim" surge uma condição que não é apenas pessoal, mas de toda uma classe, todo um povo.

Mas há outro precedente menos favorável à autobiografia, evidente nos exemplos tão numerosos de histórias do século XIX e, evidentemente, do século XX de um homem que subiu além ou por meio de sua classe e usou a autobiografia precisamente para mostrar que era uma pessoa *excepcional*. Isso produziu aquela estrutura que persiste em muitos textos da classe trabalhadora em que as condições da classe trabalhadora compõem os capítulos iniciais – "Minha vida e os difíceis *primeiros* tempos" – como uma preparação para a escalada rumo às classes sociais dominantes, ao Parlamento, à liderança de um grande sindicato, à presidência de uma grande companhia. E essas coisas aconteceram.

O tom dos piores exemplos é absolutamente odioso, mas, por outro lado, mesmo sabendo o que agora sabemos sobre como muitas dessas pessoas escreviam, é provável que elas tenham sido – no sentido humano, não no sentido falso do privilégio ou da honra social – pessoas excepcionais. Eram excepcionalmente teimosas e persistentes. Tinham uma energia excepcional e, muitas vezes, habilidades excepcionais. Por essas diferentes razões, a autobiografia – e não o romance – absorveu durante muito tempo a tradução escrita da experiência da classe trabalhadora. Além disso, deve ter havido outra razão, em momentos mais difíceis, na convicção simples de que a verdade não havia sido dita, e a verdade, dentro de uma cultura positivista, parecia pertencer aos documentos, e não ao que era chamado de "ficção", embora ambos sejam questões de *escrita*, e a verdade é apenas raramente determinada por essas escolhas genéricas.

Assim, a importância da obra de Tressell está não apenas no fato de ele ter se lançado no romance, mas de ele ter feito isso, apesar dessas dificuldades reais. A seu modo surpreendente e original, ele rompeu precisamente com as premissas herdadas do que era escrever um romance, e do que era escrever um romance bom e competente: premissas que eram então muito fortes naqueles pontos centrais em que ele estava comprometido com seu material real.

Há três formas, quando refletimos sobre isso, de escrever sobre a vida da classe trabalhadora. A forma dominante em toda a parte é o romance centrado na *família* da classe trabalhadora, para a qual há muitos precedentes formais. Pois esse é apenas um passo, usualmente um passo consciente, de um tipo de romance familiar – que percorre várias gerações da vida da classe média e foi repetidamente escrito no século XIX – para o romance da vida da classe trabalhadora, em que a família é apresentada e vivenciada em condições mais gerais; naturalmente, essas condições surgem como as circunstâncias da família, ou como uma das grandes crises da experiência da classe trabalhadora que atinge a família e, com frequência, a desestrutura. Há exemplos significativos nos textos da classe trabalhadora galesa, inclusive nos escritos em galês, como o notável romance de T. Rowland Hughes, *Chwalfa*, sobre os trabalhadores nas pedreiras do Norte do País de Gales, ou *Times like These*, um romance de Gwyn Jones sobre a vida nas minas, no qual o texto é composto em torno de uma família bastante fechada, que acabamos conhecendo de perto como pessoas. Assim, a transição da ficção familiar acontece de uma vez, embora essa família viva sob pressão e, usualmente, em uma crise aguda. Em geral, a crise nesse tipo de romance é a greve crucial, tipicamente a da época, a greve de 1926.

Há, portanto, a tentativa de ir além da forma ficcional controladora da família nessa difícil transição, às vezes até ambiguidade, entre os trabalhadores e a classe trabalhadora. Pois a classe é uma questão de consciência, a classe é uma questão de organização, a classe é uma realidade social e, no entanto, é, ao mesmo tempo, o modo como uma família funciona. Falar de uma família da classe trabalhadora pode ser simplesmente descritivo. Falar da *classe* trabalhadora é diferente, embora haja certa sobreposição. Pois o que é procurado, nesse caso, é a vida de pessoas definidas não apenas pelo tipo de trabalho que executam, ou pelo fato de terem família e viver as crises comuns da vida, mas por conseguirem ver algo em comum naquela situação que elas chamam de classe, que é a organização explícita – e isso é usualmente mais fácil de acontecer em momentos muito organizados e articulados, daí a popularidade da greve e da disputa como formas de mostrar a si mesmas como uma classe que opera de maneira coletiva –, mas que também está lá em outro sentido, embora ambiguamente ou com grande dificuldade, sendo com frequência a própria pergunta que as pessoas se fazem ou alguns membros da classe fazem a outros membros da classe que talvez recusem a descrição que lhes é oferecida. Nenhuma condição desse tipo está tão fisicamente disponível quanto em uma família. Assim, se estivermos falando das crises da classe trabalhadora em sentido mais estrito, há esse novo problema na ficção que não toca os escritores da classe média da mesma forma, uma vez que sua consciência dominante era postulada, desde o início, na noção de indivíduos e suas relações primárias imediatas. O que os escritores mais engajados da classe trabalhadora tiveram de enfrentar foi o novo problema de como mostrar relações sociais completas e determinantes.

É nesse ponto que o argumento recente dá voltas e mais voltas e, às vezes, fica amarrado. Mostrar relações sociais completas e determinantes exige uma nova perspectiva, e essa perspectiva é mais bem conhecida em suas formas mais generalizadas e abstratas. A mais conhecida dessas formas é o socialismo e, quando caímos nele, independentemente das dificuldades familiares, dizem sem rodeios que, se esse é um romance sobre o socialismo,

OS FILANTROPOS DE BUNDA ROTA 319

é sobre algo que não é manipulável na ficção. Essa é a doutrina familiar da crítica ortodoxa, que tenta uma rejeição *a priori* de ideias e movimentos como material para a escrita imaginativa (mesmo depois de *Guerra e paz* e *Os demônios*). Mas o que é interessante em Tressell é que ele escreveu de fato sobre a família assalariada; ele escreveu de fato sobre sua relação com uma classe e com a consciência de classe; e ele fez isso não apenas de maneira positiva, mas também nos termos de sua ausência, embora a ausência defina isso de outra forma, a ausência dessa consciência definindo, em certo sentido, a questão.

Os três tipos que descrevi – o romance familiar, o romance familiar parcialmente estendido à classe e o romance escrito a partir de uma perspectiva consciente de classe – não se sobrepõem ou se integram facilmente, uma vez que o trabalho é organizado sobre bases diversas, de acordo com a ênfase em que o escritor está mais interessado. Contudo, lendo o prefácio de Tressell, vemos, em primeiro lugar, que "minha intenção era apresentar, na forma de uma história interessante, um quadro fiel da vida da classe trabalhadora". Isso indica uma versão realista da extensão do romance familiar, a extensão para muitos trabalhadores.

Temos então: "Pretendi mostrar as condições resultantes da pobreza e do desemprego e expor a futilidade das medidas tomadas para lidar com eles [...]". Ele se desloca rapidamente para o sentido de uma nova perspectiva e acrescenta: "[...] e indicar o único remédio real, que considero ser o socialismo". Ele estava preocupado porque, nos termos herdados, não estava escrevendo nem um tratado nem um ensaio, mas um romance. Então, prossegue: "Meu objetivo principal era escrever uma história legível, rica em interesse humano e baseada nos acontecimentos da vida do dia a dia, o tema do socialismo sendo tratado apenas de modo incidental". Ele se afasta do que disse antes, mas é claro que é justamente aqui que está o problema, não apenas para ele, mas para muitos outros. É um problema de escrita, mas, como tal, em seu sentido mais pleno, é também um problema da consciência social e histórica. Isso requer uma consideração mais geral.

Se olharmos para a história da escrita da classe trabalhadora, veremos, como vemos de fato em manifestações mais diretamente políticas, que parece existir realmente um problema de correlação (que alguns de nós, por razões teóricas, não estavam dispostos a reconhecer) entre a vida da classe trabalhadora, em seu sentido simplesmente descritivo, a vida dos trabalhadores assalariados, sobretudo os braçais, e o grau de combinação e concentração que é determinado usualmente pela natureza do processo de trabalho. E, se é assim, não podemos começar a discutir os problemas dos escritores da classe trabalhadora sem definir – aqui ou ali – o tipo de classe trabalhadora.

Se voltarmos aos romancistas da classe média do século XIX que escreveram sobre a vida industrial e incluíram material frequentemente compassivo, às vezes distorcido, mas bastante fidedigno de suas observações da vida da classe trabalhadora, veremos que eles olham primeiro para as tecelagens, onde a nova forma de organização social era visível e dramática, de modo que, em vez das condições antigas de trabalho manual disperso, em que os trabalhadores nunca eram talvez mais do que dois ou três, ou doze, ou vinte, no máximo, ainda trabalhando em casas com a família, ocorreu de repente essa ampla inovação social de centenas de trabalhadores reunidos sob o mesmo teto. Eu diria que a vida dentro e em torno das tecelagens abrange mais de três quartos das primeiras obras que reconheceram a existência dos trabalhadores. Eles eram a minoria visível naquilo que era, em geral, a grande maioria dos assalariados na cultura e na sociedade que produzia essa escrita.

Se prosseguirmos, veremos que há certos processos de trabalho que necessitam de um tipo significativo de comunidade, próxima ou mesmo fechada. E veremos também que essas comunidades são as mais prolíferas, até hoje, na produção de

OS FILANTROPOS DE BUNDA ROTA 321

romances da classe trabalhadora: a mineração, seja de carvão ou pedra; as oficinas clandestinas de alfaiates; os estaleiros e as docas; lugares onde o homem ou a mulher é um trabalhador, um membro de uma família da classe trabalhadora em sentido simples e descritivo, mas é também um membro de uma comunidade da classe trabalhadora, quase uma comunidade inteira, como as vilas de mineradores, os distritos vizinhos às docas, os estaleiros ou as cidades têxteis. Além disso, essas comunidades existem em uma parte específica do país – galesa, *geordie*, *cockney* ou *clydeside* – e, por isso, todo o espectro das relações sociais surge de uma só vez em uma forma integrada. Basta sair à rua para estar em uma comunidade da classe trabalhadora. E, dentro dessa comunidade intensa e com frequência limitada, o problema de classe, que em comunidades mais mistas estaria sujeito a interpretações muito mais complexas, chega emaranhado com o que é também a identidade da pessoa oriunda daquele lugar e daquela região, alguém que pertence ao mesmo tempo a todo esse leque.

Há, portanto, uma correlação positiva, da qual não se pode ter nenhuma dúvida, entre lugares desse tipo e o desenvolvimento das ideias políticas da classe trabalhadora. Qualquer mapa político do país mostrará que foi nos lugares onde esses processos de trabalho criaram comunidades da classe trabalhadora que as grandes instituições do movimento trabalhista se construíram e, após tantas mudanças, ainda são mais evidentes. Ou tomemos outro exemplo que, em geral, irrita meus amigos quando o menciono. A greve geral de 1926 foi um ponto alto da organização e do protesto da classe trabalhadora. Ela foi forte em muitos lugares e, na verdade, presente e ativa na maioria. Mas devemos olhar também para a memória menos conveniente de 1926: a organização a favor do fim da greve e contra a classe trabalhadora organizada, isto é, a Organização pela Manutenção do Abastecimento, uma daquelas coisas das quais nos esquecemos parcialmente, embora possamos ver como era. Vejam onde

322 RAYMOND WILLIAMS

eles recrutavam. Não eram, como dizem alguns livros, todos estudantes universitários e seus amigos debutantes. Realmente não eram.

Em algumas partes do país, onde os problemas de definição social e consciência de classe naquela forma difícil, arrebatadora e desafiadora são, na realidade, bastante diferentes, houve um recrutamento significativo de homens pobres contra o que era, objetivamente, sua própria classe. Essas comunidades eram aquelas comunidades mistas em que os processos de trabalho não criavam uma comunidade que oferecesse uma identidade comum; em que o indivíduo pode ser ao mesmo tempo um patriota, um membro leal da classe trabalhadora, um bom vizinho, um bom filho; em que tudo é um, ou quase um. Vão à comunidade mista, vão aonde as pessoas vivem próximas umas das outras, mas não realizam necessariamente o mesmo tipo de trabalho, vão aonde há diferenças radicais de situação e posição social dentro da comunidade, e vocês terão uma noção diferente do que é comunidade. Não surpreende, portanto, que muitos dos romances positivos da classe trabalhadora tenham sido escritos dentro de comunidades da classe trabalhadora conscientes e confiantes. O que surpreende é que o primeiro romance socialista da classe trabalhadora em inglês tenha sido escrito naquele outro tipo de comunidade: uma comunidade que não oferecia, por assim dizer, uma consciência de classe, e que, na realidade, a impedia e confundia. Então, obviamente, podemos ver o que deveríamos ter visto antes: que essa é a chave para *The Ragged-Arsed Philanthropists*. É isso que determina boa parte da estratégia e do tom reais do livro. O romance é como é porque o assunto sobre o qual Tressell escreve é um local que não se parece de forma alguma com aquelas comunidades arquetípicas da classe trabalhadora. Não é um lugar onde, embora haja representantes locais da classe empregadora como chefes, gerentes e assim por diante, e às vezes, nesse estágio, até proprietários, a definição dominante do "povo local" é uma classe trabalhadora

OS FILANTROPOS DE BUNDA ROTA   323

já organizada por um processo de trabalho único ou principal. Nas comunidades fechadas, tudo é positivo, todos pertencem à classe trabalhadora. Isso dá uma integridade extraordinária aos romances, mas onde estão os outros? Estamos lutando contra algo que chamamos de sistema, mas realizar isso dentro de uma calorosa vida comunitária é muito difícil, exceto em argumentos entre nós mesmos. No outro tipo de comunidade – como Hastings, Mugsborough foram e são –, com negócios mistos, pessoas trabalhando para a companhia, pessoas trabalhando nos serviços públicos, pessoas trabalhando na ferrovia e nos ônibus, nas lojas e nos hotéis, e, é claro, construtores, comerciantes, trabalhadores, isso parece muito diferente. Não há uma lealdade comum predominante que provenha das condições de uma vila em uma mina ou de uma rua nas docas – não há nada disso. Há, então, o problema da autopercepção entre os trabalhadores. E, além disso, como podemos ver no caráter da maior parte dos negócios, não há uma produção principal para um mercado geral, mas, na maioria das vezes, uma prestação de serviços para uma comunidade mista, na qual os empregadores finais são pessoas em uma situação social diferente das quais os outros dependem totalmente para conseguir qualquer clientela ou negócio. Além disso, os intermediários, tipicamente pequenos empregadores, donos de loja, donos de construtoras ou mesmo o Conselho que Tressell mostra de modo tão memorável, eles não são os grandes empregadores capitalistas que, nesse estágio do início do século XX, eram dominantes em toda a Inglaterra e, contra eles, naquelas outras áreas, movimentos autoconscientes já haviam se formado ou estavam se formando, e certa coletividade era oferecida, embora nunca de modo totalmente unificado.

O que Tressell vivenciou em Mugsborough foi essa situação bastante diversa, uma situação de certa forma muito mais difícil. As pessoas que pertencem a comunidades da classe trabalhadora relativamente uniformes falam em geral com uma espécie de superioridade descabida a respeito das organizações em partes menos desenvolvidas ou mais atrasadas da sociedade. Muitas vezes, não conseguem perceber quanto sua própria consciência está envolvida nos fatos muito mais disponíveis que ocorrem na vizinhança, no local de trabalho e no local de engajamento político. Quando fazemos parte de uma comunidade mista, em particular que dependa de pessoas que tragam dinheiro de fora, como turistas ou residentes, o argumento sobre os negócios, os salários, aquele de quem dependemos, o modo como devemos conduzir nossa vida como trabalhadores, de onde vem o dinheiro, qual deve ser o futuro do país, o que constrói o senso comum, tudo isso muda. Debater o caso socialista nesse tipo de comunidade é uma tarefa muito mais difícil. Contudo, permanece o fato notável de que esse primeiro romance bem-sucedido da classe trabalhadora foi gerado nessas circunstâncias e não dentro da classe trabalhadora, em comunidades mais estabilizadas e conscientes.

É claro que isso teve consequências para suas estratégias. Creio que devemos dizer duas coisas sobre a posição de Tressell como escritor: duas coisas simultâneas (não há como fazer isso, mas, ainda que eu fale de uma e depois da outra, são ambas aspectos de uma única afirmação). Em primeiro lugar, ele escreveu o romance enquanto ainda era um trabalhador plenamente engajado no próprio trabalho. Trata-se, nesse sentido, de um romance produzido autenticamente dentro da classe trabalhadora, ao contrário de tantos exemplos antes e depois dele. A situação da classe trabalhadora é inteiramente contemporânea à escrita, e não de um tempo anterior, como em uma memória ou reconstrução. É diretamente a situação de um homem que chega do trabalho, escreve, volta ao trabalho, escreve, tudo sob pressão. Mas, em segundo lugar *e ao mesmo tempo*, ele é, por razões muito evidentes, em um plano qualquer de sua mente – e isso é muito importante para ele – um estrangeiro, um homem bastante consciente, em certos aspectos, de sua *diferença*. Não quero dizer com isso apenas que ele veio de outro lugar, tinha

OS FILANTROPOS DE BUNDA ROTA 325

parentes em Liverpool e na Irlanda, esteve na África do Sul, em uma cultura colonial muito mais complexa e mais difícil de enfrentar, voltou e acabou se fixando em uma estância balneária, em que o fato de ele ter viajado muito, de ter visto tanto do mundo, deu-lhe, desde o início, uma perspectiva diferente. Quero dizer também que foi muito importante saber, quando sua biografia foi finalmente reunida, que ele foi, em vários aspectos, um homem muito culto, seu domínio de idiomas era muito amplo, e era um homem capaz de ler regularmente e de acessar estatísticas. Houve, portanto, essa situação dupla de voltar todos os dias de um trabalho duro para ganhar o pão, realizando uma atividade e, contudo, com uma mente que havia alcançado uma perspectiva diferente, que leu e viu outras partes do mundo. Assim, ele sabia que o tipo familiar de deferência, a aceitação da fórmula de que para viver é necessário conquistar as boas graças dos que têm dinheiro, ou dos clientes que o fornecem, não era uma lei imutável da vida, mas uma condição social específica. Ele também sabia, por suas leituras, que o argumento de que a situação econômica era como deveria ser, produzido com tanto orgulho por pessoas supostamente instruídas, era com frequência muito raso, e que muitos dos que desprezavam os trabalhadores eram muito ignorantes em termos de educação e conhecimento convencionais.

Assim, a partir dessa visão dupla, a amarga ironia do título – bunda rota e filantropos – é a melhor maneira de nos lembrar que o livro tem vantagens que romances mais positivos e realistas, produzidos dentro das comunidades da classe trabalhadora, usualmente não têm. Ele também tem (porque tinha mais o que fazer) menos daquela substância continuada da outra ficção em sua melhor forma. Na realidade, é bastante difícil avaliar as proposições desses diferentes modos ficcionais. Em extensão, a maior parte do livro segue os indivíduos e as famílias, e os segue por várias crises típicas: morte, sedução, traição, doença e acidentes; e, por meio e além dessas crises, segue-os pelas afeições da vida familiar. No outro tipo de romance da classe trabalhadora, tais sentimentos se estendem para fora: da afabilidade entre vizinhos para a lealdade aos colegas, ao sindicato e ao socialismo, sem muitas barreiras pelo caminho, porque os sentimentos de ser um vizinho e de se definir coletivamente como uma pessoa industrial e política são muito parecidos. Entre as pessoas de fundilhos rotos que moravam naquele lugar chamado deliberadamente Mugsborough, a estrutura de sentimento é bastante diferente, e há um amargor que só poderia ser expresso de maneira tolerável por um homem que também ganhasse seu pão diretamente como trabalhador.

De fato, há partes desse livro que, se tomadas em separado – o que é errado fazer, mas pode, analiticamente, ser admitido como hipótese –, dizem coisas tão brutais sobre tantas pessoas da classe trabalhadora, sobre suas condições gerais de ignorância, desentendimento e crueldade, que quase não há divisão entre elas e certo tipo de interpretação reacionária da classe trabalhadora e dos trabalhadores como irremediavelmente incapazes de melhorar sua própria condição. Essa consciência de Tressell é lindamente dramatizada no encontro de Barrington com o desertor, que é capaz de dizer: "Você tem ideias maravilhosas para o futuro de uma classe e para o futuro da sociedade. Eu conheço essas pessoas. Sei como são, sei como pensam e sei que você está perdendo tempo". É esse tipo de posição que mais uma vez se torna um problema em um escritor como Orwell, que não incluiu em seus diários ou notas os homens e as mulheres da classe trabalhadora que conheceu e que eram bons leitores, articulados e politicamente conscientes ou ativos em uma busca que não era convencionalmente atribuída à classe. Se, por outro lado, se conhecesse alguém que se adequasse à visão que a classe média cultivava do trabalhador bêbado, irresponsável, ignorante ou desamparado, ele o incluía em suas notas. Quando escreveu *A caminho para Wigan Pier*, ele procurou a pensão mais reles da cidade, apesar de ter chegado

OS FILANTROPOS DE BUNDA ROTA 327

com instruções de sindicalistas e líderes do Movimento dos Trabalhadores Desempregados, e tivesse sido hóspede de pessoas da classe trabalhadora que eram socialistas instruídos. Ele, então, "provou" que o socialismo é apenas uma ideia da classe média. Os membros da classe trabalhadora ou são desinteressados, ou têm mais bom-senso ou são amáveis, negligentes, um pouco infantis e, às vezes, beberrões – foi o que ele representou em *1984* com os "proles".

Algo não muito diferente ocorre em Tressell, precisamente por toda a tensão interna do livro, que é tanto um engajamento pleno e, em certo nível, quase involuntário, nascido da retomada diária desse tipo de trabalho explorador, quanto um interesse particular que rapidamente se torna raiva, ou mesmo fúria, e às vezes até desespero, pelo fato de que as pessoas não admitirão sua condição comum, aceitarão qualquer explicação falsa ou distração, ouvirão aqueles mesmos que as exploram e acreditarão nos disparates mais evidentes, em vez de admitir a verdade sobre sua própria vida. A qualidade mais rara e estimulante de Tressell é que ele mergulha e emerge desse tipo de humilhação, que só poderia ser efetivamente desafiado, só poderia ser efetivamente representado, de dentro. Ele foi repetidamente desafiado e representado de fora, mas sempre de modo insatisfatório. Em Tressel, isso é uma raiva evidente, fresca. Além do mais, está em tensão ao mesmo tempo com o que é, *apesar disso* – e essa expressão deve ser enfatizada –, uma crença absoluta de que as condições podem ser mudadas, podem ser mudadas por essa classe, o que é descrito por outros como um mero ideal está perfeitamente disponível, é perfeitamente praticável e não depende da suposição, tipicamente criticada, de que as pessoas são menos egoístas e mais nobres do que são.

O argumento é questionado precisamente nesse ponto porque o socialismo não pode de fato lidar com isso. Ele pode lidar com o entendimento das relações sociais, com o entendimento do sistema. Se a experiência isolada não ensina, a experiência *e a didática* ensinarão. Esse tipo de confiança é decisivo, embora não ocorra com facilidade. Toma-se muito cuidado para mostrar algo muito diferente da ideia simples de levar a verdade, levar a mensagem ou ser recebido com gratidão pelas massas sofredoras. Ao contrário, o que vemos é Owen ser rudemente agredido, vemos coisas que se assemelham à recepção que os populistas russos tiveram no século XIX, quando saíram e disseram aos camponeses que eles eram pobres e ignorantes e que eles estavam ali para educá-los, e tiveram sorte de escapar com vida dos vilarejos. Essa é a experiência de se apresentar, ainda que com a verdade, a pessoas que já vivem sob uma pressão tão grande que a verdade é uma questão de curto prazo, se é que é ao menos uma questão. Em Tressell, isso ocorre de dentro e é visto de ambos os lados. Mas não como uma evasão, pois ele inclui – essa é a inovação mais radical em sua obra, colocando-se frequentemente com constrangimento diante de outras obras, mas ela está lá e é um êxito extraordinário – as duas intervenções que fazem o que os manuais de ficção dizem até hoje que não pode ser feito. Refiro-me aos dois capítulos didáticos: "O oblongo" e "A grande oração".

Em "O oblongo", temos uma demonstração figurativa de uma análise da ordem social que leva a certas conclusões claras a respeito dela. A demonstração é feita por um homem que nos é apresentado indireta e ficcionalmente por pessoas que conhecemos com um pouco de raiva, mas que, em todo caso, conhecemos como pessoas e nomes. Ela é apenas feita, não é apologeticamente feita. É feita *como* demonstração, caracteristicamente na forma de uma figura visual – Tressell como Noonan, o pintor de placas. "A grande oração" é a inclusão, com uma coragem notável do escritor, não apenas de um longo discurso sobre a nova ordem socialista – um discurso repleto de posições socialistas difíceis, sobretudo por meio de uma forma de socialismo de Estado típica do início do século XX, em que entra a noção de exército industrial –, mas é a inclusão também de um discurso completo

OS FILANTROPOS DE BUNDA ROTA 329

e, em alguns momentos, de reações e interações. O presidente, os que o interrompem e a cena geral reproduzem justamente aquela consciência que resiste à conversa séria e prolongada, e isso não é apenas um alívio; na realidade, ela mostra tanto a necessidade quanto o problema desse tipo de discurso sério. Assim, há a inovação da inserção (ela é realizada, hoje, sobretudo pela ficção de vanguarda) de níveis do discurso que não cancelam um ao outro, e tanto a didática quanto os problemas da didática estão lá. Isso é feito porque a experiência por si só não ensina, como de certa forma faz ou supostamente faz no tipo positivo de romance da classe trabalhadora. Vocês viram pessoas sofrendo; vocês as viram sofrendo injustamente; vocês dizem que as pessoas não deveriam viver assim; não as deixem – e até, às vezes, não nos deixem – viver assim. É isso que esse tipo de romance tipicamente oferece. Contudo, reproduzindo-se de geração em geração, ainda que com avanços marginais, muitas vezes significativos, essa condição *geral* persiste. O que Tressell aborda não é apenas a compaixão, que recomenda simpatia, que passa com muita facilidade para a ideia de que poderíamos viver melhor e de outra maneira apenas decidindo fazer isso. O livro chega a essa posição no final, mas para deliberadamente ao longo do caminho para ver o que de fato envolve "decidir fazer isso", organizar nossa mente para isso. Diante dos obstáculos e das barreiras que se impõem não apenas aos que têm muito a perder, mas também aos que têm tudo a ganhar, isso parece difícil. Esse é o sentido selvagem, e é por isso que devemos dizer *The Ragged--Arsed Philanthropists*, uma forma muito mais áspera. É isto que é dito: há pessoas que deveriam ser forçadas à consciência por sua própria condição, mas estão engajadas na grande filantropia, subsidiando pessoas que simplesmente não trabalham ou trabalham muito menos duro e por uma remuneração muito maior do que os artesãos e os trabalhadores.

Esse tom duro e satírico retoma uma tradição diferente da tradição do romance realista. Ele retoma, em um sentido bastante imediato, Cobbett. No início do século XIX, essa grande figura representativa do inglês comum disse rispidamente: "Desprezo o pobre que está contente". Isso rejeita o argumento, usualmente dos ricos, de que podemos ser felizes mesmo sendo pobres, ou o argumento de que, apesar de pobres de bens materiais, apesar de carentes de status ou respeito, ainda assim somos boas pessoas. Esse tom mais ríspido de Cobbett rejeita absolutamente ambos. Ele diz: ser pobre e contente está abaixo da qualidade do homem. Ser privado e enganado e ainda estar contente está abaixo da qualidade do homem. Isso é falta de respeito próprio.

Isso é generalizado de um indivíduo para uma classe. Se um grupo de pessoas enfrenta condições sofridas que não deveria enfrentar, condições que poderiam ser evitadas, e ainda assim, de alguma forma, encontra razões para estar contente ou mesmo para aceitar e cooperar com o que o faz assim, então as palavras não são amáveis. Existe simpatia, mas o tom é ríspido. Quando Owen pensa em seus piores momentos, o inimigo real, os opressores reais é o povo, que está mergulhado na evidência diária de sua condição e, no entanto, está contente; que dirige a insatisfação para as outras pessoas; que recusa, com uma extraordinária complacência, qualquer diálogo que tente explicar a condição. No livro, as condições para a simpatia são criadas e cortadas por algo tão afiado e desafiador que só poderia vir da situação dupla do escritor, dentro e fora: dentro da condição da classe, fora de sua consciência.

Podemos voltar ainda mais atrás, a uma tradição muito diferente, a Bunyan. Quando lemos em Tressell a descrição da Sociedade Beneficente Organizada de Mugsborough e das pessoas presentes, podemos ouvir a tradição, a tradição popular que está presente em Bunyan, mas é muito mais antiga do que ele. "O prefeito Alderman presidia e, entre os presentes, estavam sir Graball D'Encloseland, lady D'Encloseland, lady Slumrent, reverendo Bosher, a senhora Cheeseman, o senhor Builder, o senhor Grocer, a senhora Dairy, senhora Butcher,

OS FILANTROPOS DE BUNDA ROTA

a senhora Tailor, a senhora Bacon, a senhora Starvem [...]" e segue-se quase um quarto de coluna com nomes de outras pessoas caridosas.

Essa é a tática de Bunyan para atacar simultaneamente os nomes das posições sociais e os nomes das qualidades morais ou de sua ausência. Trata-se de uma assembleia de pessoas respeitáveis que está a caminho da danação. Ou, ao menos, Bunyan pôde dizer isso. A grande confiança *daquela* tradição popular e radical era que os ímpios do mundo estavam a caminho do inferno, e que os cristãos virtuosos podiam chamá-los pelos nomes que Deus lhes teria dado e daria no dia do julgamento, enquanto o próprio cristão faz sua peregrinação. Para um escritor socialista que segue a mesma tradição, isso não está claro. Há um otimismo histórico, mas ele não está tão próximo dessa perspectiva cristã. Podemos dizer que Noonan-Tressell, assim como os outros socialistas descritos por ele, uma pequena minoria dos trabalhadores da construção civil – e outros –, pertence à vanguarda. É algo muito honroso e heroico estar na vanguarda de uma grande causa. Mas, obviamente, também é uma tentação constante nos orgulharmos de que todos a nossa volta sejam ignorantes, uma ignorância deliberada, uma inabilidade para entender, mas nós temos nosso lugar e continuamos o trabalho. É por essa razão que Tressell sempre apelou sobretudo para militantes e homens críticos, relativamente isolados. Também há orgulho aqui: um orgulho justificado, ou às vezes aquele orgulho raivoso que domina o isolamento e a depressão. Em Tressell, a justificativa resiste não apenas porque se faz de dentro, mas porque ele vê de maneira clara, além do heroísmo e da raiva, que esses homens serão esmagados. Quando Owen começa a cuspir sangue e, para além da condição geral, há esse homem sofrendo, embora ainda lúcido, o que nos é mostrado é a condição dupla de herói e vítima, nenhuma delas reconhecida pelos outros, que é uma história interna real de uma causa tão longa e tão difícil.

Tressell precisou, apenas por essa razão, da figura de Barrington, o jovem rico que aceita um trabalho operário, em uma espécie de caridade, para conhecer as condições dos trabalhadores e vivenciá-las diretamente, mas, no final, pode se afastar e usar o dinheiro para o consolo dos presentes de Natal ou então, como naquele episódio quase no fim do livro, sair e voltar para financiar a vanguarda socialista. Esse tipo de jovem rico, solidário e participante, passa por uma crise de confiança quando descobre não apenas as condições, mas a ignorância e as recusas. Contudo, essa crise é menos amarga do que a de Owen, que está dentro, e a amargura não é apenas porque eles não veem a luz, que é uma maneira abstrata de colocar o problema, mas porque, se mantiverem esse grau de estupidez, em que mundo meus filhos crescerão? Isso é duro. Não se trata apenas de dizer: espere, está chegando o momento em que a campanha será bem-sucedida. Trata-se de dizer: haverá um mundo para os meus filhos, se as pessoas continuarem tão estúpidas? Essa é uma questão dura, que é colocada com dureza e deve ser tomada com dureza.

Por fim, outra questão deve ter ocupado continuamente Tressell. Trata-se, em todo caso, de um problema para um homem com uma história tão variada, que parte de Liverpool para a África do Sul e volta para uma cidadezinha do Sul da Inglaterra. Trata-se do problema do nível de alfabetismo e sua relação com a fala da classe trabalhadora. Interessou-me muito o capítulo do livro de Fred Ball sobre a restauração do manuscrito, as inconsistências da fala, os problemas de gramática, os problemas das abreviações, os problemas gerais da representação da fala da classe trabalhadora.

Em primeiro lugar, não há uma representação mais refinada, em nenhum texto em inglês, de certa conversa ríspida, sarcástica, toma lá, dá cá, entre trabalhadores. Esse humor, esse limite, é um dos êxitos mais notáveis no livro. Mas Tressell também estava interessado em algo que está relacionado ao tema mais amplo. É óbvio que era muito doloroso para um

OS FILANTROPOS DE BUNDA ROTA

homem que ganhava a vida com as próprias mãos, que sabia que tinha habilidade mental e uma inteligência considerável, ser chamado de ignorante quando falasse de socialismo ou que o país devesse ser conduzido de maneira diferente. Assim, ele tomou muito cuidado ao descrever os *Brigands* – as pessoas que presidiam o conselho da cidade, os pequenos empregadores, ou os quarenta ladrões, como disse que ainda deveríamos chamá--los um morador de Hastings quando vivi lá (não faço nenhum comentário sobre isso) –, ele tomou muito cuidado para mostrar os *Brigands* como pessoas ignorantes. Ele utiliza todos os recursos do que chamei de ortografia dos não instruídos: toda aquela tortura da natureza já torturada da fala inglesa, para indicar que a pronúncia de alguém não é padrão, não é culta. Isso leva sempre às contorções mais extraordinárias, se acreditarmos que os sons do inglês são representados pela ortografia do inglês, de modo que haja uma forma padrão a partir da qual um "dialeto" divergente possa ser identificado por uma divergência ortográfica. Chegamos, assim, à curiosa situação em que é realmente diferente, em um romance, dizer: "I love you," escrito: "I love you," e dizer: "I love you", escrito: "I luv yer". Mas diferente em que sentido? Pedem que levemos a primeira a sério, ou ao menos que esperemos para ver como ela funciona. A segunda é marcada por uma resposta diferente. Que tipo de emoção é essa: "I luv yer"? Provavelmente bastante vulgar e inadequada. Uma pessoa é representada sentindo ou pensando por intermédio da ortografia, embora obviamente ela não esteja escrevendo; é o escritor que escreve, a pessoa está apenas falando a língua de sua própria região.

Tressell usa essa forma com os *Brigands* para mostrar que, embora se achem muita coisa, são, na realidade, pessoas ignorantes. Mas também usa esse recurso em um tipo de contraponto entre pessoas que possuem algum juízo e pessoas que não possuem nenhum. Essa é uma diferenciação bastante interessante, não em termos de classe, mas como técnica literária.

Comparemos, por exemplo, o modo como Owen e sua família conversam, usualmente em ortografia padrão, e o modo como os homens falam entre si no trabalho, em um modo cuidadosamente indicado pela distorção ortográfica.

Há um exemplo maravilhoso em "A grande oração": "'And there's another thing I object to', said Crass, 'and that's all this here talk about hignorance. Wot about all the money that's spent every year for heducation'" ["'E tem outra coisa com que eu não concordo', disse Crass, 'e tem toda essa conversa aí sobre inguinorância. Sobre todo o dinheiro gasto todo ano com a educação'"]. A palavra para a qual eu gostaria de chamar a atenção, por simbolizar esse problema mais amplo, é *wot*: "Wot about all the money [...]". *Wot*. Barrington responde: "'You should rather say: what about all the money that's wasted every year on education'" ["'Você deveria dizer: sobre todo o dinheiro que é desperdiçado na educação'"]. *What*. Uma vez que todos nós sabemos que alguém que é representado no texto dizendo *wot* é ignorante, podemos convidar qualquer falante nativo do inglês a pronunciar a palavra *what* de uma forma que não seja *wot*? Tente. Na realidade, todos dirão *wot*, mas esse é um recurso para distinguir alguém que sabe o que está falando, e para essa pessoa a ortografia é *what*, de alguém que não sabe o que está falando, e para ela a ortografia é *wot*.

Esse tipo de contraste está entrelaçado com o desafio do livro. É parte da estratégia textual, que não é, necessariamente, inteiramente consciente, mas é tão regular que não pode ser chamada de acidental. De certa maneira, o contraste repete o preconceito comum da escrita da classe média inglesa, porém, dentro de uma estratégia mais ampla, que é a questão fundamental do livro. Pois o que Tressell diz é que é terrível ter de viver dessa forma, quando se faz um trabalho útil e bom, que poderia ser ainda mais útil e melhor em circunstâncias diferentes. É terrível viver dessa forma, ser tão vulnerável aos caprichos dos outros, ser tão vulnerável aos acidentes dos negócios e à

OS FILANTROPOS DE BUNDA ROTA 335

imbecilidade do sistema. Também é terrível, contudo, ser vulnerável não apenas à propaganda e às justificativas dos que têm interesse na perpetuação da ignorância, mas à ignorância que é construída dentro das próprias pessoas; uma ignorância que se torna um senso comum. Ser prisioneiro pode vir a ser um senso comum, ou pode ser tão manipulado a ponto de significar o que é ser humano. Há uma forma de responder a isso, pela compaixão, como Tressell faz em certas partes do romance. Mas há também outra forma, ainda original e duradoura, que é dizer: "Você é um prisioneiro, e só sairá dessa prisão se admitir que é um prisioneiro. E se você não chamar isso de prisão, eu o farei, e vou continuar a chamá-lo de prisão, aconteça o que acontecer". Essa força, esse desafio, é a qualidade duradoura do livro de Tressell: filantropos de bunda rota!

PRIMEIRA LEITURA DE *NEW LINES*

Ah, sim, claro...
Peçam à região da sua mente
Que seja amena e agradável.
Ela será. Vocês não determinaram
A resposta com a questão?
Vocês são o ameno: o suor dos outros homens secou.
Vocês são o agradável: os outros homens morreram.

Aprecio tanto quanto vocês a densidade viciante
Erroneamente tomando o edema por imensidão
(Adquirimos os modos quando temos a resposta)
E, contudo, as canções do profeta e do bêbado
Não são, por definição, erradas
E não são, de fato, datadas.

Não seria o caso de vocês se retirarem
(Deixando de lado o mito dos deuses sombrios)
De todas as outras regiões da mente, exceto daquelas
Em que podemos sorrir em uma prosa casual?
Ou seja, exceto quando vocês escrevem versos
Que necessitam ao menos de uma intensidade mínima:

Ao menos em questões como a comunicação,
Sabendo qual termo, qual face, alargar
Até que o fracasso se torne congratulação.

"Um tom neutro é preferido hoje."
"Como ousamos ser algo, além de dormentes?"
Se neutros, como ser algo, além de dementes?
Se passionais, mas ansiosos, qual é o termo?
– Cuidado. Ao menos vocês não podem ser expostos.
Não é exatamente isso que vocês propuseram?

Mas vocês não são um grupo.
O tom da sua conversa não une,
Sendo um modo, não um sentido,
Como alguns de vocês, um dia, reconhecerão.
O que vocês podem fazer? Chamar
A atenção para a sua própria seriedade?
Este volume, apenas uma inclinação literária?
Não posso aconselhar. Nunca há tanta escolha.
Apenas peço que percebam,
Enquanto cada um ainda aprende como escrever,
O que acorre quando vocês recuam e retiram a sua voz.
1956

OS TEMPOS DA IMAGINAÇÃO

A imaginação possui uma história. Há interpretações mutáveis e conflituosas do que ela é e qual seu valor. A imaginação também possui uma estrutura, ao mesmo tempo gramática e histórica, nos tempos passado, presente e futuro. O senso comum parece predicar que é ruim não ter imaginação, mas também é ruim tê-la em demasia ou usá-la em excesso. Essa ideia tem origem na complexa história da ideia. Os sentidos negativos são fortes e precoces em inglês: "cheio de imaginação e terror" (1390); "conjectura e imaginação" (1460). Essa é a ideia de uma concepção mental de algo que não está presente para os sentidos, mas nunca houve certeza se isso deveria ser valorizado como uma visão ou descartado como uma fantasia. A raiz latina da palavra possuía, a princípio, um sentido puramente físico: a criação de imagens ou efígies, e está linguisticamente relacionada à ideia de "imitação". Desenvolveu um sentido posterior de representar coisas para nós mesmos, e é aqui que começa o julgamento duplo. Como em inglês em 1576: "consideraram os presságios dele imaginações loucas incontestáveis". Ou como em *Sonho de uma noite de verão*: "O lunático, o amante e o poeta/ São feitos só de imaginação". Um vê demônios, o outro vê beleza onde não há nenhuma, e o último "fornece ao nada etéreo uma habitação e um nome". Essa noção de "imaginação criativa" surgiu com muita força. É hoje um de seus dois principais sentidos positivos, o outro está ligado à capacidade de se solidarizar e entender pela habilidade de "imaginar" e "apreender" a situação de outra pessoa. Contudo, em contexto, a "imaginação forte" tem "truques", invoca objetos de alegria ou medo, mas com frequência os confunde.

A avaliação ambígua persistiu, apesar das tentativas de, por um lado, distinguir e distanciar a "imaginação" da mera "fantasia" e, por outro, distingui-la tanto da "realidade" quanto dos "fatos". "Fabricar imagens sem nenhum fundamento na realidade é distinguido pelo nome de imaginação", escreveu Kames, em 1762. "Imaginação", escreveu Darwin, em 1871, "é uma das mais altas prerrogativas do homem. Por essa faculdade, ele une, independentemente de sua vontade, imagens e ideias anteriores e, então, cria novos e brilhantes resultados". Mas "fatos e não imaginação", quase todos pareciam dizer, se convinha à ocasião.

Não é surpreendente que um processo tão poderoso e universal tenha sido interpretado de tantas formas variadas. Além disso, não há um modo simples de resolver essa ambiguidade: muito do que é valioso foi imaginado, assim como muito do que é perigoso e sem valor. Contudo, em um plano diverso, talvez possamos fazer algumas distinções diferentes. No decorrer do meu próprio trabalho, em geral me surpreendi com os tempos variados da imaginação. A ideia de que a imaginação trabalha no passado para criar um novo presente é familiar no conceito de Darwin e, de modo mais amplo, da Psicologia associativa até a Psicanálise. O sentido gramatical aparentemente oposto, enraizado em ideias de adivinhação, mas também com outras bases mais racionais, volta a imaginação para o futuro, para uma previsão do que vai ou pode acontecer. Ao mesmo tempo, um dos fortes sentidos positivos está essencialmente ligado ao

OS TEMPOS DA IMAGINAÇÃO   341

presente: ter imaginação suficiente para entender o que seria
estar em outra condição (de luto, desempregado, insano).
Esses usos são diários, e são todos importantes. Mas, no processo da escrita, as considerações e, portanto, as práticas reais
me parecem diferentes, e são diferentes também se o tempo
verbal diretivo da escrita for o passado, o presente ou o futuro.
Escritores se relacionaram de várias formas com as definições do
dia a dia: processos de combinação de imagens e ideias para criar
algo brilhante e novo; processos de imaginação, até o mais fino
detalhe, do que poderia acontecer, dada certa seleção de personagens e circunstâncias; e processos de empatia, para ser capaz
de escrever sobre uma condição não vivenciada diretamente.
Todas essas definições estão envolvidas em tipos diferentes de
escrita, mas há também um conflito de ideias importante no
longo argumento sobre se a imaginação, em qualquer dessas versões, produz ou pode produzir algo mais real do que aquilo que
é usualmente observável, ou se esses processos são específicos
do "perceber" – incorporar em uma forma comunicativa – o que
já é, em outros planos, indiscutivelmente real. Há também um
atalho popular para esse problema na ideia de que a imaginação
cria objetos de arte autônomos que possuem não uma outra
realidade, mas a sua própria.

Tenho refletido sobre esses problemas na teoria e na prática,
mas os problemas da atividade real me parecem bastante diferentes. Posso dar exemplos apenas dos meus próprios textos, mas
acredito – ou imagino – percebê-los também na obra de outras
pessoas. Eles não seriam problemas do mesmo tipo se eu acreditasse, como muitos dos meus contemporâneos, que estou sentado
aqui, sozinho, realizando o meu trabalho. De fato, estou fisicamente só quando escrevo, e não acredito, considerando todos
os aspectos, que o meu trabalho seja menos individual, nesse sentido definidor e avaliativo, do que o de outros. Contudo,
quando escrevo, estou ciente de uma sociedade e de uma linguagem que sei que são muito mais amplas do que eu mesmo: não

apenas "lá fora", no mundo dos outros, mas aqui, no que estou empenhado em realizar: compondo e relacionando. E se é dessa forma no que pode ser visto como um extremo do processo, parece ser também no outro extremo: o que é usualmente definido como "sobre o que" escrevemos. Muitos escritores falam de pesquisa em sua ficção, não apenas em romances históricos, mas também em histórias e peças de teatro contemporâneas. Mesmo fiscais tributários abrem às vezes concessões para viajar e obter o que eles chamam, amavelmente, de "exemplar". Não estou certo, mas apesar de eu ter visitado lugares e pessoas e ter feito perguntas, e também apesar de ter feito minhas pesquisas, isso me parece bastante separado da escrita. Mesmo as ideias e as experiências que acreditamos levar para a folha em branco surgem cada vez de uma maneira diferente, quando enfrentamos a prática real, que é a concentração intensa e localmente isolada, mas é ao mesmo tempo, como a tenho vivenciado, uma condição de presença ativa – assistindo e resistindo – de forças mais amplas de uma linguagem e de uma sociedade.

Tento entender esse processo depois de terminar uma obra. Por exemplo, minha "trilogia galesa" – *Border Country, Second Generation* e *The Fight for Manod* – possui uma estrutura simples do passado, do presente e do futuro. Ela cobre os períodos efetivos da ação; uma sucessão de pais e filhos; até as formas de transporte que estão entre as relações sociais mais evidentes. Contudo, eu não poderia entender *Border Country* enquanto não fosse mais do que o passado – o período da *minha* infância. Tive de tornar esse passado presente no personagem independente e contemporâneo do pai: na realidade, acabaram sendo dois pais, para fazer uma escolha herdada entre direções reais. Mas isso se tornou acessível porque era um passado vivido. Para a sequência de acontecimentos ocorridos durante a Greve Geral, pude recorrer às memórias diretas do meu pai e aos documentos que ele havia guardado. Contudo, tive de inventar episódios que dessem vida à sequência, distintamente do que

OS TEMPOS DA IMAGINAÇÃO

acontece nas memórias – sobretudo nas memórias preparadas, ou *memoirs* – em que o que está lá é um produto resumido. Há também, portanto, o processo – óbvio, mas bastante difícil na prática – de ver isso acontecendo com um jovem, e não com o senhor que está contando a história. Mas, enquanto a voz está lá, o passado tem essa conexão viva.

Isso se mostrou muito diferente na trilogia que estou escrevendo agora, cuja escala temporal é muito mais vasta, e que acompanha um lugar e seus habitantes em longas mudanças: o que penso ser a composição de um romance histórico, e não de um período. As únicas conexões vivas são a presença física das montanhas nas quais, e ao pé das quais, tantos tipos diferentes de vida foram vividos e os herdeiros físicos de todas essas vidas, que, no entanto, *não* estão historicamente cientes delas e cujas memórias são recentes e cujas projeções, além daquelas memórias, são usualmente (não por culpa deles, e é isso que consideramos educação) vagas e equivocadas. Minha esposa e eu fizemos uma longa pesquisa sobre Arqueologia, História e exploração. Com frequência, encontramos uma base real e surpreendente: uma paisagem física diferente, tipos precisos, mas também diferentes, de trabalho e de vida.

Contudo, o que está envolvido quando fazemos pessoas se moverem e falarem sobre essa base – pessoas "como nós mesmos", quando a questão é muito frequentemente que elas são muito iguais e, ao mesmo tempo, muito diferentes e mudam à medida que a história real se desenvolve: isso é imaginação? Creio que sim; certamente parece ser, e não apenas nas surpresas práticas, no que foi registrado no papel. Na maioria das vezes, é como se um pensamento contínuo a respeito do que chamei de base – sobretudo quando tudo aconteceu, longe dos livros, no campo real, embora mudado – não fosse de forma alguma imaginação no sentido de invenção, embora evidentemente estejamos inventando. Parece, ao contrário, um tipo de contato, não irracional; uma informação autêntica que enfatiza cada sílaba daquela palavra. É claro que mais tarde temos de checar se os fatos que descobrimos estão corretos ou se, ao menos, não estão errados: fatos que são a condição, mas apenas a condição, dessas outras vidas que pensamos e começamos a perceber em movimento.

Tentei recentemente comparar essa experiência com o que parece, à primeira vista, algo muito diferente: a experiência de escrever um romance conscientemente contemporâneo, iniciado em Oxford, sobre uma cidade muito parecida com Oxford, com os locais, os tipos de atividade e os tipos de pessoas que eu tinha a minha volta. "Tipos de pessoa": foi aqui que hesitei e levei adiante a minha experiência. Pois quem lê o romance *Second Generation* a partir do produto final – e esse é um procedimento normal para muitas pessoas que escrevem sobre o que chamam de obras imaginativas – pode ver um conjunto razoavelmente claro de relações sociais, positivas e negativas, entre uma fábrica de carros e uma universidade em uma única cidade, e essas relações encarnadas em pessoas que, embora nitidamente individualizadas, são figuras sociais daquele conjunto de relações: o reitor liberal e o pós-graduando da classe trabalhadora; o vendedor e sua esposa política e intelectualmente ambiciosa; o trabalhador não politizado centrado no lar e sua esposa centrada na família. Estou me forçando a descrevê-las de forma abstrata como um meio de abordar o problema de que é assim que elas podem ou devem ser interpretadas, quando, na prática consciente, esse tipo de pensamento não me ocorreu. É claro que eu estava bastante ciente do que chamei de base: os profundos contrastes sociais, econômicos e culturais entre as pessoas que gravitavam em torno da fábrica de carros e as pessoas que gravitavam em torno da universidade. Em um plano importante, tentei me informar, da melhor forma possível, dos tipos de vida que eram vividos: visitando a fábrica de carros e conversando com as pessoas que trabalhavam lá; observando, de modo mais consciente, a universidade e os círculos políticos nos quais tive

OS TEMPOS DA IMAGINAÇÃO 345

uma presença mais próxima. Mas mesmo lá, em uma cidade real e com uma presença imediata, essa base só foi relevante no estágio inicial e, depois, no estágio final da escrita: a preparação e a checagem, podemos dizer, embora cada processo seja mais complicado do que isso. De fato, o processo não foi muito diferente, naquela realidade disponível, da minha vivência posterior, quando escrevi sobre um passado muito mais distante e relativamente desconhecido. Mas por que isso acontece? Posso dizer apenas que o que parece ocorrer é o surgimento de uma estrutura de sentimento. Essa é uma frase que uso para analisar obras escritas por outros, em que conheço apenas o que foi feito, e muito pouco ou nada sobre a feitura. É uma frase e uma ideia bastante difíceis, mas estão muito mais próximas da experiência do que qualquer outra que eu conheça. Pois eu me lembro de ter me preocupado, antes de a fábrica de carros ou de a universidade estarem lá como material para a escrita, com a extensão da relação entre pai e filho que surge como um movimento de gerações. Fui levado pela experiência que tentei descrever certa vez de ter, simultaneamente, um pai físico amado e um "pai social" bastante diferente, que em um momento de extraordinária mobilidade social e, sobretudo, educacional assumiu muitas das funções reais de um pai: passar conhecimento, experiência, juízos e valores nessas situações sociais diferentemente constituídas e descontínuas. Pai e filho, tutor e estudante: as relações estão em dimensões diferentes, mas ambas, nessas circunstâncias, são reais e podem se tornar confusas.

A estrutura de sentimento mais simples em *Border Country*, dentro de um mundo relativamente mais estável, chegou ainda assim a um ponto de escolha radical entre valores e formas de vida conectados e, de repente, muito mais complicados, e as complicações se estabeleceram de imediato na figura da mãe: intelectualmente ambiciosa, mas sem o lugar e o papel aparentemente definidos do filho. Essa mãe invocou necessariamente outra mãe, de modo que Kate e Myra estavam lá com Harold,

Robert Lane e Arthur Dean. Então, o que aconteceu foi o que os escritores descrevem em geral: certas personagens e situações foram vivamente sentidas, e a base que estava lá antes e depois delas estava onde elas viviam e não onde ganharam vida. Isso talvez aconteça se as personagens tiverem de surgir como pessoas, mas algumas explicações redutivas do processo, em que pessoas, "indivíduos", simplesmente se materializam em uma alquimia criativa, não me convencem – assim como não me convencem as explicações redutivas teoricamente opostas, em que o escritor lê a estrutura real da sociedade e então coloca nela as personagens: tipos que são, portanto, personalizados. O que chamo de estrutura de sentimento me parece diferente de ambas essas explicações. Ela é vividamente sentida desde o início, como são sentidos os relacionamentos reais importantes, mas também é uma estrutura, e creio que essa é uma resposta específica para uma condição geral de certa ordem social: não tanto como ela pode ser documentada – embora eu acredite que essa resposta não deve nunca contradizer a documentação –, mas como ela é apreendida em um modo integrado, sem nenhuma separação prévia entre o privado e o público, ou a experiência individual e a social.

Além disso, até onde consigo entender, esse processo não é um destilado ou uma associação nova; é uma formação, uma formação ativa, na qual sentimos nosso envolvimento e pela qual nos sentimos informados, de modo que, no geral e nos detalhes, ela não é muito próxima da ideia usual de imaginação – "imagine se...", "imagine que..." –, mas parece muito mais um tipo de reconhecimento, uma conexão com algo plenamente cognoscível, embora ainda não conhecido.

Da mesma forma, deve haver uma diferença radical no modo como isso ocorre quando está relacionado à sociedade em que vivemos e, portanto, a sociedades que estão a uma distância significativa no tempo. Vivi essa diferença, do modo óbvio, ao tentar abordar um tipo de vida em que, por exemplo, a terra não era conhecida e nomeada, mas era explorada, ou em que eram decisivos tipos bastante diferentes de relações primárias: o grupo de caçadores ou a família, por exemplo, em que pessoas eram próximas e dedicadas, mas em que a necessidade de abandonar uma criança deficiente ou a pressão, pelo costume e pela escassez, ao infanticídio feminino tiveram de ser não apenas sentidas como estranhas e distantes, mas *reconhecidas* em pessoas e situações reais. Talvez isso não seja possível a uma distância tão grande, embora eu não ache que seja assim. Sei que estou indo além da minha própria vida quando essas estruturas de sentimento se formam, mas isso também aconteceu, em um menor grau, quando escrevi sobre a vida contemporânea em um lugar conhecido. Tanto o passado quanto o presente, em seu sentido temporal comum e razoável, parecem ter de enfrentar esse outro processo, digamos, antes que as pessoas comecem a se mover e a falar. Deve haver uma ideia geral do que alguém está fazendo, mas toda a formação ativa e detalhada parece acontecer em outro lugar. As pessoas podem chamar o resultado de "imaginação" e, se a conexão acontecer de fato, de "imaginativo", mas é aqui que a questão do tempo verbal ressurge, porque algo muito diferente está envolvido quando um escritor tenta "imaginar" o futuro: "projetar" um futuro, como se diz com frequência.

Sou fascinado pelas formas da "ficção futura", tanto quanto pelo amplo campo da "ficção científica" – o melhor dela, em todo caso – em que o que vejo acontecer é uma estrutura de sentimento construída como uma vida e um meio estranhos. Com frequência, essa forma se destaca com mais nitidez do que a estrutura de sentimento, mesmo uma estrutura similar, que no curso da escrita é saturada de detalhes conhecidos, reconhecíveis e conexos: nosso dia a dia, que pode parecer e às vezes é o único objeto da "ficção científica", mas é tão diferente do mundo distante, surpreendente e descontínuo. Não tenho uma experiência direta na composição desse tipo de obra, embora respeite seu alcance obviamente "imaginativo". Mas por duas vezes – em

The Fight for Manod e *The Volunteers* – situei os romances à frente do tempo da escrita: em um caso, mais como um planejamento; no outro – deliberada e descontinuamente –, como uma ação. Posso estar errado, mas percebi nesses dois casos tão diferentes algo muito mais próximo da ideia usual de imaginação. Quero dizer que, em um estágio importante, em relação ao tempo futuro, um escritor senta e *pensa*; reúne e emprega variáveis; constrói o que o planejamento secular chama de "cenários", na interação destes ou daqueles fatores projetados, quando até mesmo os fatores são conhecidos apenas em parte – seu grau de desenvolvimento pode ser variavelmente estimado – e quando sua interação – ênfase de um fator, enfraquecimento de outro – é radicalmente incerta. É claro que podemos argumentar, e em muitos casos demonstrar em obras reais, que as estruturas que são projetadas e realizadas não são usualmente mais do que reproduções das estruturas existentes, em circunstâncias externamente alteradas – o caso trivial daquelas histórias norte--americanas em que o planeta Terra se encontra com alienígenas por intermédio de um presidente e de empresas de Washington e Nova York é apenas um exemplo entre centenas de outros mais sérios. Podemos até mesmo mostrar que os futuros mais surpreendentes, em Huxley e Orwell, por exemplo, baseiam-se em *interpretações* notáveis de nosso presente, a partir do qual fatores que poderiam contrabalançar ou mitigar a narrativa são simplesmente excluídos: um presente negativo, poderíamos dizer, em vez de um futuro positivo.

Mas, além da reprodução e da interpretação, parece haver casos – um exemplo é *Os despossuídos*, de Le Guin – em que há evidências de um pensamento deliberado e contínuo sobre futuros possíveis e, portanto, provavelmente tanto antes quanto depois dele, a descoberta de uma estrutura de sentimento que, dentro dos parâmetros daquele pensamento, é uma forma de reconhecimento. Em *The Fight for Manod*, tentei incluir um pensamento e um argumento relevante sobre um futuro possível,

OS TEMPOS DA IMAGINAÇÃO 349

mas sem nenhuma convenção ou separação do presente. O problema todo desse romance estava na relação entre os planejamentos necessários e desejados para o futuro e, ao mesmo tempo, as formas pelas quais eles são distorcidos e frustrados e as formas ainda mais complexas pelas quais eles se relacionam com o que já foi vivido, conhecido e avaliado. Em *The Volunteers*, usei certo grau de separação do presente para obter uma ação na qual tanto os valores recebidos quanto os valores abstratos fossem testados sem o contexto familiar de instituições de sustentação confiáveis que os encarnasse: então percebi que ainda creio ser bem possível a criação de um futuro próximo provável com as mais diversas variações de data e de detalhe.

Em qualquer tempo real futuro, portanto, o que chamamos de imaginação se parece mais com suas explicações usuais do que nos tempos presente ou passado. Especulamos, projetamos, tentamos prever, calculamos. Por sua vez, a escrita real que acompanha essa dimensão é distintiva: mais geral, mais imediatamente acessível às ideias, frequentemente mais angulosa e afiada, e relativamente baixa em saturação por detalhes e experiências inesperadas que em outros tempos era tão comum e normalmente tão valorizada. Não quero transformar um contraste de tipos em uma ordem de mérito. Cada tipo de escrita realiza um trabalho bastante diferente. Mas se for de um tipo reconhecível de imaginação – em um âmbito que se estende do secular e do político até o solidamente tradicional e as visões e adivinhações surpreendentemente privadas –, é problemático usar não apenas o mesmo termo, mas também o mesmo conceito, apontando para o mesmo processo geral de outros tempos. O problema já aparece no amplo uso do termo no dia a dia. O conceito mental de algo não presente para os sentidos, que corresponde à escrita futura e a muitos tipos de fantasia, existe na linguagem com o sentido de empatia, de sentir que estamos entrando em uma situação que conhecemos de modo geral, mas podemos chegar a conhecer como ela ocorreu de dentro – um sentido que, a meu ver, não está longe da ideia de descobrir e ser movido por uma estrutura de sentimento dentro daquilo que já é conhecido, nominalmente e até cuidadosamente. Contudo, se o termo pode ser aplicado a qualquer um dos processos, os processos reais são diferentes, e a diferença relevante para a escrita me parece ser essencialmente a questão do tempo real. Há períodos em uma cultura em que o que chamamos de conhecimento parece ter de assumir uma prioridade em relação ao que é usualmente chamado de imaginação. Em uma política e em um comércio conscientes de sua imagem como são os nossos, há uma proliferação de pequenas profissões instrumentais que reivindicam os títulos sonoros de imaginação e criatividade para aquilo que, quando examinado, são processos simples e racionalizados de reprodução e apresentação. Saber o que está acontecendo, do modo mais factual e realista, é uma prioridade urgente nesse mundo. Um empirismo militante reivindica tudo; em um mundo de rearmamento e desemprego em massa, parece correto reivindicar tudo. No entanto, a mistificação e a frustração desse empirismo militante, e sobretudo do que há de melhor nele, é que deveriam chamar nossa atenção. Ele pode identificar rapidamente os inimigos entre os que são contratados para produzir imagens, os projetistas instrumentais dos interesses da riqueza e do poder. Mas agora, muito claramente, há outras forças profundas em funcionamento que talvez apenas a imaginação, em seus processos plenos, possa tocar, alcançar, reconhecer e incorporar. Se percebermos isso, poderemos hesitar ainda entre os tempos: entre conhecer de um novo modo as estruturas de sentimento que nos orientam e agora nos controlam, e encontrar de um novo modo a forma de uma alternativa, de um futuro que possa ser genuinamente imaginado e vivido com confiança. Há muitos outros tipos de escrita na sociedade, mas esses – do passado, do presente e do futuro – são próximos e urgentes, e desafiam muitos de nós a tentar entendê-los e realizá-los.

RAYMOND WILLIAMS: OBRAS SELECIONADAS

Cultura, Comunicação, Política

Preface to Film. Londres: Film Drama, 1954 (escrito com Michael Orrom).

Culture and Society: 1780-1950. Londres: Chatto & Windus, 1958. [Ed. bras.: *Cultura e sociedade:* 1780-1950. Trad. Leônidas H. B. Hegenberg. São Paulo: Editora Nacional, 1969.]

The Long Revolution. Londres: Penguin, 1961.

Communications. Harmondwsworth: Penguin, 1962 (3.ed. com apresentação, 1976).

New Left May Day Manifesto. Harmondwsworth: Penguin, 1968 (organizado com Stuart Hall e E. P. Thompson).

Television, Technology and Cultural Form. Londres: Collins, 1974.

Keywords: A Vocabulary of Culture and Society. Londres: Fontana, 1976 (2. ed. ampliada em 1984). [Ed. bras.: *Palavras-chave:* um vocabulário de cultura e sociedade. Trad. Sandra Guardini Vasconcelos. São Paulo: Boitempo, 2007.]

Problems in Materialism and Culture: Selected Essays. Londres: Verso, 1980. Nova York: Schocken, 1981 (Reimpresso como *Culture and Materialism.* Nova York: Verso Radical Thinkers Series, 2005). [Ed. bras.: *Cultura e materialismo.* Trad. André Glaser. São Paulo: Editora Unesp, 2011.]

Culture. Londres: Chatto & Windus, 1983.

[Ed. bras.: Cultura. Trad. Lólio L. Oliveira. Rio de Janeiro: Paz e Terra, 1992.]

Toward 2000. Londres: Chatto & Windus, 1983.

Raymond Williams on Television. Londres: Routledge, 1989.

Politics of Modernism: Against the New Conformists. Londres: Verso, 1989.

[Ed. bras.: Política do modernismo: contra os novos conformistas. Trad. André Glaser. São Paulo: Editora Unesp, 2011.]

Crítica literária e teoria

Reading and Criticism. Londres: Frederick Muller, 1950.

Drama from Ibsen to Eliot. Londres: Chatto and Windus, 1952 (edição revisada em 1968).

Drama in Performance. Chester Springs: Dufour, 1954.

Modern tragedy. Londres: Chatto & Windus, 1966 (Ed. revisada com novo prefácio em 1976).

[Ed. bras.: Tragédia moderna. Trad. Betina Bischof. São Paulo: Cosac Naify, 2002.]

The Pelican Book of English Prose: From 1780 to the Present Day. Harmondsworth and Baltimore: Penguin, 1969 (organização).

The English Novel from Dickens to Lawrence. Londres: Chatto and Windus, 1970.

Orwell. Londres: Fontana, 1971 (2. ed. com apresentação em 1984).

The Country and the City. Londres: Chatto & Windus, 1973.

[Ed. bras.: O campo e a cidade: na história e na literatura. Trad. Paulo Henriques Britto. São Paulo: Companhia das Letras, 2011.]

Drama from Ibsen to Brecht. Londres: Chatto & Windus, 1973.

Marxism and Literature. Londres e Nova York: Oxford, 1984.

[Ed. bras.: Marxismo e literatura. Trad. Waltensir Dutra. Rio de Janeiro: Zahar, 1979.]

Writing in Society. Londres: Verso, 1984.

Resources of Hope. Nova York: Routledge, 1989.

Ficção

Border Country. Londres: Chatto & Windus, 1960.
Second Generation. Londres: Chatto & Windus, 1964.
The Volunteers. Londres: Eyre-Methuen, 1978.
The Fight for Manod. Londres: Chatto & Windus, 1979.
Loyalties. Londres: Chatto & Windus, 1985.
People of the Black Mountains. Londres: 1989.

Entrevistas

Politics and Letters: Interviews with *New Left Review*. Londres: 1979.
[Ed. bras.: *A política e as letras*: entrevistas da *New Left Review*. Trad. André Glaser. São Paulo: Editora Unesp, 2013.]

ÍNDICE ONOMÁSTICO

Addison, Joseph, 136
Adorno, Theodor, 262
Agostinho (santo), 53-4, 238
Althusser, Louis, 270-1
Apollinaire, Guillaume, 290
Aristóteles, 238
Arnold, Matthew, 147-8
Austen, Jane, 91, 98, 106, 112, 123, 189, 200

Bage, Robert, 191-2, 223
Bagehot, Walter, 21, 143, 145
Bakhtin, M. M., 265-6
Ball, Fred, 313, 332
Balzac, Honoré de, 259
Bamford, Samuel, 205, 211, 316
Barthes, Roland, 272
Baudelaire, Charles, 262
Beckett, Samuel, 288, 290
Benjamin, Walter, 262
Boswell, James, 161
Bradbrook, Muriel, 234, 248
Brecht, Bertolt, 261

Breton, André, 190
Brontë, Charlotte, 135, 207, 211, 214, 217
Brontë, Emily, 113-1
Bunyan, John, 330-1
Burke, Edmund, 101-5, 187
Burney, Fanny, 189
Butler, Samuel, 148

Cade, Jack, 205
Calvino, João, 173
Carlyle, Thomas, 101, 142
Chesterfield, lorde, 181-2
Chklovski, Victor, 265
Cobbett, William, 91, 93-4, 101, 106, 119, 122, 330
Coleridge, Samuel Taylor, 27, 91-2, 94, 99, 129, 196-7
Collins, Churton, 237, 278
Conrad, Joseph, 135, 288, 290
Cooper, Thomas, 205
Cordell, Alexander, 309

Darwin, Charles, 340
Defoe, Daniel, 136
Dickens, Charles, 96, 99, 117-9, 121-2, 124-8, 130, 135, 142, 156, 212-4, 216-7, 220-1, 223, 226-7, 305, 307
Disraeli, Benjamin, 216-7, 305
Dryden, William, 52

Eagleton, Terry, 270
Edgeworth, Maria, 189
Eichenbaum, Boris, 265
Eliot, George, 3, 95, 106-7, 110, 115, 121, 134-5, 156, 226, 305
Eliot, Thomas Stearns, 92, 246, 261, 290
Elliot, Ebenezer, 205
Engels, Friedrich, 259
Ésquilo, 238
Eurípides, 6, 27, 29, 31-2, 34-6

Fielding, Henry, 136
Forster, E. M., 106, 135, 151
Fowler, Harry Watson, 53

Godwin, William, 191, 193-8, 223, 225
Goldmann, Lucien, 32, 263, 269-70
Grafton, sir Thomas, 102, 127
Grant, James, 200
Gwilym, Dafydd ap, 239

Holm, Constance, 301
Howitt, Mary, 203
Hughes, T. Rowland, 308, 317
Hume, David, 161-87
Hutcheson, Francis, 165-7
Huxley, Aldous, 348

Ibsen, Henrik, 14, 17, 138
Inchbald, Elizabeth, 191-2, 223

James, G. P. R., 200
James, Henry, 106, 116, 135 288, 290
Jefferies, Richard, 139-41
Johnson, Samuel, 54, 57
Jones, Gwyn, 308, 317
Jones, Jack, 308
Jones, Lewis, 308-9
Joyce, James, 151, 154, 156, 290
Junius, 101-4, 127

Kafka, Franz, 261-2
Kames, lorde, 340
Keating, Thomas, 308
Kelly, Gary, 190-4
Kingsley, Charles, 305
Kuhn, Thomas, 252

Lawrence, David Herbert, 93, 99, 132, 134-5, 151, 156, 306-8
Leavis, F. R., 234, 240, 243, 246-8, 258, 279-80, 289, 295
Leavis, Q. D., 247
Le Guin, Ursula, 348
Lever, Charles, 200
Lowell, Robert, 28, 33
Lukács, György, 213-5, 260-1
Lytton, Bulmer, 200

Macaulay, Thomas Babington, 143-5
Macherey, Pierre, 270
Marryat, capitão, 200
Marten, Maria, 96
Marx, Karl, 8, 109, 190, 215, 217, 241, 251, 254, 256-61, 264-5, 273-5, 288, 292, 306

ÍNDICE ONOMÁSTICO

Mayhew, Henry, 119
Mill, John Stuart, 199
Mossner, Ernest C., 162
Mukarovsky, J., 265, 267

Nasmyth, James, 124

O'Neill, Eugene, 14, 27
Orwell, George, 1, 326, 348
Owen, Robert, 223, 328, 330-2, 334

Plutarco, 27
Pound, Erza, 290
Priestley, Joseph, 191

Rabelais, François, 266
Racine, Jean, 6, 27, 29-37, 263
Reed (*History of a Royal Rake*), 205
Reynolds (*Mysteries of the Court of London*), 205
Richardson, Samuel, 192
Ruskin, John, 24, 139
Richards, I. A., 240-1, 243, 245, 247-8, 252, 269, 287, 295

Saussure, Ferdinand de, 288
Scott, Walter, 95, 98, 136, 189, 201
Sêneca, 27
Shaftesbury, 55, 71
Shakespeare, William, 3, 6-7, 13, 39, 41, 43, 56, 67, 238
Shaw, George Bernard, 149
Shelley, Mary, 190
Sinclair, Catherine, 200

Smiles, Samuel, 124
Smith, Adam, 185
Smith, Charlotte, 191
Smith, W. H., 199-200, 217
Somerville, Alexander, 119
Stephen, Leslie, 146-7, 219-20, 225, 228
Strindberg, August, 23, 25-6
Sue, Eugene, 135, 205

Taliesin, 239
Tawney, Richard Henry, 109
Tchekhov, Anton, 26
Terence, 54
Thackeray, William, 217
Thelwall, John, 190
Thomas, Gwyn, 310
Tillyard, E. M. W., 234, 237-8, 278
Tressell, Robert/Robert P. Noonan, 7, 306-7, 313-4, 317, 319, 322-4, 326-35
Trollope, Anthony, 143
Trollope, Frances, 200
Tyler, Wat, 205

Vanbrugh, sir John, 54
Virgílio, 27
Volosinov, V. N., 265-6, 274

Webb, Beatrice, 151
Wells, Herbert George, 135, 152
Willey, Basil, 234, 245
Wollstonecraft, Mary, 191, 193
Woolf, Virginia, 153-4, 156, 314
Wordsworth, William, 18

SOBRE O LIVRO

Formato: 14 x 21 cm
Mancha: 25 x 40 paicas
Tipologia: GoudyOlst BT 12/14
Papel: Off-white 80 g/m^2 (miolo)
Cartão Supremo 250 g/m^2 (capa)
1ª edição: 2014

EQUIPE DE REALIZAÇÃO

Capa
Estúdio Bogari

Edição de textos
Mariana Echalar (Preparação de original)
Mariana Freire Rosa (Revisão)

Editoração eletrônica
Sergio Gzeschnik (Diagramação)

Assistência editorial
Alberto Bononi

GRÁFICA PAYM
Tel. (11) 4392-3344
paym@terra.com.br